拾珠集

——中国第二历史档案馆档案工作研究文集

主 编◎马振犊

南京大学出版社

目　录

六、财务管理 / 323

一

总论

中国第二历史档案馆馆藏档案
数字化与开放利用

马振犊

中国第二历史档案馆(以下简称"二史馆")是集中典藏民国时期历届中央政府及其直属机构档案的中央级国家档案馆。自 1951 年建馆迄今 60 多年来,历经二史馆几代档案工作者的努力,把国民党政权留下的袋装成捆、堆积如山的档案分类整理完毕,编目排架,做到了有规可循、有目可查。目前,馆藏档案总量为 1 354 个全宗及保管单位,240 万卷,约 4 500 万件,2 亿2 000 万页。

二史馆保存的海量民国档案,由于年代久远,档案基础先天不足,直接影响着档案的长期保管与安全。

由于民国档案在政府决策、经济建设、学术研究、对外交流等方面所发挥的作用愈加显著,社会各界对民国档案利用的需求也在日益增长。而高频的使用率,使历经沧桑的民国档案实感"生命不能承受之重"。作为极其珍贵的、不可再生的中华民族宝贵文化遗产,民国档案应该世世代代地留存下去,因此,自 2009 年起,馆藏档案原件暂停对外提供利用。

随着信息技术的飞速发展和通信网络技术的普遍应用,历史档案的数字化建设越来越受到重视。事实证明,它是目前既能保护档案原件,又能充分发挥档案功用的行之有效的方法,将必然成为新形势下民国档案信息资源建设的重要组成部分。

党和政府一向重视民国档案的保藏与利用工作。在中共中央办公厅、国家档案局领导的关怀与指导下,由中央财政拨出专款,于 2013—2017 年开展了我馆馆藏档案的数字化工程。5 年来,我们结合馆情和工作实际,探索出一条适合自身发展的道路,即借助社会力量,利用现代科技手段,通过馆藏档案的数字化,实现档案原件封存及档案利用的电子化、网络化,向数字档案馆有效转型。

一、数字化工作总体概况

1. 民国档案数字化工作探索实施阶段(1998—2008 年)

20 世纪 90 年代末,二史馆便开始有计划地按专题进行民国档案的数字化工作。主要方法是利用合作项目,借助社会资金,由我馆档案工作人员,按专题进行档案整理和数字化扫描工作,曾先后完成财政、邮电、黄河水利等档案数字化。在工作过程中,档案扫描的前期整理工作显得尤其重要,因此我馆制定了《民国档案整理规则》(以下简称《规则》),总结历年来档案整理所取得的经验,从主题内容与使用范围,民国档案整理的目的与原则,整理工作的程序与方法等方面对整理工作进行了初步规范。这份《规则》成为后来《民国档案数字化前整理规则》的雏形,对现在的数字化工作仍然具有重要的指导意义。

上述项目的完成,开创了我馆结合档案整理工作开展档案数字化工作的先河。同时,奠定了我馆数字化工作的显著特色,即"先整理,后扫描"。这一做法,使完成数字化的档案在进行数据挂接处理以后便可对外开放,实现了数字化成果的迅速高效利用。

但受限于资金、人员、项目时间等因素,这些专题电子档案不是全卷扫描而是选卷部分扫描,且数据标准不统一,其成果在检索、利用及保管上的局限性日益凸显。

2. 民国档案数字化工作规模化阶段(2008—2012 年)

为解决上述问题,2008 年起,二史馆拟制规划,招募一定数量的社会人员,由馆方负责培训和管理,开展了对馆藏档案按全宗进行规模化数字工程,以"中央研究院"档案全宗为试点,高标准整理与扫描后封存了原件。

2010 年,二史馆制定《中国第二历史档案馆"十二五"规划》,将加快档案数字化工作作为增强档案服务的主动性和有效性,提高档案工作为科学发展服务能力与水平的主要手段,规划"十二五"期间,每年完成500万画幅扫描制作,180万画幅缩微拍摄,3 000盘档案缩微品清洗、拷贝,约100万画幅数字档与胶片档的转换,在条件许可时,应力争加快制作进度。

这一时期,我馆在档案数字化过程中,充分汲取前期经验,按照既定方针,执行"先整理、后扫描"的程序,在确保档案实体及其信息安全的前提下,基本实现制成的档案数据能够及时对外提供利用,形成了一整套比较成熟的馆藏民国档案数字化流程管理的工作经验。截止2012年,我馆已完成约2 130万画幅档案的扫描工作,加上档案缩微成果,数字化档案总量约占我馆馆藏量的14.3%。

3. 民国档案数字化工作社会化阶段(2012年至今)

经过10多年的探索,二史馆档案数字化工作取得初步成效,相关技术标准达到要求,形成一整套行之有效的档案数字化工作流程。但随着经济社会的不断进步和发展,大数据时代呼啸而来,档案资源现代化、信息化建设进程不断加快,根据当时工作进度测算,因馆藏量的浩大,要实现馆藏档案主体的数字化,需要40年左右的时间,这显然不能满足国家与社会对民国档案利用和档案原件安全保管的需求,因而亟须大规模资金及人力物力的集中投入。经多方论证,二史馆决定实行档案数字化工作社会化,即借助社会力量,利用专业化、市场化的档案服务供应商的优势资源,实现档案数字化的流程管理,以提高工作效率,加速完成档案数字化工作。

根据最近12年(2000年1月—2011年11月)档案利用情况精确统计,二史馆馆藏1354个全宗(保管单位)231万卷档案中,共被调用过1249个全宗共113 461卷档案,其中101 753卷集中在排序前300个全宗中,占总数的90%,其余11 708卷则为分布于800个全宗中的零散用卷。这说明,我们如果将排序前300的档案全宗完成数字化,就可以基本满足我馆档案的对外利用之需。其余利用价值不高的档案,如大量的会计报表、银行票据、账册、个人病历、出入登记、考勤表、空白表单等类,长年未被使用调阅,可考虑不予扫描。

据此,二史馆向财政部、国家档案局申请启动"馆藏民国档案前整理和数字化跨年度项目(2013—2017 年)",所需经费 1.56 亿元。拟用 5 年时间(2013 年 1 月—2017 年 12 月),按照"重点优先、分步实施"的原则,对价值大、利用率高的馆藏档案进行整理和数字化处理,即实现馆藏重要的和利用率高的 343 个全宗 60.9 万卷档案的数字化。项目计划完成约 6 000 万页档案整理,5 000 万页档案扫描,900 万画幅档案缩微拍摄;120 万页档案修裱,建立开放式档案数据库,构建安全、稳定、高效的电子档案保管、检索、利用平台,为逐步建成数字化档案馆奠定基础。此外,通过数字化档案前整理,实现档目细化一致,对于暂时未列入数字化计划和无必要扫描的档案,5 年内亦按全宗清点完毕,将档案原件妥善封存,异地专库保管,确保档案原件永久安全。

近 6 年来,二史馆按照既定方针,执行先整理、后扫描的程序,在确保档案实体及其信息安全的前提下,基本实现制成的档案数据能够及时提供利用,形成了一整套比较成熟的数字化工作经验,截至 2017 年 12 月,该项目取得了最终成果,顺利完成档案整理 6 255 万页,扫描 5 400 万页(4 218 万画幅),缩微拍摄 901 万画幅,破损档案修裱 152 万张。使我馆的档案基础工作得到明显提升,跃上了一个新的台阶,奠定了未来几十年二史馆档案业务发展的良好基础。

二、馆藏档案的对外开放利用

二史馆馆藏档案范围十分广泛,主要包括中华民国时期南京临时政府、广州大元帅府、广州国民政府、武汉国民政府、民国北京政府、南京国民政府等历届中央政府及其直属机关(包括汪伪政府)的档案;全国性团体、学校、企事业单位的档案;中国国民党和其他政党的档案;知名人物的个人档案等。馆藏档案形式多样,主要为公务文书、私人手稿、著作、日记、笔记、信函等。其所藏民国档案之完整性、丰富性及多样性,既为后人进行民国史研究提供了档案支撑,也为社会各界需求提供了档案服务。

（一）对外利用概况

1. 为民国史研究提供利用服务

作为一座闻名海内外的民国历史档案资料宝库，二史馆不仅接待了大陆高校、科研院所及人数众多的民国史研究者、爱好者，还一直如磁石般地吸引了海外的史学研究机构和专家学者，在中外文化交流中具有独特的不可替代的地位。

1980 年 10 月 15 日，澳洲国立大学研究所骆惠敏先生跨进二史馆的大门，查阅有关莫理逊先生档案，成为二史馆接待的第一位海外学者。其后至今，我馆已接待来自 20 多个国家与地区的学者查档计 1 万多人次，查档内容涉及政治、军事、经济、金融、外交、社会内政、文化教育等各个方面。著名的哈佛大学、耶鲁大学、牛津大学、剑桥大学、东京大学、多伦多大学、慕尼黑大学、汉城大学、台湾大学、香港大学等，以及许多著名的学术研究机构，如法国国家科学研究院、英国牛津大学中国研究所、日本国立教育研究所、美国俄亥俄大学东亚研究所、德国汉堡大学亚非研究所以及台湾"中研院"等，都曾派遣教授、学者或博士生前来二史馆利用民国档案。再如一些享誉各国史学界的权威，如美国的柯伟林、法国的毕昂高、英国的汉斯、加拿大的巴雷特等，都曾光顾过二史馆的阅卷大厅。一些著名的档案史料收藏机构，如俄罗斯国家档案局、新加坡国家档案馆、日本帝国资料库、日本国立史料馆、韩国国史编纂委员会，以及台湾"国史馆"、香港历史博物馆、澳门历史档案馆等，也都曾派员到二史馆进行过工作访问和交流。

2. 为社会关注焦点提供利用服务

2015 年是中国人民抗日战争胜利 70 周年，二史馆将"国防部史政局和战史编纂委员会"的缩微胶片档案转化为电子档案，及时对外提供利用，以迎接查档高峰的来临。为进一步丰富抗战史料利用形式，扩大社会受众面，二史馆在做好日常查档工作的前提下，向广大媒体敞开大门，为中央电视台与各地方电视台、港台有关电视机构制作专题纪录片提供档案资料查阅和拍摄服务。这些抗战题材的专题片依托馆藏档案资料和图片，进行深度挖掘提炼,再现了中国抗战历史情景,收到很好的宣传效果。与各级各类电视台、广播、报刊等媒介的合作,在给予媒体积极帮助的同时,使档案变得更加鲜活,民国档案渐渐走近普通民众,扩大了档案的利用受众面,提升了二史馆的社会影响力。

在有效利用传统方式和手段做好纪念抗战胜利宣传工作的同时,二史馆也积极适应新形势新需要,充分利用网站等新媒体平台,加快公布抗战史料的工作进度。

3. 为社会大众提供利用服务

自 2013 年以来,有关查证个人信息的信函、电话和直接来馆查档者数量与日俱增,尤以查找抗日阵亡将士和抗战老兵档案的查档者居多,该类档案利用者占比为 34.23%。2015 年 5 月,二史馆召开新闻发布会,向社会大众宣布包含 20 万条目的《抗战殉国将士名录数据库》建成开放,迎来个人查证高峰。至今,二史馆接待科工作人员热情接待与妥善处理个人查证 2 000余例,向 279 名牺牲于抗日战场的中国军人(包括台湾抗日义勇队官兵)遗属提供了历史证明材料,使这些为国捐躯勇士的后代落实了相关优抚政策,享受到了应有的荣誉和待遇。向当年任职于民国政府或军队人员的后代提供了他们亲人的学历、履历、生平等方面的原始凭证,为他们续写家谱、核实情况、了解史实等带来了信史证据,了却许多老人一生的心愿。来自四面八方的普通百姓在享受二史馆这一特色服务的同时,也从历史档案的开放中真正获得了益处。

优良的服务赢得了广大利用者的赞许,许多人在拿到他们从未见过的亲人照片得到相关档案复印件时流下了激动的眼泪。他们向二史馆寄来了一封又一封的感谢信,有的还不远万里送来锦旗表示感谢,让人强烈地感受到他们由衷的感激之情。

(二) 数字化档案开放利用基本做法

1. 及时利用数字化成果不断扩大档案开放

二史馆民国档案自 2009 年实行档案原件不再对外开放后,仅有的少量档案缩微品和出版物,无法满足广大利用者的需求。因此我们在民国档案数字化进程中,将数字化成果及时提供对外利用作为首要目标,在每年年底,根据年度数字化完成任务,将一部分完成好的数字化档案全宗,宣布对外开放。对已完成数字化工作而尚未完成数据处理的档案全宗,为满足查档者的查档需求,采取"边审核、边开放"的做法,根据利用需求,及时提供,从而突破了后续工作进度跟不上数字化进度直到影响档案及时开放的瓶颈。

从 2013 年起,二史馆每年在年底时,都及时向社会宣布开放档案全宗目录,到目前为止,先后开放的数字化档案有:南京国民政府时期教育部、农林部、社会部、国史馆、国民党中央秘书处、中央宣传部、国防部史政局及战史编纂委员会、私立金陵大学、汪伪行政院等 87 个全宗,计 26 万余卷,2500余万画幅。开放内容涉及政治、军事、经济、教育、文化、社会等各个方面,极大地满足了社会各界对于民国档案的查询需求,每年年底在我馆的公众号上,新开放全宗通知后面都是满满的点赞。

2. 进一步改善对外利用设施优化服务

为适应数字化档案开放利用工作的需求,二史馆着力打造适合数字化档案开放利用的硬件环境,开发了具备"存储、管理、利用"等功能的馆内局域网档案信息化管理平台,并于 2014 年 4 月全面投入使用,使利用中的查档登记、目录检索、调阅档案、复印申请;管理中的身份认证、目录和图像控制、复印审查等全部网络化,大大简化了查档流程,提高了档案利用效率。同年 11 月,为满足数字化档案的利用需求,二史馆对原利用大厅及查档设备进行了升级改造,重新配置了 32 个电子阅览机位与电脑,更新了 3 台管理计算机及照明灯具。为提升网速,与档案信息化管理平台相匹配,我们还搭建了主干万兆、桌面千兆的网络环境,确保数字化档案快速、高效利用。

在依规办事的原则下,我们还进一步简化了查档手续,实现了查阅、调用、复制档案的全免费,得到查档者的欢迎。

3. 不断拓展数字化档案利用服务内容

应国家档案局要求,二史馆自 2014 年底起,在门户网站上第一次将档案文件级目录和数字化档案图像同时挂网公布,计公布北洋政府档案文件级目录4 500余条,电子图像2.4万余画幅,内容涉及北洋政府时期政务、军事、交通及农商等,其后又上网公布了馆藏新马泰地区档案目录数据等内容,这些都为利用者远程查阅档案提供了方便。

近5年来,依托馆藏数字化资源,馆里先后开展各项对外专题服务与档案合作项目65个,利用数字化档案近19万画幅、档案复制件近8千件。在服务党和国家中心工作及为民服务方面取得了显著成绩。

由于档案开放范围不断扩大,来馆查档利用人数逐年增加。据统计,2012年全年对外共接待查档单位487个,接待查档阅卷人员1 876人次;2013年,全年接待查档单位583家,接待查档阅卷人员2 619人次;2014年,全年接待查档单位1 055家,接待查档阅卷人员4 254人次;2015年因纪念抗战胜利70周年等活动,来馆查档人数和调卷量,比往年更加增多,计接待查档单位2 516个,接待查档阅卷人员6 528人。总计近5年来,接待国内外查档人员近3万人次,提供数字化档案近20万卷宗。馆利用大厅常常出现座无虚席的场景。

2015年3月,中共中央办公厅领导批示肯定了我馆的档案利用成绩,并要求在档案同行中"宣传、交流、学习、推广"。

随着二史馆馆藏民国档案整理和数字化项目的稳步推进,数字化档案的对外提供利用数量将进一步加大。我们将积极改进服务方式,优化服务程序,牢固树立窗口意识和服务意识,在为党和国家中心工作服务、为对台交流和社会各界需求服务各方面,进一步充分发挥出民国档案的独特作用。

三、中国第二历史档案馆对台交流与开放查档

因历史渊源与馆藏特点之故,中国第二历史档案馆在海峡两岸档案文化交流中担负着重要的责任,发挥着特殊的作用。

自1980年中共中央书记处做出开放历史档案的决定后,民国档案开放的历史进程迈出了关键性的一步,两岸在民国档案利用方面的交流合作从此得以开展。

1984 年 4 月，二史馆领导对新闻界发表谈话，表示"中国第二历史档案馆愿意向台湾学者开放"，这一宣示，在海峡两岸产生了强烈的反响。自此，二史馆向台湾学者敞开了大门，从那时至今，30 余年来，本馆从未中断对台湾同胞提供档案查阅服务。

1989 年年初，台湾"中研院"近代史研究所派专人赴二史馆查阅有关"二·二八事件"档案。本馆经请示主管部门同意后，给予了热情接待，使台方有效利用了这批档案处理"二·二八事件"的善后事宜。这次档案利用对台服务工作意义重大，不仅开启了利用民国档案协助台湾当局处理岛内重要事务的先河，也促成了二史馆与台方的首次合作，其后，本馆在大陆与台湾分别出版了馆藏台湾"二·二八事件"档案史料汇编。

台湾学者通过查阅本馆开放的历史档案，得到了他们所研究课题的第一手资料，即使我们把民国档案的对台开放由间接变成直接形式，也便于通过他们向台湾民众介绍本馆。例如台北"中研院"近代史研究所沈怀玉研究员，查阅档案回台北不久，就在刊物上发表介绍二史馆馆藏情况的文章，并在台湾"国史馆"做了专题报告。

以此为嚆矢，30 年以来，二史馆以其独特的历史渊源，成为沟通海峡两岸的文化桥梁，主要体现在以下几方面：

（一）开放民国档案服务台湾同胞

在 2005 年 4 月中国国民党主席连战先生访问大陆前，二史馆专门组织人员从馆藏档案中查寻到其祖父连雅堂的有关档案，这些档案记载了连雅堂先生在日本殖民统治台湾时期，向北洋政府申请恢复其福建原籍并更名为连横的经过，反映了连雅堂先生的爱国情怀。

二史馆在将这些珍贵档案制成仿真复制件后，派专人送到北京，由胡锦涛总书记将其作为独特的礼物，送给了来访的连战先生，使他深受感动。翌日，连战在演讲中表示："胡总书记把我祖父当年要求恢复中国国籍的申请书找出来送给了我。祖父连横在日本统治台湾那个时代就要求恢复中国国籍，可见是一个民族思想非常强烈的人。"连战先生回台后，在接受 CCTV 和美国《华盛顿邮报》记者采访时，都提到了胡锦涛总书记亲手送给他档案复制件一事,表示这是在此次"和平之旅"中最令他感动的事情。

2011年,连战先生携夫人又专程参访二史馆,查看了其父亲连震东先生的档案。连战夫妇非常激动,再三对二史馆将他祖父、父亲的档案保管得如此之好表示谢意。

二史馆还以档案为媒,为两岸高层交流打造平台,先后接待多位台湾政要及著名学者参观访问,包括台湾统一党主席陈映真、蒋经国基金会董事长毛高文、国民党中常委何庆纹、原国民党秘书长许水德以及原国民党"中央"党史馆主任陈鹏仁、邵铭煌,原"国史馆"馆长林满红、原政治大学校长吴思华、新党主席郁慕明等。蒋永敬、张玉法、陈三井、谢国兴、张力、刘维开、林桶法、陈立文等一大批台湾民国史学界的著名学者都来本馆查阅过档案。自2008年至今,到馆查阅档案的台湾人士共计已逾百人,而包括台湾政界、学界、工商界人士来馆参观访问者,总数在200人以上。台湾一些著名的档案史料收藏机构,如"中研院"近代史所档案馆、台湾史所档案馆、国民党"中央"党史馆、"国史馆"、政治大学、台湾大学等都曾派员到二史馆进行过访问和交流。民国档案在两岸文化交流中的独特作用与重要影响日益凸现。

为进一步加强民国档案利用服务工作,拓展数字化档案利用的形式,本馆在互联网网站中增加了档案咨询和预约查档的版块,在大陆、台湾乃至世界各地的查档者都可以通过网络进行预约查档。个人历史档案查证还可实现免费代查及寄送复件的服务,使查档者彻底免除奔波之劳苦。

(二)加强涉台档案史料编研出版

30余年来,本馆组织力量,深入挖掘,陆续编辑出版多部涉台档案史料汇编。除前述《台湾"二二八事件"档案史料》外,还陆续出版了《台湾光复和光复后五年省情》《台湾光复档案》《馆藏民国台湾档案汇编》等一批档案史料专辑。其中,本馆与海峡两岸出版交流中心合作,于2007年出版的300册12万页《馆藏民国台湾档案汇编》大型丛书,是研究台湾与祖国关系系统的第一手珍贵史料,出版后产生了重要影响,两岸学界皆给予好评。

（三）不断推进两岸档案合作交流

自1984年本馆对台开放后，民国档案受到各级台办与涉台有关方面的高度关注。在实行民国档案对台开放的同时，本馆开展了一系列两岸档案的互换合作交流。主要内容有：

1. 2006年为台湾"中研院"提供院史档案资料项目，向该院提供了"中研院"在大陆时期的院史电子档40万余画幅，丰富了该院历史保藏，并直接为其院庆80周年展览提供了史料帮助，这是海峡两岸档案合作交流的新的一页。

2. 2010年起，在两岸司法互助合作的框架下，协助最高人民法院与台湾有关主管部门开展了民国司法案例档案交流项目，2015年实现了两岸民国司法电子档的批量互换。这是两岸司法交流合作史上具有里程碑意义的大事，体现了两岸对中华法律文化的共同传承，既标志着两岸司法交流与合作达到了一个新高度，也开启了两岸档案交流合作的新篇章。

3. 2013年起开展的与台湾政治大学互换校史档案资料项目。对双方开展政大校史乃至民国教育史的研究，均起到了促进作用。

4. 2014年12月，本馆在台北"国父纪念馆"成功举办了馆藏"孙中山档案文献特展"。作为本馆首次在台湾举办的大型专题展览，是我们利用馆藏民国档案在增进海峡两岸文化交流与合作、扩大在台影响的一项重要尝试。台湾新党主席郁慕明及岛内有关历史研究学者出席了开幕式。开展后各界观众踊跃参观，影响显著。

5. 2015年5月，本馆又在南京举办了首届海峡两岸档案数字化工作学术研讨会，邀请台湾6家档案保藏机构的代表出席会议。此次会议对进一步推进两岸档案数字化工作交流、共同提高工作水平具有重要的意义，增强了本馆在依据民国档案平台开展对台交流中的作用。

特别值得指出的是，本馆对于前来查档参访的台湾同胞，本着同为中国人"两岸一家亲"的原则，在查档手续上给予了与大陆居民同样的待遇，台湾同胞仅凭"台湾居民来往大陆通行证"就可随时前来登记查阅档案，无须另外单位的介绍，在免费查档免费复印方面也与大陆居民相同，没有附加任何歧视与阻碍。如有特殊需要,经申请批准,还可以适度增加档案复制的形式与数量。台湾同胞同为中国人,必能享受同样的优遇。

目前,正值大陆学界为贯彻落实习近平主席有关抗战研究及推进两岸"共享史料,共写史书"的重要讲话精神做出全面努力之际,两岸抗战档案的交流合作,恰逢历史性的机遇。在2016年新加坡举行的"习马会"上,台湾当局领导人马英九先生表示:台方对"共享史料,共写史书"持开放合作态度。目前我们正在为两岸抗战档案及民国档案交流合作做出更大的努力。

两岸所藏民国档案,同源共流,本为一体,因历史原因而造成人为分离,但其本质上为我中华民族共同的一方文化瑰宝。对其实现优质保护与合作开发利用,使成完璧,是两岸中国人共同的历史责任。

整理与鉴定

历史档案载体鉴定论

王俊明

　　档案的价值不在于它的载体,而在于这个载体记载的内容。因此,关于档案的鉴定,无论古今中外,清一色地把视野集中在正确鉴别档案的价值,然后决定其存毁的处置上。从德国普鲁士机密国家档案馆馆长迈斯奈尔率先提出的"高龄档案应当受到尊重"的著名论断,到美国档案学家谢伦伯格倡导的档案双重价值论,再到我国的"档案保管期限表",各国都形成了相应的鉴定理论、原则和标准。这些理论、原则、标准的产生、形成和发展,为我们正确判定档案的价值,决定档案的存毁,提供了强大的理论武器和操作指南。但是,在历史档案的鉴定问题上,当其价值总体上得到定论,历史档案已在永久保管的范围之内,存毁不再成为悬念的今天,档案鉴定理论如何在历史档案的鉴定上延伸,除了分级鉴定是一个值得继续深入的话题外,载体鉴定无疑是握在档案工作者手中的又一把"档案生死利剑",它将决定着历史档案的命脉,决定着历史档案的内容信息如何通过承载其的介质传承文明,留传子孙。

一、载体鉴定是历史档案的内在要求

　　档案,从实质上说是一种社会现象,是以一定的物质形式存在的运动的。古人说:"一切皆流,一切皆变",这种朴素唯物主义思想为我们揭示了物质都在永恒运动。档案载体作为物质存在的一种方式,从物质运动的理论上看,载体的变化是无法停止的,"静态"中有纸张自然地老化,字迹逐渐褪色。由于物质的这一特性，从而决定了档案会不断变化乃至消失。这就要求档案工作者去了解和把握档案的这种微观变化。而了解和把握档案的这种微观变化只有通过载体鉴定。

历史档案与现行档案的显著差异在于"高龄"，历史档案最年轻的距今已有半个多世纪，所谓"年龄不饶人"，岁月沧桑已使历史档案的载体"风烛残年"，使载体鉴定对历史档案具有了特殊的意义。

历史档案的载体材料自身存在严重缺陷。以历史档案中数量最多的民国档案为例，民国时期虽然规定有统一的公文用纸，但表现在档案实体上却五光十色，而纸张、墨水、油墨等书写材料的质量参差不齐，导致民国档案耐久性下降。对此，何鲁成先生在谈到公文纸与档案管理的关系时指出："公文纸与档案管理，当然有密切关系，（一）公文纸尺寸问题；（二）公文纸质量问题，（三）公文纸页数问题；关于上列（一）（二）问题，行政院已三令五申，公文纸尺寸业已规定，公文纸质，亦力戒过劣。然按之实际，一机关所收到之公文，仍属大小不一，纸质劣者，亦不在少数。盖以我国幅员辽阔，度量衡制极不统一，边远省份颇难购买质料较佳之纸，自非一纸通令所可奏效者。"[1]

纸张作为历史档案的主要载体，我们通过造纸术的发展不难看出，中国古代造纸术在选料上多用麻或者植物的韧皮纤维，工艺以手工为主，这样造出来的纸张一般为中性或偏碱性，即便是遇到空气中的酸性物质腐蚀，也依然会保存相当长的时间。到了明、清时代，造纸的原料更多地改用竹子，造出的纸质虽开始下降，但通常情况下仍能保存上百年。民国时期的纸张"寿命"却较短。如新闻纸一类纸张因含木素较多的磨木浆，其寿命大约只有50年左右。"纸寿千年"受到了挑战。究其原因，主要是因为民国时期正是手工造纸向近代机械造纸和印刷过渡的时期。该时期西方的机械造纸和印刷技术进入中国并得到广泛使用，但是造纸材料混杂，机械造纸制浆工艺落后，公文用纸多为机械打磨木浆纸和酸性化学浆纸，纸张酸性强、质量差，造成保存期很短。

历史档案先天不足，加之中国国运多舛，战乱不断，历史档案的载体已

---

〔1〕 何鲁成：《档案管理与整理》，档案出版社 1987 年版，第 221 页。

非常脆弱,历史档案的"自焚"愈演愈烈。

历史档案的先天缺陷和岁月的无情,必然决定历史档案鉴定的独特性,我们必须用载体鉴定的方法去考察历史档案的物理状况。对此,苏联档案工作者从价值鉴定的一个侧面提及了档案的物理状况问题。他们这样认为:"在鉴定文件价值时,要注意文件的物理状况,如果文件有破损,首先应当决定是否需要修复……孤本珍贵文件,要尽可能予以复原和修补,并复制出照相副本。"[1]苏联档案工作者关于"物理状况"的揭示,虽然是从档案价值鉴定的侧背轻描淡写的一笔,但对于历史档案鉴定的启发,却值得我们深思。

二、历史档案利用工作活跃使载体鉴定更迫切

历史档案开放,带来了档案馆利用工作的空前活跃,各级各类档案馆接待利用者人次,提供档案资料卷次,连年大幅度上升,以中国第二历史档案馆为例:阅档者从 20 世纪 80 年代的每年上千人,到 20 世纪 90 年代的几千人,再到 21 世纪的上万人,而 2006 年的利用人数比 2005 年同期增长 38%,调阅档案 2 万多卷。利用工作的空前活跃是显而易见的。

利用工作当前活跃的局面,不仅表现在利用的人数和调阅档案数量的增加上,而且还表现在利用者到档案馆长时间大量地、系统深入地查阅档案的情况愈来愈多,档案利用率、利用效益逐渐提高,查阅档案的单位,也不仅是党政机关,还包括经济、文化、科学研究部门、大专院校以及社会公民个人。此外,还接待了一些外国档案工作代表团、学者和留学生参观或查阅档案。有的外国学者甚至长年蹲点档案馆,从事深入的研究工作。

社会各界人士对历史档案的普遍研究利用,可喜可忧,喜的是档案工作被社会的认同,忧的是档案馆的接待能力特别是历史档案载体的承受力度受到挑战,因此,载体鉴定将成为档案工作决策中的一个很重要因素。

---

[1] 韩玉梅,等,译:《苏联档案工作理论与实践》,档案出版社 1984 年版,第 90 - 91 页。

谢伦·伯格在谈到档案保存与利用之间存在的紧张关系时曾写道:档案工作者应当"设法让他所保管的文件材料既能得到最充分的利用,又能得到适当的保护,要权衡一下目前利用文件的要求和为后代保存文件的要求之间的轻重利害关系。"[1]正是居于这种认识,美国档案工作者提出了"所有限制的、易碎的、贵重的或尚未处理的材料,都需要特殊对待"[2]的警告,并与之相应,他们采取了"只要有适当的复制本可供所有的研究者使用,档案工作者就可能限制利用易于破碎或特别有价值的材料"[3]的措施。

对于利用者来说,其对档案利用的需求是无限的,他们希望能直接进入库房,自由翻看卷宗,希望调阅大量的案卷,如同美国档案工作者描述:利用者希望能用卡车为其调运档案……但档案工作者应该注意到的是档案材料本身的实际状况,它是否能够经得起反复利用? 历史档案在经历岁月的沧桑后,脆弱的档案载体还能支撑多久? 不采取适当的限制使用档案原件的措施行吗? 今后,随着档案开放力度的加大,必然会使调阅、使用档案的人数和卷数都日益增多,这势必会造成档案的反复使用。大范围、大量地反复翻阅档案,甚至复制,这无疑严重地威胁着档案原件寿命和安全。实践证明,越是年代久远的档案,越是珍贵,其使用频率往往也越高,而其损坏速度则越快。因此,国家档案局颁发的《档案馆开放档案暂行办法》中规定:"古老、重要和珍贵的档案,应备有缩微或复制件,以代替档案原件提供利用。"然而,遗憾的是,目前许多档案馆已开放的档案,还没有达到这个要求,利用者仍是使用原件。众所周知,图书部门对"孤本"一般是不借阅的。而历史档案可以说绝大部分都属"孤本""独份",如果我们只顾眼前的利用方便,盲目提供档案原件,那么造成的损失将是无法弥补的。

---

〔1〕 谢伦·伯格:《现代档案——原则与技术》,档案出版社 1983 年版,第 247 页。

〔2〕 美国档案工作者协会:《档案工作的理论与方法》,档案出版社 1988 年版,第155 页。

〔3〕 美国档案工作者协会:《档案工作的理论与方法》,档案出版社 1988 年版,第182 页。

三、载体鉴定与保护性处理

载体鉴定的目的,是对历史档案的物理状况做出评估,并进而采取相应的措施,鉴定是为采取措施提供依据,而采取措施是鉴定的归宿。

对于大批量的历史档案而言,通常意义上的保护处理,即给其去酸,重新更换装具,并保藏在一个保护性的、无危害的环境中。但这种控制环境和提供合适的保藏方法属于预防性维护范围,而本文所指的处理方法却超出了这一范围。针对历史档案的状况,物理性处理是要将遭受破坏的材料恢复到一种可使用的状态,其目的就是保护档案的载体材料并使其更加稳定。此外,物理处理的另一种方法就是复制,或者说将不稳定的历史档案的信息内容转移到一个更稳定的载体材料上去,如缩微胶片、光盘等。在历史档案尚能支撑复制的情况下,加快档案数字化的步伐,这将对今后历史档案的保护与利用产生深刻影响。

载体鉴定与价值鉴定相比似乎显得简单与直观,其实不然,它需要对不同载体材料有足够的,因为不同的载体,其本质有很大差异,例如纸张、胶片、照片、唱片、印章,其载体就相去甚远;即使同属纸质档案,不同的纸张其原料不同,其性能(脆弱程度)也不同。因此,载体鉴定同样需要鉴定工作者具备广博的知识。此外,还必须借助实验室分析。

载体鉴定为确定问题的性质和特殊的保护需要提供了一个系统的方法,然后根据所收集的数据以及档案价值确定处理重点。因为在进行任何实体处理之前,必须清楚地了解有待解决的问题,对于历史档案而言,有些症状是普遍存在且非常明显的。例如,一份档案可能变脆到轻轻一碰就碎的程度,再如字迹褪变、纸张粘连、撕裂和玷污等,这些问题都可通过直观的、物理的方法明了。但是,档案鉴定工作者不能简单观察表面现象,必要时要通过实验室分析,充分确定这些问题的特殊性,从而有助于确定诸如材料的年龄,用于记录信息的颜料或墨水,纤维的含量,酸度的精确值以及有无磨木浆等因素。

解决保护脆弱纸张问题的办法就是选择适当的稳定和支撑的措施,去酸法可以通过中和酸性物质以及提供碱性残留物来抑制纸张恢复酸性状态,从而减缓酸退变过程。决定是否需要去酸要根据许多因素,包括所使用的方法、纸的质量和状态、墨水或颜料的类型以及它们对水或溶剂的反应。如果对脆弱的文件去酸,它的化学性质将被稳定,可是它的物理状态(如脆弱程度)将不会得到改善,并且还需要一些保护和支撑的措施。聚酯封装法、醋酸纤维素加膜法,以及丝网加固法等是为脆弱纸张文件提供物理性支持的几种可选择的方法。

纸质文书档案的处理无非是去酸、加固,而诸如照片、胶片、唱片、印章、证章、钞币等特殊档案的保护性处理的决定必须建立在具备关于所用方法技术的充足资料的基础上,鉴定人员与保护技术人员必须密切配合。因为它们的独特物理性能要求有特殊的保存方法或编目方法,或者两者都需要。因此,将这些特殊档案从原来的全宗或案卷中分裂出来十分必要。需要指出的是,这些特殊档案在从原来的全宗或案卷中取出时,一定要认真记下它的原来档号。例如,如果要从一卷档案中将一张照片取出,把这张照片同照片汇集内所有其他的照片放在一起,那就要填写一张"代卷单",将这张照片的名称、原档号以及新的存放位置等一一填写清楚,再经鉴定小组或有关领导批准,最后将这张"代卷单"放在发现该照片的那卷档案的相应位置上。

综上所述,历史档案的价值鉴定尘埃落定后,载体鉴定无疑成为鉴定工作的新触角,为鉴定工作开一新天地,而利用工作的活跃,以及历史档案自身内在的要求,都决定了载体鉴定的必要性、紧迫性。我们不能停留在简单的档案保管状况抽样调查或依赖于保护技术的辐射,而要把载体鉴定与档案整理有机结合起来,使历史档案延年益寿,流芳百世。

(原载《中国档案》2007 年第 12 期)

档案价值鉴定的拓展及其影响

孙秋浦

　　档案价值鉴定是档案管理传统的业务环节，在长期的实践进程中，已经形成了一套固定的操作模式，即以对档案保存价值的分析评判为基础，以划分档案的保管期限为基本工作内容。而主要针对永久保管档案，尤其是历史档案所开展的一系列与档案价值相关联的活动，如抢救重点档案、档案分级管理、建立档案特藏室、档案文献遗产工程等，同样也体现了对档案价值的认识与区分，究其实质，是档案价值鉴定的拓展与延伸。档案价值鉴定实践领域的拓展，不仅产生了明显的实际效用，并且具有深层次的理论意义，其影响不容低估。

一、档案价值鉴定的拓展表现

（一）抢救重点档案

　　随着时间的推移，我国各地各级档案馆保存的历史档案的物质载体正在逐步发生褪变。为了延缓档案的自然损毁过程，延续档案的信息内容，从20世纪80年代开始，国家档案局在全国范围内实施重点档案抢救工作，采取有重点和针对性的整理、修复、复制等项抢救措施。以传统的档案工作业务环节论，抢救重点档案主体上应属于档案整理与保护业务的范畴，但是，这项工作一开始就是建立在档案价值鉴定基础之上的。

　　根据国家档案局颁发的《全国重点档案抢救补助费管理办法》的规定，

全国重点档案是指"中华民族各个历史时期遗留下来的,在政治、经济、科学、文化、历史和艺术等方面具有重要的研究和利用价值,国家需要永久保存的珍贵历史档案"。[1] 这是从档案价值的角度对重点档案的表述,并以此为标准,划定了全国重点档案的范围,将其界定为:革命历史档案,主要是1919 年到 1949 年中华人民共和国成立以前,中国共产党及其领导下的各革命组织和革命活动家在革命活动中所形成的档案;清朝以前的古代档案;著名历史人物的谱牒和社会知名人士的手稿;反映我国古代、近代优秀的科技、经济、文化成果的档案;少数民族文字的历史档案和宗教活动的档案;解放前涉外经济档案和旧中国海关档案;辽宁、陕西、四川、湖北省和上海市档案馆保存的解放初期各大行政区各机构的档案。[2] 2001 年,国家档案局调整、扩大了全国重点档案的范围,规定为:1949 年以前反映中国共产党及其领导的革命组织、革命根据地、革命政权、革命活动家的档案;1949 年以前各个历史时期政权机构、社会组织和著名人物的档案;反映中华人民共和国成立以来党和国家领导人活动的档案;经过国家档案部门鉴定和确认的其他重点档案。[3]

全国重点档案的划定,是从全国各地各级档案馆馆藏的宏观与整体的角度来认识和区分档案的价值,将重要档案与一般档案区别开来。各级档案馆在申请抢救补助费时,必须参照全国重点档案的标准与范围,对档案的价值进行分析论证;实施抢救与否,是以对档案价值的鉴定为前提的。

(二) 档案分级管理

永久保管的档案是我国各级国家档案馆馆藏的主体部分,由于数量浩大,客观上存在着价值层次的落差。尤其是历史档案,由于受"片纸只字、不得销毁"观念的束缚,事实上一律都被划为永久保管的范畴,档案之间的价值差别更为明显。长期以来,永久保管档案的价值差别并未引起人们的足

---

[1]《全国重点档案抢救补助费管理办法》(2001 年 4 月),国家档案局网站。
[2]《全国重点档案抢救工作成绩显著》,载《黑龙江档案》1988 年第 6 期。
[3]《全国重点档案抢救补助费管理办法》(2001 年 4 月),国家档案局网站。

够重视,整理的深度、编目的级次、保护的重点等并未有意识地与档案的价值相关联,其结果是分不出管理的轻重缓急,人、财、物的投入失之盲目。解决这一矛盾的有效途径,除了实施重点档案抢救工程外,还必须进一步根据档案价值的大小,对档案实行分级管理,制定各级档案的管理规范,对不同价值等级的档案实施不同程度的管理要求与措施。1999 年 6 月修订颁布的《中华人民共和国档案法实施办法》规定:各级档案馆馆藏的永久保管档案分一、二、三级管理。由此,确立了我国永久保管档案的分级管理制度。

档案分级管理的先导是评定和区分档案的价值等级。近年以来,中国第一、第二历史档案馆以及辽宁、天津等省市档案馆进行了初步的探索。如中国第二历史档案馆相关课题组在进行档案分级管理的可行性研究时,试将馆藏民国档案的价值等级界定为三个层次:一是具有国家历史意义的档案,凡是直接反映国家领土、主权、资源、重大民族关系、重大外交关系、重大历史事件(影响国家历史进程与演变)的档案,都是具有国家历史意义的。二是具有社会历史意义的档案,凡是反映民国时期社会历史变迁的档案,都是具有社会历史意义的;此一层次的档案面广量大,是民国档案的主体部分。三是具有机关历史意义的档案,凡是反映民国时期一般机关组织沿革、人事变动、文秘行政、财产经费、庶务活动的档案,都是具有机关历史意义的。

对永久保管档案价值等级的划分,较之于全国重点档案的划定,在对档案价值的认识与区分上显得更为精细一些。一方面,档案价值层次由重点与一般两个层次,扩大到一、二、三级三个层次;另一方面,全国重点档案往往是以全宗为单位来确立的,而档案价值等级划分不仅能以全宗为单位,也可以卷或件为单位来区分。

(三) 建立档案特藏室

2001 年召开的全国档案局馆长工作会议提出,各级国家档案馆,尤其是副省级市以上档案馆,可以尝试建立档案特藏室,将特别珍贵、重要的档案集中保管,采用先进的设施、设备,实施特殊保管和提供利用。这项工作目前已在全国范围内全面展开。建立档案特藏室的关键问题仍然是如何认识与区分档案的价值,尤其是如何认识特别珍贵、重要档案的价值,科学、准确地划定特藏档案的范围。

上海市档案馆较早进行了划分特藏档案的尝试,从 20 世纪 80 年代末开始,即在馆藏档案实体保管序列中开设特藏序列,在确定特藏档案的入选条件时,把握四项鉴定原则:一是档案来源和职能的重要性原则,即要求在筛选特藏档案时把重点放在档案形成者的职能、社会地位、级别重要性的分析上,集中考察在近现代上海具有重要影响的机构和各界代表性人物所形成的档案;二是档案内容的典型性原则,注重档案内容所反映的社会活动的典型意义;三是档案的稀有性原则,注重档案在载体形态、记录内容上的稀有性;四是档案的时间性原则,即对于形成年代久远、留存数量有限的档案,一般优先考虑入选。[1] 上述四项原则,确保了具有重要内容价值与实体价值的档案被挑选进入特藏室。

中国第二历史档案馆从 20 世纪 90 年代初期开始筹建档案特藏室,目前典藏 1 万余卷(件)珍品,是从馆藏 180 多万卷档案中精心鉴定挑选出来的,鉴定挑选的总体原则有两项:一是档案信息内容特别重要,二是档案载体形式较为特殊。按照这两项原则鉴定挑选出的特藏档案,既有民国时期具有重大历史意义的会议记录、决议、决定及反映重大历史事件始末的重要文件,也有著名人物的亲笔题词、日记、信函、手稿以及照片、印信、商标、邮品、钱币、债券、票证、勋章、奖章等。[2]

建立档案特藏室,体现了全面、辩证的档案价值观。档案的价值是由内容价值与实体价值两个部分所构成的,在通常情况下,主要表现为档案的内容价值,即档案的信息内容对利用者的有用性,这是档案与文物的一大区别。但是,一些特殊形式与特殊载体的档案,其实体价值则远远超过档案的内容价值,需要加以特殊保护。因此,具有重要的内容价值与实体价值的档案,都应是档案特藏室的收藏范围。如果单纯注重档案的内容价值,忽视了档案的实体价值,是对档案价值观的割裂;而如若过分强调档案的实体价

---

〔1〕 戴志强:《价值连城的镇馆之宝——上海市档案馆特藏档案室介绍》,载《中国档案报》2005 年 4 月 14 日。

〔2〕 陈江涛、王俊明:《特品特藏双人双锁——中国第二历史档案馆馆藏简介》,载《中国档案报》2005 年 2 月 28 日。

值,则又是对档案价值观的偏离。

(四)中国档案文献遗产工程

2000 年,为了配合"世界记忆工程"的开展,为申报"世界记忆工程"提供客观依据,同时也是为了有计划、有步骤地抢救和保护中国档案文献遗产,国家档案局启动了"中国档案文献遗产工程"。这项工程通过严格的档案价值鉴定,实现优中选优。

为了确保入选结果的科学性,有关部门专门开展了中国档案文献遗产工程课题研究,制定了《"中国档案文献遗产工程"入选标准细则》,从主题内容、时间、地区、民族与人物、形式与风格、系统性、稀有性等七个方面明确了判定档案文献价值的标准,体现了对档案价值的综合认定。依据《标准细则》入选《中国档案文献遗产名录》的档案,从《唐代开元年间档》,到《中华人民共和国开国大典档案》,每一件都具有多方面的价值特征,将档案的价值元素展现得淋漓尽致。

二、档案价值鉴定拓展的影响

上述几项活动的开展,拓展了档案价值鉴定的实践领域与内容,使之从现行档案延伸到历史档案,从单纯划分档案的保管期限延伸到对永久保管的档案进行价值等级划分,从注重档案的内容价值延伸到兼顾档案的实体价值。这是对传统意义上档案价值鉴定的业务范畴与工作模式的突破,已经产生了显著的实际效用,并且具有深层次的理论意义。

第一,突出了档案价值鉴定在档案管理活动中的作用,拓展了档案价值鉴定的自身功能。

在传统的档案管理活动中,档案价值鉴定是作为一项固定的业务环节出现的,通常是通过对档案文件保存价值的分析评判,规定文件归档和档案进馆的范围,划定档案的保管期限,以及对到期档案进行后期再鉴定。鉴定的功能主要表现为解决档案存毁的界限问题,在动态管理中不断实现优化馆藏的目的。而在上述几项活动中,鉴定已经不再是档案管理的一个孤立的业务环节,而是与其他业务环节交织为一体,在档案管理活动中起着先导性、基础性乃至决定性的作用,即以档案价值鉴定为先导,以档案价值大小为依归,有序进行档案的整理编目、抢救、保护与开发,实现管理资源的合理配置,充分彰显档案工作的目的性与效益性。

第二,增强了档案馆在档案价值鉴定方面的职能。

我国传统的档案价值鉴定的职能,从理论上讲是由文书处理部门与档案管理部门所共同承担的。文书处理部门在文书立卷时,负责区分归档与不归档文件的范围,并对归档文件划分出保管期限;档案进馆后,再由档案馆对期满档案进行再鉴定,剔除失去保存价值的文件予以销毁。但是在实际操作上,由于一些档案馆从"安全"、馆藏量等因素考虑,不积极进行销毁鉴定,因而在档案价值鉴定方面显得无所作为,档案价值意识不强。档案价值鉴定实践领域的拓展,主要是针对永久保管档案,尤其是历史档案而言的,使档案馆失去了对文书处理部门的依赖性,必须建立健全自身的档案价值鉴定机制,将全面、准确、精细地认识馆藏档案的价值,作为档案馆工作的基本职能之一,在档案管理全过程中,体现档案价值意识。同时,也将有效地促使档案馆工作者转变观念,从单纯注重甚至炫耀馆藏量,转变为将馆藏数量与馆藏质量并重,以更好地落实档案工作的科学发展观。

第三,将促进档案价值鉴定理论研究的深入与完善。

档案价值鉴定实践领域的拓展,将促使我们重新审视档案鉴定的概念,并从概念的本源性内涵出发,对档案价值鉴定理论研究的内容进行理性的归整。

鉴定是一个被广泛使用的概念,即便是在档案学论著中,也出现了档案价值鉴定、档案开放鉴定、档案真伪鉴定、档案载体鉴定等众多与鉴定一词相连的概念,而本文所述的一系列与档案价值紧密相关的活动,并没有直接出现鉴定的字样,在这种情况下,究竟哪些内容属于档案鉴定的范畴,需要我们对档案鉴定的概念进行反思,明确概念的本源性内涵。

中外档案界关于档案鉴定的概念表述角度不尽相同。国际档案理事会编辑的《档案术语词典》为"鉴定"下的定义是:"根据文件的档案价值来决定如何对其进行最后处置的档案工作基本职能,也称为评价、审查、选择、选留。"[1]这一定义的要义在于表述鉴定的功能,即将文件与档案作为两个概念对待,以鉴定为档案的准入关口,不具备档案价值的文件不能归档。我国的档案学著作对鉴定概念的表述,多半以描述具体工作内容为主,如:"档案界通常所说的档案鉴定工作是指鉴定档案的价值。档案价值的鉴定工作,就是甄别档案的保存价值,挑选有价值的档案继续保存,剔除无须保存的档案予以销毁。"[2]不管中外档案界对档案鉴定定义的表述角度有何不同,其中有一点共识,即鉴定是针对档案价值而言的。综合解读中外档案界对档案鉴定概念的表述,可以认为,档案鉴定就是认识与区分档案价值的过程,认识档案价值是鉴定的基础,区分档案价值是鉴定的表现形式。也正是从这个意义上讲,我国档案界向来将档案鉴定与档案价值鉴定作为同义语来对待。

本文所述的一系列与档案价值相关联的活动,与传统意义上以划分档案保管期限为模式的档案鉴定相比较,在认识档案价值这一基础层面上是完全一致的,只是在区分档案价值的具体模式上有所不同,是基于档案鉴定概念内涵的基础上,对外延的合理扩展,当然属于档案价值鉴定的活动范畴。档案价值鉴定拓展中出现的诸多现象与问题,如档案价值鉴定的作用与功能、档案价值鉴定的主体、档案价值鉴定的模式、档案价值等级标准等鲜活的内容,都应纳入档案价值鉴定理论的研究范畴,如此将大大拓展理论研究的空间。同时,档案价值鉴定的拓展与延伸,并不意味着对传统鉴定模式的抛弃,也不意味着对传统的档案价值鉴定理论的颠覆,而是在实践与理论两方面所做的补充与深化。因此,固有的档案价值鉴定理论与拓展中出现的新的现象与问题面临必要的归整,以共同构建档案价值鉴定理论的完整的知识体系。

（原载《档案学研究》2006 年增刊）

---

〔1〕 韩玉梅主编:《外国现代档案管理教程》,中国人民大学出版社 1995 年版,第69 页。

〔2〕 陈兆祦、和宝荣主编:《档案管理学基础》,中国人民大学出版社 1986 年版,第163 页。

现行档案与民国档案价值鉴定的异同

陆 军

　　档案价值鉴定工作是指根据一定原则、标准和方法来判定档案的价值，决定档案的保管期限与存毁，通过档案价值鉴定工作达到去粗取精，去伪存真的目的。

　　档案价值鉴定工作可分为现行档案鉴定与历史档案鉴定两种。现行档案的鉴定是指新中国成立后产生的文书档案及各类专业档案的鉴定，历史档案的鉴定主要指民国及其以前档案的鉴定。由于民国以前的、主要指明清两朝的档案存世量不多，且距今已有上百年历史，根据"高龄案卷应当受到尊重"的基本原则，这部分档案不存在鉴定销毁问题，应永久保存。同时，新中国成立前产生的革命历史档案，由于战争年代的原因，保存下来的也较少，是党和国家的宝贵财富，也应该永久保存。民国档案目前在我国大陆存有 1 460 万卷。基于民国时期文书制度特点和档案保管现状，民国档案存在"玉石不分"现象，需要通过鉴定工作进一步提高其整体质量。

　　现行档案与民国档案价值鉴定工作既有共同点，又有不同之处。

一、现行档案与民国档案价值鉴定工作的共同点

　　第一，现行档案与民国档案价值鉴定工作的目的一致，两者都是为了区分档案的不同保管价值。档案的价值是有区别的，不同的档案内容，有不同的档案价值，通过价值鉴定，达到去伪存真，去粗取精，充分利用有限的人力、物力、财力来保管好、利用好档案。

第二,现行档案与民国档案价值鉴定工作的内容相同,两者都要从档案的客体属性和档案的主体需求两方面来综合考虑档案的价值。档案的价值取决于档案客体的属性和主体需求这两方面的统一,两者缺一不可。从档案客体来看,档案记述的内容、形成档案的机构或个人、不同的档案载体、档案产生的历史背景等,种种因素决定了档案自身价值的差异性与多样性。从档案的主体需求来看,不同利用主体对档案有不同的需求,相同利用主体在不同历史阶段对档案需求的变化,造成档案主体需求的多样性与变化性。档案的客体属性与主体需求构成档案的价值因素,是档案价值鉴定工作的主要内容。

二、现行档案与民国档案价值鉴定工作的不同点

1. 鉴定者不同

两者区别在于,现行档案的鉴定工作一般由立档单位进行,或由同时期的档案馆进行;民国档案的鉴定工作在处于不同时代的档案形成者和档案保管者之间展开。现行档案向档案馆移交前,由立档单位档案室对所保管的档案进行价值鉴定,划分归档范围,确定保管期限,然后向档案馆移交。各级档案馆对馆藏期满档案进行鉴定,或重新划定保管期限,或鉴定剔除。民国档案的形成机构或个人早已不存在,鉴定工作一般由目前保管档案的各档案馆进行。

2. 鉴定原则不同

两者区别在于"以我为主"和"以社会需求为主"。现行档案的鉴定一般"以我为主",凡是对本单位工作具有参考价值的档案一般列为长期或永久保存。民国档案鉴定一般以社会需求为主。因为民国档案的形成机构已消失,档案对原机构的工作查考价值已丧失,因此,应该用全局的观点,以现实价值和历史价值为鉴定原则。凡是能满足社会需求、具有历史查考价值的民国档案都应永久保存。

3. 鉴定依据不同

两者区别在于有无档案保管期限表可依据。现行档案价值鉴定的依据是档案保管期限表。目前,我国已有 5 种类型的档案保管期限表:通用档案保管期限表、专门档案保管期限表、同系统档案保管期限表、同类型档案保管期限表、机关档案保管期限表。民国档案的价值鉴定没有相应的保管期限表可依据,一般应从档案的现实价值、历史价值以及馆藏档案数量、档案载体形式等多方面来判定其价值。

4. 鉴定工作开展程度不同

现行档案的鉴定工作开展较为普遍,而民国档案的鉴定工作尚处于试验阶段。我国各机关档案室保管的档案,在向档案馆移交前都要进行价值鉴定,划分归档范围和确定保管期限。各级档案馆对期满档案的鉴定也有开展。民国档案的价值鉴定工作目前只是在少数档案馆内试行。

5. 鉴定工作结果不同

现行档案经过鉴定后,应归档的档案即由机关档案室向档案馆移交;不需归档的档案则剔除销毁或作为机关资料保存。档案馆对保存期满的档案,依据相关规定进行鉴定后,或变更保管期限,或剔除销毁。对民国档案的销毁一般持慎重态度。中国第二历史档案馆提出定级分级管理模式,即对民国档案进行价值鉴定后,划分不同的档案价值等级,分别采取不同的管理手段。

(原载《浙江档案》2000 年第 4 期)

对民国档案文件级整理工作的思索

陈晓敏

在中华人民共和国成立后五十多年时间里,档案工作者在民国档案整理工作中,遵循档案形成的客观规律,依据全宗原则、利用原基础原则,对全国民国档案进行了案卷级整理工作,逐步建立了包括全宗目录、案卷目录、人名目录、地名目录等在内的民国档案目录体系,部分档案馆还建立了馆藏民国档案案卷级机读目录数据库。不过,随着民国档案开放力度增大,对档案内容信息的揭示提出了更高的要求,原有的民国档案整理成果已难以满足现有的民国档案工作需要,对民国档案信息做进一步开发,即开展民国档案文件级整理工作已逐渐被提上议事日程,但这项工作对我们来说是崭新的,我们需要对其必要性、与案卷级整理工作的衔接、结合档案馆数字化工作开展以及在整理人员启用上如何谋求社会力量的支援等问题加以认真思索。

一、开展民国档案文件级整理工作的必要性

现有的民国档案整理成果存在的主要问题之一是:对部分民国档案案卷内容揭示得不够准确、全面,案卷标题有的反映的是案卷内一份或部分文件,而非全部文件内容;有的细节性、琐碎的事务却被赋予了一个大概念词语加以描述;有的则相反,等等。此种种情况形成的原因是多方面的,但和民国档案本身状况有很大关系。民国档案一卷不少厚达数百页,涉及文件主题、文件责任者较多,给全面概括、准确拟写案卷标题增加了难度,而案卷

级机读目录数据库又是在案卷目录的基础上建成的,这种信息揭示的欠准确性在民国档案开放力度加大的今天,其危害性愈加明显,造成民国档案利用工作的误检率增高,应控制使用的文件无法控制使用,使民国档案工作处于一种被动状态,从而成为今天迫切需要解决的问题。笔者认为,鉴于各馆所藏民国档案经过 1949 年后数十年的整理,作为全宗级、案卷级的整理单元已然形成,并相对固定,相应地和馆藏目录体系也建立起了一一对应的关系,因此,在解决存在的问题,开展新一轮的整理工作时,我们仍要坚持利用原基础原则,对档案实体的这种既有状况加以接受,在现有基础上进行一种螺旋上升式的整理。不过,这并非说我们仍将沿袭以往的方式,开展案卷级整理,简单地将原有案卷标题和案卷内容重新审视一遍,见错纠错,如果这样做,效果不会好,因为出错的部分,往往是卷内内容复杂,不少属于多主题案卷,要揭示卷内内容,有时也只能采取挂一漏万的方式,即将其中主要的、重要的内容点出,其余则忽略不管,这样做将使未被揭示的档案内容成为死信息,很难再被利用。抑或不得不将若干个档案内容的小概念概括上升为一个大概念,而其实这个大概念内涵是大于这若干个小概念内涵之和的,这样做的结果不仅没能准确揭示档案内容,反而淹没了案卷的个性。因此,笔者认为解决方法只能是:对多主题案卷的整理单元加以细化,即进行民国档案文件级整理,对民国档案信息做进一步的深入开发。

二、民国档案文件级整理和民国档案
案卷级整理的有机衔接

民国档案案卷级整理和民国档案文件级整理是民国档案整理工作的两个不同阶段,前者侧重于档案实体的归位、还原,后者则是着重于档案内在信息的深层挖掘,是对前者的一种完善、延伸,二者间应是一种互补的关系,因此应努力实现二者间的有机衔接。

1. 应将民国档案案卷级整理工作进行到底

民国档案案卷级整理工作应该说已基本结束,但不排除档案馆还遗存有个别全宗尚未进行基本的案卷级整理,这些全宗仍有大号、多宗案卷存在,本着善始善终原则,同时也为便利今后开展文件级整理工作起见,在开展民国档案文件级整理工作前或同期,应组织人员完成这部分剩余全宗的案卷级整理工作,从而使民国档案文件级整理工作能站在一个较为完善一致的起跑线上。

2. 民国档案的文件级整理和案卷级整理应实行锲型无缝连接

民国档案文件级整理工作的开展是因为案卷级整理方式在揭示档案内容信息上有其不可克服的弱点,需要进行弥补,因此,文件级整理就不应该是逐卷进行,而应该有针对性地开展,只对多主题案卷进行,至于单主题案卷,有案卷级整理结果已足以揭示其内在信息,则不必开展文件级整理,亦即,民国档案的文件级整理和案卷级整理不应是界限分明的黑白两块,而应是你中有我、我中有你、浑然天成的锲型无缝连接。

3. 民国档案文件级整理应包含对民国档案机读目录数据库的延伸、完善

档案整理工作结果的表现形式往往是各种检索工具,民国档案机读目录数据库即是其中之一。民国档案著录标引的行业标准《民国档案著录细则》将著录对象区分为文件级和案卷级两种级次。所谓文件级著录单元即著录对象为单份文件或同一案卷中记述同一事物的多份文件。案卷级著录单元则是著录对象为一卷档案。现有的馆藏民国档案机读目录数据库大多是以案卷级为著录单元而进行著录标引的,如典藏民国档案的重要基地——中国第二历史档案馆即是对馆藏140万余卷民国档案进行了案卷级著录标引,全国其他馆情形也大抵相似。不过,这种案卷级著录标引从一定意义上说是案卷级整理结果的衍生物,因为它主要是依据案卷标题而进行的,而多主题案卷标题存在着如上文分析的弱点,据之进行的著录标引结果存在一定缺陷也就可想而知了。因此,对这类多主题案卷,应和其文件级整理相呼应,将著录单元按有关主题破解成文件级后再予以标引,使民国档案信息在机读目录数据库中得到延伸和完善,进而形成案卷和文件级标引相结合的民国档案计算机检索体系。

三、民国档案文件级整理工作应
结合档案馆数字化工作进行

今天,人们对档案馆数字化建设和未来数字档案馆功能的认识和期望值在不断地提高,因为数字档案馆使传统档案馆发生了从量变到质变的飞跃,它海量的储存、丰富的资源、快捷的检索、迅速的传输、跨时空的链接、高度的开放等优点让传统档案馆望尘莫及,社会和个人对网上档案信息需求的不断加强,推动着档案馆数字化建设的发展。因此,档案馆数字化建设,目前已成为档案界研究和实践中最为热烈的话题与项目,并成为档案馆发展的必然趋势。作为档案馆工作的一个重要组成部分,或者说重要基础,民国档案文件级整理工作当然应结合档案馆数字化工作进行。档案馆数字化必须具备的条件之一便是实现档案与档案目录信息载体由纸质向数字化格式的转换,而这就是民国档案整理工作和馆数字化工作的契合点。日新月异的计算机技术给民国档案文件级整理工作提供了历史性、革命性的良机,我们应当抓住这一历史性机遇,顺势而为,把民国档案文件级整理工作和档案馆数字化工作有机地结合起来,运用最先进的手段,推进我们的基础工作,使之产生一个历史性的飞跃。

当然,民国档案文件级整理工作结合档案馆数字化工作进行还出于一个非常现实的需要,那就是作为历史档案的民国档案,需要我们制作复制品,以取代原件提供利用。档案馆是永久保管档案的基地,是科学研究和各方面工作利用档案史料的中心,亦即档案馆的工作职能便是馆藏档案的保管和开发利用,而要实现这两项职能前提便是保证档案实体的安全。作为历史档案的民国档案,随着距离产生时间的愈益遥远,其实体遭受损毁的风险日益加大,除了自然的老化破损外,还有随着民国档案开放力度的加大,频繁地以实体提供利用所遭遇的磨损和被居心叵测者偷窃或毁坏。为了阻断民国档案遭遇的这些自然与人为损毁的可能,整理工作就应采取相应步骤以保障民国档案实体安全,最新的方法之一便是对进行整理的民国档案实体运用数字化技术进行扫描及制作光盘,生产出民国档案复制品,以取代原件提供利用,从而避免民国档案实体在使用过程中可能遭受的磨损及被盗、毁坏。

四、民国档案文件级整理工作应在
人员启用方面努力并科学地
谋求社会力量的支援

民国档案数量浩大,全国约有 1 400 万卷,可谓汗牛充栋,但能投入整理工作的专业人员却是有限的,这是一个无法回避的矛盾。今天,面临社会对民国档案开放需要的日益增强,档案工作者应该有"一万年太久,只争朝夕"的迫切感,尽力设法提高民国档案文件级整理工作的速度。据初步测算,民国档案文件级整理工作及结合档案馆数字化工作开展的扫描及制作光盘等事宜的工作量将数倍于民国档案案卷级整理,而后者是耗时数十年才完成的,如果我们仍沿用传统方式,完全由档案馆工作人员承担,那么我们是否准备拟订民国档案文件级整理工作的百年计划呢? 显然这很荒唐,当然,随着我国改革开放的进一步深化,社会主义市场经济的逐步建立,也使我们在人员启用方面,能够以一种开放的心态、创新的意识,努力并科学地谋求社会力量的支援。

民国档案整理工作内容,从其操作特点上看,可分为系统整理和技术整理两种类型,作为文件级整理,因是在案卷级整理的基础上进行的,其工作内容将有所减少,系统整理主要有卷内文件排列、编制文件标题、著录标引、开放与分级鉴定等。技术整理有:卷内文件的编号和修整、填写卷末备考表、案卷的装订、文件目录的抄写或打印、档案的扫描、刻录光盘等。如果说前一阶段的民国档案案卷级整理侧重于档案实体的归位、还原,那么民国档案文件级整理则是一种对档案内在信息的深层次挖掘。因此,档案的系统整理要求深入地掌握档案的内容,需要工作者具备较强的历史、档案及档案内容所涉相关专业知识,在分工上应适当配备这些方面专业水平较高的人员,首先应考虑依靠档案馆内工作人员进行,不过,由于档案馆能投入的整理人员相对于待整理的民国档案数量反差实在是太大了,为加快工作进度,其次也可以考虑聘用有相当专业功底的退休或社会人员。至于纯粹外文档案或专业知识特强的档案,更可以考虑向社会,如大学、科研院所等寻求援助,招聘、借用一些高级专业人员进行。而技术整理各项工作的作业方法具有相对的稳定性和某些专门的技巧性,特别是为实现档案馆数字化、由整理工作所承担的相应常规事项如民国档案的扫描等工作,非常具体、烦琐、耗时,需要投入大量的"熟练技工",如果让馆内工作人员承担,无疑是一种资源的浪费。因此,在采取措施保证档案安全的前提下,尽可放手从社会上招聘相应人员,经短期培训后上岗工作,从而在最大范围内,既保证工作质量,又极大地提高工作效率,以较好地缓解民国档案整理工作量大与整理人员有限的矛盾。

其实,档案整理在人员方面谋求社会力量的支援,在各地档案馆均有不同程度的实践,如北京市档案馆就常年招聘了数十位社会青年从事档案扫描等档案馆数字化工作;一史馆聘用了有相当古文功底、热爱历史的人员进行清代档案的编目与著录标引;二史馆也招聘了人员从事档案扫描、卷内文件编页,还从大学招聘了研究生从事外文全宗的文件级整理,等等。值得注意的是:除了档案的扫描、裱糊、卷内文件编页等技术整理,需要常年持续进行,招聘的人员可以相对稳定外,民国档案系统整理的人员招聘则往往可能是间隙性的,档案馆在人员使用过程中应注意观察、物色一些优秀的专业人员,逐步建立起一个高质量的高级专业人才库,当需要再次聘请时,能减少试用、磨合期,以提高工作效率。

(原载《山西档案》2006 年第 1 期)

对民国档案数字化前整理工作的几点思考

喻春生

中国第二历史档案馆(以下简称二史馆)正在开展的民国档案数字化项目始于 2013 年,目标是在 5 年之内完成档案数字化前整理 6 000 万页、数字化加工 5 000 万页。这一庞大系统的档案数字化工程,包括数字化前整理、扫描、缩微、质检、验收等十余个环节。数字化前整理工作是民国档案数字化工程的基础环节,主要是指以全宗或专题为单元,依据档案整理的基本原则、程序和方法,对已经过初步整理的民国档案进行系统编目,按照卷内文件的历史联系进行秩序排列,并通过编写页码加以固定,以实现档案实体有序化,方便档案数字化加工的过程。[1] 本文在对民国档案数字化前整理工作的必要性进行分析的基础上,系统阐述了民国档案数字化前整理工作中应该注意的问题及遵守的原则、方针和方法,以利于民国档案数字化转型工作的更好开展。

一、民国档案数字化前整理工作的必要性

(一)"两步走"方针奠定了民国档案数字化前整理工作基础并取得了一定成效

20 世纪 50 至 60 年代,以王可风为首的二史馆人,针对"档案山""档案

---

[1] 中国第二历史档案馆整理编目处:《民国档案数字化前整理工作手册》,内部资料。

海"和"玉石俱存""玉石不分"的现实性,与国家社会主义改造和建设对民国档案需要的迫切性,明确提出档案整理"两步走"的方针,即先按全宗进行初步整理,条件具备后再进行第二步"科学化系统化"的细整。1978年改革开放以后,二史馆尝试按照"科学化系统化"的要求,并结合馆藏档案实际,采取了切实可行的、灵活多变的整理工作模式,先后对国民政府教育部、经济部、北洋政府审计院等全宗档案进行整理。1995年,共计完成档案整理918个全宗,形成档案189万个卷宗。[1]从20世纪90年代中期开始,在以往档案整理的基础上,二史馆陆续启动了"2188袋零散档案"整理工作以及邮电、银行、烟草和财政等档案的数字化前整理工作。2012年年底,已完成数字化前整理1 800万余页。可以说,"两步走"的档案整理方针,不仅为二史馆民国档案数字化前整理工作奠定了坚实基础,而且丰富了馆藏民国档案的目录数据库,基本满足社会各界对民国档案信息资源的有效利用。

(二)对二史馆向数字化档案馆转型具有重要意义

随着传统档案馆向数字化档案馆逐步转型,二史馆也在积极推进民国档案数字化工程。在推进数字化的过程中,二史馆的档案整理工作存在一定的问题,主要体现在初整阶段。例如,"一卷多宗""厚卷""杂卷"问题亟待解决;馆藏档案近九成卷内文件次序没有固定、未编页码;部分案卷标题与内容不相一致;邮票、商标、书稿、字画、照片、实物等特殊档案未作标识等,这些问题制约着档案数字化加工,进而影响到二史馆向数字化档案馆的顺利转型。对于上述问题,究其原因在于:一是既有民国时期各中央机关整理档案时的遗留问题,又有新中国成立后二史馆在不同时期整理档案所带来的问题。二是技术上的缺位制约着民国档案整理工作,使民国档案资源在相当时期内处于封闭状态。三是20世纪90年代档案整理理论不断出现,使档案整理工作处于探索阶段。因此,做好当前的民国档案数字化前整理工作,对二史馆向数字化档案馆成功转型具有重要的现实意义。

---

〔1〕 曹必宏主编:《光辉历程——中国第二历史档案馆60年》,九州出版社2011年版,第47页。

二、民国档案数字化前整理工作应注意解决的问题

（一）数字化前整理工作必须标准化

《中华人民共和国标准化管理条例》指出："标准化是组织现代化生产的重要手段,是科学管理的重要组成部分。"二史馆的民国档案数字化前整理工作,也同样需要标准化。在民国档案数字化前整理实践中,二史馆需着重解决以下问题:一是不断认识和了解民国档案的特性和规律。在每一个全宗档案整理结束时,都编写整理说明,详细记录档案前整理方法及解决档案整理中所遇问题,以期为编制《馆藏全宗级目录》及修订《中国第二历史档案馆指南》积累资料。二是建立工作制度和完善业务标准。如总结制定《民国档案数字化前整理规则》《案卷标题问题及处理办法》《案卷审查要求》《馆藏档案卷内文件编制页号实施细则》等业务标准和规范。

（二）整理编目有机结合

民国档案数字化前整理工作还需要整理编目有机结合,进而借助大数据技术,建立馆藏目录数据库,方便开放利用。该数据库应具有:(1)馆藏各类目录数据的高度整合,集全宗、案卷、文件等信息于一体,实现一站式档案信息检索,是档案调出、归位等实体管理的依据。(2)设有包括档案全文信息检索在内的众多检索入口。利用者通过某个检索入口进行初级检索,也可运用灵活方式进行提问式等高级检索。(3)利用连接功能。除掌握目录利用情况,还能知晓利用者的反馈信息。(4)除满足利用者以不同的角度查找所需内容外,还可根据需要打印完整的全宗目录、案卷目录、各种专题目录以及原始档案版面。(5)保证数据库内的档案数据都有清晰的利用使用权限。(6)多样化目录形式。随时公布目录的采集与开发信息,满足不同类型、不同行业、不同规模利用者个性化的档案信息需求。

（三）引入档案数字化前整理业务外包

一是加快了整理速度。1998—2008 年整理档案 600 万页，2013 年利用外包服务后，数字化前整理数量达 1300 万页。二是提高了整理质量。引进外包后，整理标题差错率低于 1‰。三是澄清了馆藏档案疑案，摸清了家底。通过数字化前整理的规范运作，"多宗""大卷""缺卷""漏号"及"抽重"等现象不复存在，档案统计结果更加清晰。尽管如此，也要从档案法律法规的高度制定规章制度，确保外包公司认真履约，并督促做好外包公司的档案安全和信息保密工作。

（四）适时开展文件级著录试点工作

民国档案数字化前整理工作完成或即将完成案卷级目录时，应适时开展文件级著录试点工作。原因在于：一是案卷级目录数据概括性强，难以准确反映其文件内容；二是档案中有很多重要信息还藏于案卷中未被开发，只有深入文件级目录才能完整揭示；三是案卷级中有不宜开放的档案，只有揭示到文件级才能区分。具体要注意三个方面内容：第一，充分利用已有数字化成果，直接在计算机上对画幅进行操作，切忌再利用档案原件；第二，更新、开发、制作适合文件级著录软件，如灵活编辑画幅、抽取所需关键词等软件；三是结合以往文件级著录的经验，集思广益，制定文件级著录规范。

三、开展民国档案数字化前整理
工作应遵循的原则、方针及方法

（一）原则

1. 实事求是

客观地说，二史馆的每一全宗档案在整理时，都分别采取了不同的整理方法,甚至是同一个全宗档案也存在着前后整理方法不一的问题。这些不同的方法适应了各个全宗档案实体的具体实际。新时期在开展民国档案数字化前整理工作中,应采取实事求是的态度,对历史上民国档案整理方法的合理部分应予继承。

2. 尊重原基础

尊重原基础是二史馆民国档案数字化前整理工作的总原则,即充分利用档案原有基础,不改变原有档案的实体状况。以全宗为单位、以案卷为基础,区别对待档案不同状况,针对档案基础状况良好、一般和较差的不同情况,采取不同的整理方法,做到方便档案数字化和提供利用。

3. 就卷整卷

民国档案数字化前整理在尊重全宗档案原基础的前提下,坚持就卷整卷,不再重新进行区分全宗、并宗、破卷等破坏原有档案实体的工作。只对卷内文件次序混乱、案卷标题明显不反映内容、政治性标题等进行相应处理,同时对霉、破、脆档案等特殊情况进行标注,提示在数字化加工或修裱中注意。

(二) 方针

大部分不动,小部分加工,避免打乱重整。"大部分不动"是指对大部分已按照一定方法进行分类整理,编有案卷目录,可查找利用的全宗档案,不予变动。"小部分加工"是指对于少部分有严重缺陷和问题,难于管理和查找利用的全宗档案,采取必要的加工整理,避免将所有档案打乱重整。

(三) 方法

一是不更改全宗号,案卷号视整理结果决定沿用或新编。保留全宗本号与子号不变,就卷整卷。新编案卷号与原卷号做好对照,以备核查。二是制定不同全宗的不同整理方案。针对各个全宗档案的不同情况,重点解决多宗、厚卷等问题,化宗为卷,重新拟定案卷标题,编拟案卷号。三是排列、固定卷内文件次序,编写页码。四是对同一全宗或案卷内成本成册的重复文件,在案卷目录和卷内备考表注明,提示不予扫描。五是破损、霉变等无法扫描的档案,及时送修补裱。对可以扫描但需修裱的档案,做出标识登记,先扫描后修裱。

(原载《北京档案》2016 年第 1 期)

面向民国档案文件级目录
基础建设问题新的思考

冯 蓉

引 言

　　档案文件级目录是历史档案馆实现档案开放、档案利用建设的重要基础,而文件级目录作为多级著录中的一级,因其较全宗、类别和案卷级目录能够更多、更细、更具体地揭示档案资料的相关信息,因此,构建文件级目录便成为档案管理基础建设中极其重要的一环。随着社会、经济、文化、科技的迅猛发展,为提高档案的利用率和利用效能,数字档案馆、智慧档案馆已成为摆在档案馆面前的现实目标和历史使命。《全国档案事业发展"十二五"规划》提出"实施开放档案信息资源共享服务工程项目,打造一站式档案信息资源共享和服务平台,为社会提供全方位的档案信息服务"的目标;《全国档案事业发展"十三五"规划纲要》则把档案信息化作为档案管理现代化的核心内容[1]。而要实现这一目标,除应具备整理收藏良好的原始档案资料及其数字化档案,以及数字化网络管理体系外,一个功能强大、覆盖面宽、查询便捷的目录检索系统是档案开放利用过程中必不可少的重要保障和手段。进入 21 世纪以来,随着民国档案数字化建设工作在全国各级档案馆如

　　〔1〕 闫琪、张晓华、李海峰:《档案信息资源共享平台与数字档案馆(室)建设现状及相互关系研究》,载《档案学研究》2017 年第 2 期,第 94—97 页。

火如荼地展开,民国档案目录也已开始进入文件级建设阶段,全国各级档案馆全面开展以民国档案文件级目录基础建设为主要内容的国家重点档案保护与开发工作。

但目前涉及档案目录建设还存在许多问题,第一,历史档案著录客体,即原有档案整理不到位,不同历史时期档案著录要求不尽相同、著录内容不全、不准的情况比较普遍[1]。如第二历史档案馆馆藏档案卷内文件混杂,无固定秩序,馆藏总量近95%未编卷内文件页码,部分卷宗内容与标题不一致,特殊档案未作标识等。[2] 第二,历史档案内容辨识理解困难,因此,著录主体既要具有古代公文知识和历史人文知识,同时还要具备较强的语言概括能力,[3]然而,一方面,历史档案局馆专业人才不足,这首先表现在数量不足,[4]其次是专业化程度较低;[5]另一方面,档案中介服务机构缺乏专业人才,一是其本身人才储备不足,二是尚无从业人员资格制度,使得从业人员的整体水平难以满足档案业务外包专业化、信息化的实际需求。[6] 第三,现有著录标准严重滞后,适用范围狭窄、不能实现档案的全程著录和层级著录。目前的档案著录规则只是对文件级、文件组合级、案卷级、案卷组合级进行描述,没有全宗级和类别级著录,只见树木(案卷与文件)不见森林(全宗与类别);[7]各地标准不统一,导致目录数据不能共享;著录深度不一致,如第二历史档案馆、辽宁省档案馆的历史档案数字化项目

---

〔1〕 胡振荣:《历史档案数字化著录存在的问题与对策研究》,载《档案学研究》2017 第 2 期,第 89 - 93 页。

〔2〕 马振犊、王俊明、陆军等:《档案数字化前整理工作的实践研究》,载《创新:档案与文化强国建设——2014 年档案事业发展研究报告集》(2014 年),第 91 - 108 页。

〔3〕 胡振荣:《历史档案数字化著录存在的问题与对策研究》,载《档案学研究》2017 第 2 期,第 89 - 93 页。

〔4〕 国家档案局、中央档案馆:《中国档案年鉴》,中国文史出版社 2014 年版,第 382 页。

〔5〕 吴红:《论中国档案职业的形态》,载《档案学研究》2006 年第 2 期,第 13 - 18 页。

〔6〕 毛灵芳:《对主张档案业务外包的反思》,载《档案管理》2013 年第 3 期。第 29 页。

〔7〕 徐俊敏:《我国档案数字化中档案著录问题探析》,载《兰台世界》2014 年第 5 期,第 3 - 4 页。

著录到案卷级别,湖南省档案馆对民国档案著录以文件级别为单元,西藏自治区档案馆则按档案著录规则以人工录入全文等。[1] 第四,档案著录是一项脑力劳动和体力劳动相结合的工作,著录环境对著录工作的影响很大,客观上会导致著录人员不能长时期连续工作,造成人员的不稳定[2]。这一系列问题均亟待解决或采取相应的补偿措施。

一、民国档案文件级目录基础建设内涵

从传统的档案管理思路看来,档案目录制作一般都是建立在手工基础之上,它是对实体档案在全宗内进行分类、组卷,之后加入档号和案卷标题将其顺序和所含信息固定下来,形成所谓的案卷级簿式目录,是手工实体档案整理环节的最终成果。

手工纸质目录如同大账本,对于多角度档案信息自由组合而言,灵活度较小,难以快速适应社会的多种需求,因此,20 世纪 90 年代,随着计算机技术的普及,民国档案案卷级目录数字化应运而生并已基本完成,实现了从传统的手工目录制作向电子目录制作的转换。历经 20 多年,现已建成全国民国档案案卷级目录数据库。

案卷级目录数据库在揭示民国档案信息方面,充分展现出其宏观性、集成性、完整性、明确性和概括性等特征;在检索查询方面,能够使查阅者较快地定位直达目标;而另一方面,案卷级目录也显示出其粗放、笼统、模糊的特点,因此,单纯依赖于案卷级目录数据库的检索已越来越不能满足用户对于细节性检索的要求。

文件级档案目录其最显著、同时也是最具吸引力的特征,就是它能够更加准确、细致、详尽、全方位地揭示档案的各项信息内容。随着数字化、信息化、网络化等现代科技手段的不断发展与成熟,在系统思想指导下的民国档

---

[1]　胡振荣:《历史档案数字化著录存在的问题与对策研究》,载《档案学研究》2017 第 2 期,第 89－93 页。

[2]　胡振荣:《历史档案数字化著录存在的问题与对策研究》,载《档案学研究》2017 第 2 期,第 89－93 页。

案文件级目录管理体系的构建已是势在必行,这是时代发展所赋予的使命,是社会需求所给予的动力,是现代技术所提供的机遇,也是档案事业所展现的方向。

档案文件从归档到成为正式档案的整个流程决定了档案著录的质量。[1] 因此,档案数字化建设工作主要应包含三个阶段:第一阶段——档案数字化体系构建阶段,致力于形成数字化档案数据库暨相应的多层级数字化目录著录体系,包括制定相应的标准、规则、操作规范等;第二阶段——档案全文数字化阶段,将档案原文经扫描制作成数字图像格式,并按标准和规则进行多层级数字化目录著录;第三阶段——数字化档案专题数据提取阶段,提取数字化档案中的各类专题信息数据,并按要求归类,形成可按各类专题检索的文件级目录数据库。

随着数字化进程的不断深入,当前,民国档案数字化第一阶段已基本完成,第二阶段档案数字化工作也已大体完成,目录系统除全宗级和类别级目录尚未建立外,文件级目录基础建设工作正进入攻坚阶段。民国档案的第三阶段目前尚处于待规划状态,未来将在第二阶段工作全部或大部分完成后列入实施计划。

多层级著录可以多维、立体、完整地展现档案的特征信息,在揭示其内容和形式的同时,还能揭示档案之间的关联性和有机联系。[2] 其理论基础来源于 1992 年在西班牙召开的第十二届国际档案大会上确立的现代档案著录的"马德里原则"(即来源原则、尊重全宗原则、反映管理级次原则)。[3] 完成数字化档案建设三阶段后,将使民国档案多层级目录之间形成树型结构关系,各层级之间的有效链接将解决它们的联系问题,为用户直观判断检索结果是否符合检索需求提供依据,同时为用户对其他关联信息的

---

〔1〕 马寅源:《国内外档案多级著录的比较研究》,载《档案学研究》2017 年第 2 期,第 51－56 页。

〔2〕 赵红艳、康蠡:《近 30 年来我国档案著录研究综述》,载《档案》2013 年第 1 期,第 13－16 页。

〔3〕 张正强、卞刚:《现代档案著录的原则与原理》,载《中国档案》1999 年第 10 期,第 39－41 页。

发现创造条件,为进一步扩检、缩检、改检提供了可能[1]。对于文件级著录而言,这里所说的多层级链接指文件级目录题名对上可链接所属案卷题名,对下则直接链接所对应的全文数字化扫描档案,如此增加了档案信息可供检索到的字段,为检索工具和检索系统增加了检索点,提升了检索服务的体验和对档案资源的控制能力,对档案资源的管理提供了清晰的逻辑思路[2]。

笔者曾在撰文中将文件级目录和案卷级目录间的关系问题作为难点提出:二者就如同"母与子"的关系,文件级以一个或多个题名从母体案卷中分离出来,各自以独立的内容信息存在于数据库中,有的可以直接表达案卷的主题,但多数可能是以组成一个案卷不同要素、不同方面的状态出现,各自又呈现出其自身的主题,这就产生一个问题,即那些脱离了母体主题的个体,如何才能继承和反映母体所反映的主题呢?如果放任其天马行空,极有可能出现如断线风筝一般而失落原有主题,甚至文件本身的题名也有可能会在大数据库系统中显得无足轻重。在此情况下,这根放飞的风筝线就显得尤为重要,如何使它们彼此接上关系呢?其相互作用和相互影响会以什么样的状态出现才比较合理呢?总之,正确处理好案卷级和文件级这一对"母子"关系,可以增加并丰富数据库信息量,反之,看似强大的文件级数据库有可能由于诸多子信息的游离,而造成极大的浪费[3]。

数字化后的民国档案使各层级上下、左右的链接成为可能,链接就如同风筝线一般,牢牢牵住主题信息,从而很自然地就解决了这对"母子"难题。

多层级链接,不仅可以较好地维系良好"母子关系",而且,对文件级著录时的缺项问题,诸如机构、时间、责任者等著录项亦大致能得到较好地解决。因为在文件级著录过程中,常常会碰到某份文件的确找寻不到时间项,也没有责任者项,更甚者不知所云等,但是,它在所属案卷的范围内,至少可

〔1〕 段荣婷:《浅谈网络环境下的档案著录》,载《档案》2000年第6期,第12-15页。

〔2〕 马寅源:《国内外档案多级著录的比较研究》,载《档案学研究》2017年第2期,第51-56页。

〔3〕 冯蓉:《民国档案文件级目录基础体系的构建策略》,载《档案学研究》2016年第6期,第41-44页。

以通过相邻文件前后联系以及逻辑关系来做出参照和判断,从而得出结论,不至于造成信息因为脱离母体,造成信息缺失或不够完整,使其犹如一个断线的风筝,盲目放飞,造成信息浪费。事实上,文件级目录向上链接所属案卷级目录题名,向下链接自身数字化扫描档案,不仅有利于用户查询,也是档案工作者所期望得到的结果。

多层级链接使民国档案主题信息无论是内涵还是外延均得以充分展示,克服了仅仅单纯依靠单一层级检索所产生的不足,形成既见树木,又见森林的全面、立体的状态。

二、民国档案文件级目录基础建设原则

"全国民国档案目录中心"经过几十年的努力和建设实践,已形成初具规模的民国档案目录体系:① 全宗级目录采集 1400 条,已由全国民国档案目录中心汇集编成《全宗通览》(十册),于 2006 年由档案出版社公开出版,该汇集完整地介绍了全国各级档案馆保存的民国档案大致所包含的主体内容、形成的大致时间以及总体数量,从顶层对全国民国档案进行了总体宏观概述;② 案卷级目录采集了涉及 1 000 多万卷档案的目录数据,建成了具有一定规模的案卷级目录数据库,在揭示民国档案信息方面,充分显示出了系统性、集成性、完整性、明确性和概括性等特征,在检索查询方面,能够使查阅者较快速地直达目标。

那么,在接下来的文件级目录数据采集和文件级目录数据库建设中,预计数据量将可达万亿级,面对如此海量的数据,应采取何种方式、何种算法、何种操作模式来面对呢? 文件级和案卷级目录建设虽然说都具有各自的特点和优势,不可互相替代,但除数据量大小差异较大外,基础建设的流程和方法大同小异,案卷级目录建设中的实践经验可否为文件级目录基础建设所借鉴或提供模板呢?

（一）问题导向与科学性

在进行民国档案案卷级目录采集、制作和数据库建立的过程中,案卷级目录规则中须著录项要求有多达几十项,而最终实际进入总库的必要著录项仅十几项。

1. 问题导向

（1）著录项多少合适？是否越多越好？著录项过多会带来什么问题？
（2）是否有必要再对文件级著录进行人为拆分和设置路径？

2. 科学性

（1）最少著录项原则——即以所选择的著录项能够完全覆盖某档案所包含的全部信息时所具有的著录项数量原则。

事实上,著录项多与少的设置应当取决于所指向档案的信息量和信息类别的多寡,例如,设置多著录项的目的是为了在多种信息类别中实现多路径检索,因此,只要所选取的著录项足以满足覆盖该档案的所有信息,那么这时的著录项数量就是最合适的,既不会因著录项过多导致管理复杂和资源浪费,也不会因著录项过少而无法全面反映和揭示档案的所有信息。

（2）最短路径（或著录项指向唯一性）原则——即所选某著录项到达相应档案某信息类别的检索路径为最短的原则,或该著录项唯一指向相应档案某一信息类别的原则。

由于文件级著录已是多级著录的最底层单元,指向性已可谓非常明确,有时甚至是唯一指向,此时,对于著录项与档案信息为同一类别的简单检索来说,该著录项所指向的档案信息就是最短检索路径,即最佳检索路径;当所需要检索的档案信息与著录项之间为非同一类别时,这里就存在一个路径规划或路径算法的问题,即以什么样的路径进行检索能够实现最短路径或指向唯一性,若经路径规划或路径算法所得到的路径解为最短路径或指向唯一,那么该路径即为最优检索路径。

（二）遵从客观与精准性

在民国档案文件级目录建设各个环节上，始终坚持客观思维，客观的表述越多，客观的表述越精准，越能还原历史的本来面目。

1. 著录项客观性原则

（1）客观设置著录项。

在著录项设置上，尽量设置带有客观性的项目，例如档案馆代码、档案馆名称、全宗名称、档号、时间、页数等。

（2）客观选择著录题名。

著录题名要客观。因为，题名拟写带有较强的主观性，"一千个人就有一千个哈姆雷特"，所以，在题名拟写过程中应始终保持客观的思维，以使文件题名更为精准。

2. 源头预清理原则

目前，在案卷级数据库中依然存在一些主题信息不够明确，比如题名为"霉卷""空卷""空白"等等，毫无利用价值。同样，在文件级著录时也会遇到诸如此类的情况，与其让这些先天不良的、带有硬伤的题名混入数据库，不如在著录题名这道关口便将其拒之门外，使数据库源头保持清洁。

（三）准确优先与合理性

在进行民国档案文件级目录制作、采集和数据库建立的过程中，文件题名是重中之重，题名质量对其余各环节有着极其重要的影响。

1. 题名准确原则

在数据采集和著录项制作中，高标准、高质量的理想文件级题名要求达到主题单一、内容明确、"责任者、事件、文种"三要素齐备完整独立。其中最为关键之处就在于突出内容的主题，一个好的题名能够用最少的文字，最准确、最完整地表达和传递出原有文件的核心内容。同时一个完整的题名,能将责任者、时间、文种以及政权、人名、地名、机构名等著录信息全部涵盖在其中。

2. 题名优先原则

题名拟写是档案目录中最重要的信息内容,它不仅要能够直接揭示出卷内文件的主题内容和形式特征,而且还要能够大体反映出档案的自身价值。

3. 题名至上原则

档案建设与管理过程中,质量检查始终会贯穿整个过程,而在各级质量检查中,"对与错""好与坏",其最终焦点都将集中于文件题名;另一方面,从利用者的角度来看,文件题名才是他们真正最感兴趣和最关注的内容。因此,文件题名是整个文件级目录基础建设中的灵魂和主线,是所有内容中最重要的环节,始终保持题名至上的思维,遵从题名至上原则,才能使文件级目录建设不至于偏离跑道。

三、民国档案文件级目录基础建设方法

在档案全文数字化基础上,实现对文件级目录实施著录,进而建立民国档案文件级目录数据库是各馆的一个工作方向。"十三五"时期将全面开展对于重点档案的保护与开发工作,民国档案文件级目录基础体系建设作为这其中的重要内容之一也已提上议事日程,目前全国民国档案目录中心首批接收文件级目录数据将近1900万条,新增文件级目录数据既有喜也有忧,喜在数字化第二阶段成果的高速度、高效率,忧在问题多多,如何在起步阶段,抓住"开头难",努力做到成功的一半,方法很重要。

（一）工具软件与程序的开发

充分发挥现代计算机技术及其工具的作用，开发适用于文件级目录建设的小型应用软件或工具程序，配合《民国档案文件级著录规则》的有效执行。

（1）目前全国民国档案目录中心已制作出《民国档案文件级目录采集工具》，对接收的海量数据实行形式审查，这相当于是为文件级目录数据库安装的第一扇检测门，把不能满足数据库结构需要，即在形式上不规范的数据直接拦挡在大门之外，从而快速方便地解决人工短期内无法完成的任务，降低审查人员的劳动强度。

（2）一个设计精良的"著录软件"也是值得设计开发的。通过将著录工作中普遍、经常会遇到的带有共性的问题，进行归纳、提炼和总结，并细化至字段；将有关标准、规则、规范中的规定项直接嵌入软件中，使操作者仅以少量的手工输入，多数通过菜单勾选来完成著录项设置、著录项选择、著录项题名等操作。

（3）其他支撑软件程序也可考虑，诸如：历史知识、政权机构、著名人物、档案馆代码、伪政权机构等，可以工具书或软件的形式制作查询工具，以辅助著录工作。

（二）人员培训与人才库建设

1. 人员培训

题名的著录不仅仅体现制作者的水平，更能够反映制作者的态度，且往往更为重要。从全国民国档案目录中心首批接收的数据抽查结果来看，若认真对待题名，基本都不会出现大问题，因此，问题便归结为，一方面，加强培训、提高责任心，严格抓好著录质量管理，把好质检关，减少或避免终审不合格；另一方面，加强后备梯队的培育，重点培养年轻人，才能保证这项事业后继有人、持续发展。其中，不仅要从思想上、业务上进行培养，还要注重队伍结构的合理配置，因为未来的档案工作需要多学科、多层次结构来支撑：

数据专家、程序员、社会工作者、业务协作者、历史学家、教育家、作者、学术人员、社会服务者、保管员、项目经理[1]等等。

2. 建立专业人才库

将具有整理著录方面经验的专业人才信息集中储备,建立人才库,根据需要可在人才库中抽调派遣人员赴处于起步阶段的基层档案馆进行岗前培训,或现场指导,使基层工作人员能够达到上岗要求,尽快走上岗位。同时,也为质量终审储备人才。

(三) 专题研讨与交流平台搭建

定期召开阶段性专题研讨会很有必要,无论是在业务或管理层面都会产生许多新的理念、新的认识、新的模式、新的方法,为各档案馆局之间相互学习、取长补短提供一个良好的平台。例如,在 2017 年全国民国档案目录中心主办的哈尔滨研讨会上,与会者踊跃发言,对文件级目录基础建设提出了许多值得推广的好办法,如在目录著录制作方面,各馆分别采取聘请高校教授、博士生、专门学者、档案界离退休人员、招收大学生等办法,有针对性地解决顶层规划、操作管理、执行者等不同层面所存在的问题;许多馆还通过各种渠道争取地方的配套资金,保障目录建设工作能够持续、稳定、健康地得到推进。

四、结　语

档案文件级目录基础建设是多层级档案著录中与档案本身最为贴近的层级,它是历史档案馆迈向数字档案馆、智慧档案馆绕不过去的一道坎,因此,文件级目录建设自然而然成为档案管理基础建设的重点。这一建设过

---

[1] 黄霄羽:《国外档案事业步入"互联网＋"时代——2016 年国际档案界回眸》,载《中国档案》2017 年第 2 期,第 72-75 页。

程中所面对的问题很多，有历史档案著录客体本身的问题，有历史档案内容辨识的问题，有现行著录标准本身缺陷的问题，有档案著录环境的问题等。本文首先对民国档案文件级目录基础建设内涵的认识进行了讨论，指出档案数字化工作应包含三个阶段，即档案数字化体系构建阶段、档案全文数字化阶段、数字化档案专题数据提取阶段，此外，阐述了文件级目录与案卷级目录之间的关系问题及其相应的解决措施，以及多层级目录的链接关系与优势。本文进一步提出了民国档案文件级目录基础建设中，基于问题导向与科学性、遵从客观与精准性、准确优先与合理性三个方面的诸项原则，即基于问题导向与科学性的"最少著录项原则"和"最短路径（或著录项指向唯一性）原则"，基于遵从客观与精准性的"著录项客观性原则"和"源头预清理原则"，以及基于准确优先与合理性的"题名准确原则""题名优先原则"和"题名至上原则"，为民国档案文件级目录基础建设提供参考。最后，本文从工具软件与程序的开发、人员培训与人才库建设、专题研讨与交流平台搭建等三方面对民国档案文件级目录基础建设方法提出了相关建议。

（2018 年全国档案工作者年会获奖论文）

国家重点档案保护与开发框架下的全国民国档案文件级目录题名著录问题探析

许 茵

民国档案文件级目录著录是国家重点档案保护与开发的重要内容,目录数据的质量是民国档案目录体系建设的灵魂,它关系到国家重点档案资源信息化管理和开发利用的水平,关系到为党和国家提供专业化的档案信息服务的能力。

一、民国档案文件级目录著录与采集是国家重点档案保护与开发规划框架下的重要内容

(一) 全国民国档案文件级目录著录工作的启动

全国民国档案文件级目录著录与采集工作是《"十三五"时期国家重点档案保护与开发工作总体规划》中的一项重要任务。为规范国家重点档案文件级目录采集工作,科学推进国家重点档案目录基础体系建设,国家档案局于 2016 年 4 月 5 日召开了全国历史档案资料目录中心工作协调会,国家档案局副局长王绍忠担任全国历史档案资料目录中心领导小组组长。会议明确了"十三五"时期国家重点档案目录基础体系建设的重点是推进 1 000 万卷国家重点档案文件级目录的采集,建立文件级目录数据库。2016 年 5 月国家档案局印发了《关于做好国家重点档案文件级目录报送工作的通知》(档办函[2016]111 号),对文件级目录报送原则、范围、著录项、报送形式提

出具体要求,正式在全国档案系统启动了民国档案文件级目录著录采集项目。2017 年 3 月国家档案局印发《国家重点档案文件级目录数据验收办法(试行)》的通知》(档发〔2017〕2 号),对全国民国档案文件级目录的验收提出了具体要求。

(二)全国民国档案资料目录中心的职能体现

全国民国档案资料目录中心在文件级目录著录与采集项目中的职责是制定民国档案文件级目录采集标准规范和具体要求;面向全国收集国家重点档案文件级目录,确保收集的质量;管理国家重点档案目录;参与组织相关培训。在国家档案局的领导下,全国民国档案资料目录中心先后制定了《民国档案文件级目录著录操作办法》、开发了民国档案文件级目录著录与采集软件,开展了培训,召开了业务工作研讨会,提供了咨询和答疑,组织了2016 年文件级目录数据的审验,汇总了存在的问题,分析了出现问题的原因,提出了解决问题的办法,及时向国家档案局汇报了相关情况。

二、题名著录在民国档案文件级目录
著录中的难点分析及规范要求

(一)题名著录在民国档案文件级目录中的重要性及难点分析

档案著录是在编制档案目录时,对档案文件的内容特征和形式特征进行分析、选择和记录的过程,也就是制作档案条目的过程。[1] 题名一般指文件标题和案卷标题,是直接表达档案内容特征、中心主题并区别另一档案文件的名称。[2] 高质量的文件题名能够全面客观准确揭示文件内容,一定程度上也能折射出文件的特定特征及自身的特有价值。因此题名著录是档

---

〔1〕 孙刚:《档案目录学》,档案出版社 1991 年版,第 39 页。
〔2〕 孙刚:《档案目录学》,档案出版社 1991 年版,第 41 页。

案目录工作中最重要的内容,是文件条目的核心和灵魂,是信息检索的最关键途径。

题名是文件级目录各著录项中让人困扰的难点著录项,究其原因与民国时期的公文特点有关。民国公文沿袭旧制,没有形成现代意义上的公文标题,公文程式中规定的公文虽有"摘由纸"和"稿面纸"来揭示"事由",但其分别是由收文机关和发文机关的工作人员对公文主要内容所做的节录。由于摘录人员并非文稿起草人员,所摘事由对公文原意图的表达不一定到位准确,其表述形式也是按照民国公文程式和结构套语层层转述、照搬照抄,读来晦涩,也不符合现代意义上的表述,但在某种程度上可为著录人员拟写题名起到参考之用。而密级公文"事由"往往仅写成"密"或"密不录由"字样。民国初期下行文和公文程式规定之外的杂体文一般不做摘由。民国时期虽多次提出公文改良和革新办法,但"正可谓批判归批判,流行仍然流行。"[1]事实状况是民国时期公文基本没有标点符号,不做分段,繁体字使用普遍,约定俗成的"开首语""关界语"等公文套语反复转承引叙,加上大量的手写草体、字迹洇化模糊状况给著录人员著录文件题名带来极大的困扰,使得著录人员难以准确概括公文的关键内容,也是目前文件级目录著录的突出问题和难点问题。

(二) 题名著录的规范要求及结构

民国档案文件题名的著录应全面准确客观地揭示文件内容,突出关键事由,增强检索功能。标题应注意到以下几点:保管单位中各种文件的名称(记录、命令、条例、总结、计划、通知、来往文书等等);文件的作者、保管单位的内容、收发文机关的名称(指来往文书);该案卷文件所属地点的名称;该案卷文件的日期(起至日期)。[2] 概括起来说,完整、标准意义上的文件题名著录应具备责任者、内容、时间、地域、文种、受文者六要素,但并不是说每

---

〔1〕 侯吉永:《简化民国公文的旧式套语及其简化进程》,载 2013 年 6 月《档案与建设》,第 14 页。

〔2〕 施宣岑、华明:《王可风档案史料工作文集》,档案出版社 1989 年版,第 180 页。

个标题都必须包括以上各要素，而是要根据文件的实际情况决定。[1] 文件题名最基本的三要素必不可少，即责任者、事由和文种，其结构为责任者＋介词（关于、有关、为）＋事由（内容）＋动词（致、给）＋文种。此乃国家重点档案保管与开发框架下对文件题名著录的基本要求。

三、全国民国档案文件级目录题名著录存在的问题

全国民国档案资料目录中心组织专家对 30 个省市报送的 2016 年 18 650 502 条民国档案文件级目录数据进行验收审核后发现以下问题：每个著录项都存在不规范问题。如著录项著录错位、文种错误、伪政权和 1949 年后政权没做政权标识、页数与页码不相符、时间标识错误等；文件题名著录错误问题比较严重；县级档案馆著录错误率明显高于省市级档案馆。本文就文件题名著录存在的问题进行归纳分析。

（一）题名中错字、多字、漏字问题

此类错误包括发音相似选错字词；录入时多选字词；原档书写潦草、字迹辨认困难致错；繁简字体转换致错。例如："填报××表"误写成"填填报"；"呈请辞职"误写成"呈清辞职"；"致××令"误写成"至××令"等。

（二）题名过于简单、主题信息缺失

题名完全没有主题内容导致无法检索到文件的实质性内容。例如：题名著录为：便条、保证书、公告、清单、通知单、借据、情况说明、抽纱业商号、解释要点、收信函、契、毕业证书、标语口号、高等法院检察处通缉书等。

---

〔1〕 施宣岑、华明：《王可风档案史料工作文集》，档案出版社 1989 年版，第 180 页。

（三）题名主题信息概括杂乱、语意表述不清

题名虽做了概括提炼，但主题信息或要素不全或语意表述不清，读来不知所云。例如："函请代讯号宾友见覆由"；"为治方面应事项转饬"。

（四）题名直接照抄原档"事由"，未做概括提炼

照抄原档"事由"导致题名或没有揭示出公文内容；或因民国公文用语扰乱主题信息揭示的精准性，检索查准率严重降低。例如："密不录由""××省优待出征军人家属事业管理委员会案准省府移送会呈为报×县三十一年度第二次发放征属优待情形请予备查示一案令仰知照由指令"。

（五）题名中政治性、侮辱性用语未做处理

题名中出现辱骂共产党、人民军队及其领导人，污蔑革命活动的语句，还有受"文革"影响，对于旧政权机关、军队、企事业单位及人物任意加"伪"、"匪"等字。例如："共匪""奸匪""匪军""赤匪""铲共""延安系匪徒""八路匪""反动刊物""反动暴行""共产邪说"等在题名中均没有加"　"。

（六）题名中的责任者表述不准确完整、指代不明

一是题名中无责任者，责任者项也未著录；二是题名责任者没有标著具体省份，例如，省合作事业管理处关于合作业务调查表的代电；三是题名责任者出现"本省""该省"；四是县、乡级机构没有标注到省级，如："××乡合作社关于准予票提各设欠款人缴款回社款移交报告"；五是内设机构或下一级机构没有补全上一级机构名，如："第二科关于……"；六是机构名著录不规范简称，如："关东宪兵司令部"著录成"关宪司"，"××高级农校"简称为"××高农校"；六是责任者应为机构的著成了人名。

（七）题名中涉及时间问题错误

一是题名中的时间所指是民国时间但无"民国"字样，如"三十五"年、"24 年"；二是题名中时间只著录"月、日"没著"年"；三是题名中"昭和""民国"等纪年没有换算成公元纪年。

（八）题名中涉及的人名问题

题名中责任者为个人或题名内容涉及人名会出现的问题包括：有姓无名、有名无姓、姓＋职务、姓＋某、无名无姓只著了职务。如："陈某给龚团长签呈"。

（九）题名中文种问题

一是题名中未著文种，文种项也未著；二是文种著录错误，如文种著成"由""御""批回"。

（十）题名中标点符号不规范问题

主要包括：题名中使用逗号；题名中涉及正式出版的书籍刊物、地图册、话剧等创作作品、个人的文章未加《》；题名涉及的历史事件标点不规范。例如，二、二六东京事件应为"二二六"东京事件。

（十一）题名中标识符号不规范、出现乱码问题

一是题名中出现不规范标识符号，如：♯、NAME?、/、＊ 等；二是要求使用规范标识符号的未使用。例如，残缺文字应用"□"标识，但却用汉字"空"字代替"□"。

（十二）题名中出现不能作为一条目录著录及著录过细问题

一是将"原卷目录""卷内目录""封面""残缺件""残破不录由"著录为题名；二是著录过细导致条目膨胀。例如，人员名册按一人一条目录进行著录；司法档案没按要求一案一件进行著录；领料单、领条、米代金、报销单据等庶务类文件没有按类组合著录。

四、全国民国档案文件级目录题名著录错误原因及对策探析

（一）全国民国档案文件级目录题名著录错误原因分析

造成题名著录出现上述问题的原因：一是各档案馆对文件级目录著录工作的重要性认识不够，导致对规范要求执行不严；二是外包人员工作态度、知识结构不能满足文件级目录著录工作的需要；三是外包公司的计件报酬工作模式致使工作人员重数量轻质量；四是各省级档案馆职能部门履职力度不够。各省级档案馆报送给全国民国档案资料目录中心的目录数据基本上是通过《民国档案文件级目录采集工具》的顺利导入导出就算合格，没有进行实质性验收。事实上该工具只是起到确保档案馆代码和名称对应的一致性、档号的完整性和唯一性、必要项著录不为空的作用，完全没有对题名及其他著录项验收的功能。五是档案馆内部沟通不够顺畅。文件级目录著录采集工作涉及培训指导、整理、数据整合、备份等诸环节，其分别由不同职能部门在承担。原设目录中心在归并某一处室或撤销后，缺乏权威职能机构发挥各方指导和协调作用，导致全国民国档案资料目录中心纵向管理功能沟通不畅。

（二）确保全国民国档案文件级目录著录质量的有效对策

1. 坚持标准至上是必须遵循的首要原则

档案目录标准化是实现档案目录工作科学化、现代化管理的重要条件。文件级目录著录采集的目的一是建立目录管理系统，实施对国家档案资源的宏观管理；二是实现资源共享，为党和国家及社会各界提供优质高效服务。如果目录著录不规范标准，或规范化标准化程度不高，就无法建设现代化的高品质档案目录网络。因此，必须从数据源头抓起，坚持著录标准至上的原则，切实做到层层抓落实，为建成高质量、高效率的民国档案目录网络中心和实现民国档案资源共享奠定基础。

2. 培训和工作模式环节必须强调针对性

目前民国档案文件级目录的著录主要采用的是外包模式，利是规模大、效率高，弊是人员流动性大，缺少职场归属感，职业素养和知识结构参差不齐，因此，培训和工作模式上的针对性显得尤为重要。各省级档案馆一是要及时总结经验，不断完善培训内容。在传授从业人员业务知识的同时，还要强调职业素养教育，增强外包人员职场认知感和职业道德感。二是各档案馆应加强和外包公司的相互融合，增加公文实例研讨和实战竞赛，提高培训的实际效果。三是工作模式上应优化人员分配。将责任心强、文字概括水平高、史学功底扎实人员安排从事档案分件和题名著录等关键环节，如此必利于题名著录质量的提高。

3. 各省级档案馆必须切实履行职责

国家档案局明确要求省级档案部门（含计划单列市）负责本地区目录数据的审核、汇总和向目录中心报送工作。因此，各省级档案馆要加强对目录数据质量的多层级控制管理。一是要加强对外包公司督查指导，要求他们把好数据质量第一关，发现问题及时纠正解决；二是档案馆要按规定要求对目录数据进行实质性人工验收审核，尤其要加强文件题名的审核，做到数据合格后向全国民国档案资料目录中心报送。全国民国档案资料目录中心

2%的抽验比例对于海量数据来说难免挂一漏万,因此数据质量的关键在于各省级档案馆的把关。

4. 全国民国档案资料目录中心应发挥好指挥中心的作用

全国民国档案资料目录中心的职能定位决定了其在全国民国档案文件级目录著录与采集工作中的地位和作用。就现阶段著录工作存在的问题来看,全国民国档案资料目录中心应采取以下措施:一是思考谋划在先。主动承担起谋划者、目录数据管理者和咨询专家的职责,通过召开座谈会、研讨会,发放问题调查表等多种形式主动收集各地档案馆工作中遇到的问题和困难。二是深入实际调研。适时安排实地考察,开展实体比对抽检,在掌握地方民国档案实际状况和特点的前提下,有的放矢加以指导,确保报送数据的规范性。三是创新管理手段。积极开发验收等相关软件,借助科技技术手段对目录进行验收审核,建立问题数据库,通过数据分析为国家档案局提供业务支持。四是优化管理水平。通过建立问题反馈机制、工作通报机制,成果奖惩机制,绩效考核机制,不断优化管理手段,提高著录产品质量。

5. 理顺机构关系发挥地方档案馆目录中心的作用

目录中心作为目录管理的职能机构在开展全国民国档案案卷级目录著录采集工作中发挥了积极作用。然而,从目前的实际状况来看,各地档案馆文件级目录著录采集工作缺乏一个权威的职能机构来统筹协调对本级档案馆目录的指导和管理及与全国民国档案资料目录中心进行对接事宜,有序化、高效化管理呈现不足,因此,理顺职能机构关系,有效发挥地方民国档案资料目录中心的职能,顺畅高效推进文件级目录著录采集是实际工作和形势发展的需要。

（2018 年全国档案工作者年会获奖论文）

从宏观视域前瞻民国档案文件级整理工作

孙骊君

民国档案案卷级整理和民国档案文件级整理是民国档案整理工作的两个不同阶段[1],案卷级整理工作完成了对民国档案的初步整理并满足了基本的利用需求,民国档案文件级整理则是一种对档案内在信息的深层次挖掘[2]。国内已有数个省市级档案馆开展了民国档案的文件级整理工作,取得较为丰硕的成果,但作为民国档案保管基地的中国第二历史档案馆(以下简称"二史馆")尚未开展此项工作。至 2017 年年底,二史馆将完成馆藏三成民国档案的案卷级数字化工作,解决民国档案实体保护与信息利用之间的矛盾,为了更有效地发挥已数字化档案信息的作用,满足社会日趋扩大的利用需求,文件级整理工作势在必行。民国档案案卷级整理工作已为文件级整理工作提供了良好的机制与技术基础,包括各项管理制度与业务规范、"全宗—案卷"目录体系、工作模式与管理方法等。文件级整理工作的顺利高效开展,不仅要充分借鉴案卷级整理工作的经验,更要有创新与提高,在制度建设、人才培养、技术引进以及管理方法等方面,文件级整理工作势必要有科学长远的统筹规划。

---

〔1〕 陈晓敏:《对民国档案文件级整理工作的思索》,载《山西档案》2006 年第 1 期。

〔2〕 陈晓敏:《对民国档案文件级整理工作的思索》,载《山西档案》2006 年第 1 期。

一、科学、统一、长远的指导思想
应贯穿民国档案文件级整理工作

在二史馆历次的案卷级整理工作中,出现了同一全宗多次整理的情况,每一次的整理均有不同的目的与方法,形成了具有时效的成果,但同时造成案卷号码与标题的变动与更替。究其原因,一是民国时期整理档案时的遗留问题;二是不同时期整理档案带来的问题;三是整理理论不断出现,使档案整理工作处于探索阶段[1]。特定历史因素造成的档案反复整理,不仅浪费了宝贵的人力物力与时间资源,更对珍贵的案卷实体造成不可逆的损害,鉴此,在文件级整理工作预备期间,制定统一、科学并长远的工作总体指导思想至关重要,其中尤以规范制定、工作目的、工作计划等为重点。

(一) 参照已有成果制定文件级整理工作相关制度与规范

1. 科学严谨的制度与规范是工作顺利开展的重要保障

二史馆在数字化工作过程中形成的《中国第二历史档案馆规章制度汇编》《中国第二历史档案馆数字化工作规章制度汇编》,已在行政、安全与业务管理方面制定了原则性、普遍性的制度,可以直接适用于文件级整理工作。已有案卷级整理工作规范汇集成的《民国档案数字化前整理工作手册》,针对案卷级整理工作的每一处细节给出合理的规范,文件级整理工作虽然在深度与对象方面发生了变化,但通用性的要求仍未改变,制定相关规范时,首先应将案卷级整理工作规范的精髓延续使用,其次结合文件级整理试点项目经验与兄弟馆局先进经验,进一步制定详细的具体工作指导方法。

---

[1] 喻春生:《对民国档案数字化前整理工作的几点思考》,载《北京档案》2016 年第 1 期。

2. 实践经验需与已有规范相结合

二史馆在文件级整理工作方面开展了两次试验性探索，一次是以文件集群形式为主的南京国民政府最高法院全宗的整理，一次是以单份文件形式为主的交通部全宗部分案卷的整理。两次试验主要对文件级整理工作的著录项目及普遍特点进行了探索，总结出了相关要素以供制定规则时参考。在国内档案界，云南、福建、吉林省档案馆，上海、重庆市档案馆等在民国档案的文件级整理工作上起步较早，经验丰富，制定有相关业务规范，民国档案文件级整理工作规范的制定，应当总览全国民国档案及其文件级整理工作之概况，广泛汲取经验，结合二史馆大量馆藏案卷的实际情况，相互糅合，提炼精髓，从而出台具有全国通用性的业务规范。

3. 对制度与规范合理地修正必不可少

民国档案卷帙浩繁，各种情况层出不穷，实践是检验真理的唯一标准。二史馆在案卷级整理过程中采用的"整理规则审定会议制度"，对工作中产生的疑难问题予以及时研究，快速制定解决方案，并据此对各项规则施以合理修改。文件级整理工作亦需要在实践过程中对各项规范、计划等进行实事求是、科学严谨的调整，方可更加趋于准确，使适用性更加广泛。民国档案另一处大型集中保管基地位于台湾，近年来两岸对民国档案信息的交流与合作愈发增多，放眼未来，民国档案的文件级整理工作相关制度的制定必须考虑到与台湾收存民国档案的交流互通，预留出一定的空间以供未来两岸的学术合作。

（二）文件级整理工作所要达到的状态

1. 整理工作要在文件级别达到最终化

文件是组成档案的基础单元，整理工作应在完成文件级整理工作后达到最终状态。在现有条件下，民国档案数字化案卷级整理工作使案卷之间有序定型，卷内文件次序基本得到梳理，但限于工作量与时间的限制，案卷级整理工作对卷内文件的整理与排序并未深入，导致卷内及卷际仍存在相当数量文件次序混乱情况。文件级整理工作重在编目,整理工作虽相对较少但仍具有必须性,卷内文件的整理排列最终要在文件级整理过程中解决,整个民国档案的整理工作要以文件级整理工作的完成而告捷。

2. 有的放矢地细化编目

文件级整理工作最终要生成详细完整的文件级目录数据,进而建成"全宗—案卷—文件"目录体系。编目工作要确定整理的基础单元,文件级整理不应该是毫无差别地细化每一份档案,这样不具备必要性,更无法讲求效率,民国档案中诸如零散的票据粘贴簿、人员履历册等同一性强但利用价值较低的案卷,不如保留其案卷级状态,将有限的资源投入到真正需要处理的文件上去。原则上应先将每份文件进行详细著录标引,第二步再对照目录对文件组合进行甄别筛选。在细节方面,著录项目应将民国档案内的文件普遍性要素列全,如责任者、事由、文件日期、起止页号、物理状态、实物档案、重复情况、划控信息等,并在著录软件设计中留有项目修改与添加的余地。

3. 完全掌握受控信息

民国档案内含有许多不宜开放利用的信息,在二史馆利用工作开展初期,仅能依据全宗目录进行开放鉴定,往往整个全宗都无法提供利用。案卷级整理后,划控工作细化到每一卷档案,鉴定人员依照案卷级目录来标注控制利用的案卷,相对于全宗级的划控是细致了许多,但仍无法达到最终的精细化。文件级整理工作生成详细的目录后,可以为划控人员提供最基础的信息,使得开放鉴定工作的精度由案卷细化到文件,更方便地使鉴定人员发现以前未发现的控制利用内容,并可释放更多的可利用信息,最终得以完成民国档案整体开放鉴定工作。

（三）科学合理地制定文件级整理工作的计划

1. 文件级整理与案卷级整理同步进行

二史馆五年数字化工程完成了馆藏三成档案的案卷级整理工作,此部分档案系历年数据统计中利用率较大的,以及紧密结合国家大政方针走向的内容。对已数字化案卷的文件级整理工作,是在计算机上以电子画幅为对象进行的,其余七成档案的案卷级整理工作尚未进行,其中许多利用需求高、内容重要、揭示抗战历史等方面的档案急需数字化处理,对其的整理工作仍然要针对纸质档案,应一步到位,直接进行文件级与案卷级整理,如此即可保证整理工作的效率,又可直接完成目标档案的"全宗—案卷—文件"目录体系。

2. 宏观与微观工作计划统筹规划

文件级整理工作的详细计划制定至关重要,大到整个工作的预期状态、全宗选择、整理顺序、时间要求等,细到每个全宗、每本案卷、每份文件的具体加工流程,都必须有一套科学的计划加以指引。因此,宏观工作计划要结合国家大政方针、中共中央办公厅与国家档案局实际工作要求、抗战史研究走向以及实时利用需求情况来制定,随时进行调整。具体的工作计划要在整理过程中根据案卷内容难度、实体物理状态、工作人员增减等不同的情况变化加以及时调整。

3. 建成全面立体的目录检索体系

完善目录数据库是建立全面立体检索体系的首要之举。文件级整理工作将最终构成"全宗目录—案卷目录—文件目录"数据库,后两者在持续的整理工作中不断完善,而全宗目录仅有简版全宗名册,尚未构建详细内容。全宗目录是目录体系中至为重要的环节,应在文件级整理工作中不断完善,通过利用历史已形成的全宗指南、全宗名册,并结合整理过程中形成的全宗整理说明等材料,建立具有宏观指导意义的全宗目录。在目录体系建成的基础上,应当建立照片、商标、实物等各种专题目录数据库。以目录数据库为基础,进一步制作有效的检索工具,在大数据环境中,关键词检索简单快捷,但不可忽视主题标引、分类标引等检索工具的重要作用,应适时制作多样化的检索工具,为未来的利用工作提供高效途径。

二、高效的管理方法将应用于民国档案文件级整理工作

(一) 质量与速度的协调

1. 民国档案整理工作质量与速度的矛盾

在一定的环境中,工作的质量与速度是一对不可化解的矛盾。民国档案数字化整理工作初期,整理编目操作全部由专业馆员进行,因此整理成果质量较高,但由于人员少、工作强度低等因素,导致工作速度慢,工作总量少。当前使用的业务外包整理模式利用外包公司丰富的人力资源与先进的管理方式,使得工作速度提高,工作总量变大,然而,外包人员的职业素质与专业知识不能全部达到民国档案整理的质量要求,虽有专业馆员实时督导,但由于工作量巨大,质量控制不可能细致入微,故此,业务外包整理模式下工作速度有保证,成品质量略显不足。

2. 文件级整理工作中调和矛盾的思路

档案工作乃国家千秋大计,在有限且宝贵的资源下,必须要物尽其用、工善其事。文件级整理工作较之案卷级整理工作要深入细致许多,会花费整理人员更多的脑力,对其各种专业知识要求更高。为达到工作质量与速度的协调并进,首先要科学合理地估测工作进度,制定适宜的工作总量与整体计划,不可操之过急一味求量,要保证成品质量达到无须再整的程度;其次,利用更为先进的组织与管理模式,充分发挥人力资源优势,实施适宜文件级整理工作的相关管理手段,使工作效率在科学的管理方法下得到最大化;第三,必须同步加强外包整理人员与馆方管理人员的业务素养,并由后者对前者的工作予以实时监控;第四,利用更为先进的智能软件辅助工作中各种识别、统计、分类等工作,提高计算机技术手段应用比例;第五,科学统

一的工作标准与规范必须建立,伴以发展的眼光给予成品以修改余地,从制度方面保证文件级整理工作的质量。

(二) 区别不同情况,采取多样化工作模式

1. 现有业务外包模式应用分析

合适的组织模式,可以使员工更有效率更有成效地开展工作[1]。二史馆开展民国档案数字化前整理工作共历经四个组织模式,由最初的简单制职业档案人整理模式逐渐过渡到如今的职能制业务外包模式,业务外包模式较好地适应了大量的民国档案数字化前整理工作。在新环境下,单纯的业务外包模式并非应对文件级整理工作的最佳方案,原因有三:首先,整理工作深入到文件级,有些控制利用的内容不宜对外开放整理;其次,对部分重要信息的识别与提取,外包人员能力欠缺,由其整理效率不高;第三,二史馆的文件级整理工作不会像数字化五年工程一样得到巨额中央财政资金支持,为控制预算考虑,全盘外包并非最理想的工作模式。

2. 组合型工作模式应用分析

笔者提出的应对文件级整理工作的组合型模式是将受控内容、重要信息、专题项目由职业档案人来负责,普通档案仍然在合理的经费预算内实行业务外包。前者既能符合受控信息的保密要求,又能保证整理成品的质量,因此类档案相对较少,故对整体速度影响较小。后者系利用外包公司人力资源优势,满足工作总量的要求,过程中施以专业指导与监控,以保证整理质量。近期西方档案学界提出了利用社会专业人才资源进行整理的模式:即招募社会及高校有档案学知识与工作经验的人才,将适合开放的档案电子画幅以一定的单位交给其按照统一标准进行整理,档案馆给予其相应的精神奖励与查档便利,此方法不仅扩大了工作人员的规模,提高了专业程度,更节省了相当的经费支出,但其中电子数据的风险掌控亦是尚待研究的

---

〔1〕 龙锋、孙骊君:《民国档案数字化前整理工作组织模式分析》,载《海峡两岸档案数字化工作学术研讨会论文集》,中国文史出版社 2015 年版。

重点问题。此种模式虽尚未成型,但在档案信息数字化范围越来越大以及划控越来越深入的形势下,可以满足为民国档案整理工作提供服务的要求,为未来档案整理工作提供备选的可能性。

(三) 计算机新技术的介入

民国档案文件级整理工作的主体工作将在计算机上进行,因整理对象的深入导致工作总量巨大,传统的人工识别模式在速度上存在劣势,并易对工作人员造成生理上的劳损与危害。在探讨文件级整理工作的规范建设、管理方法等问题的同时,必须将计算机应用技术考虑在内。文件级整理工作要考虑到硬件设备的质量,更要考虑到工作人员长期面对计算机时的人体舒适性及职业损伤率,并且软件技术的介入至关重要,包括民国手写信息的自动识别、著录项目自动生成以及自动检错等功能,其中最为重要的当属手写信息的自动识别功能。民国档案内各种手写体纷繁复杂,同文不同字,同字不同书,加以各种修改、删除等信息,导致人工识别尚有障碍。自动识别功能是文件级整理工作以及未来利用工作高效开展的必备之器,虽然其开发难度较大,但一旦成熟,其使用范围与商业收益将会非常巨大。最核心的字体数据库需要大量采集民国档案内的实体文字,此项目的研发是可以与文件级整理工作融合在一起的,整理给予研发充分的参考资源,研发成功后可以反作用于整理工作,使其更好更快地推进。

(四) 专业人才的培养与引进

民国档案文件级整理工作人才是关键,归根结底需要档案馆职业档案人提高自身业务水平,它要求工作人员除了具备一定的政治素养外,既要熟悉和了解民国档案的结构、组成要素和特点,又要具有一定的档案专业知识、民国历史知识、文书学知识和语言文学知识[1]。

---

〔1〕 李宗春、徐莹:《对填写民国档案卷内文件目录几个问题的思考》,载《湖北档案》1992 年第 5 期。

1. 职业档案人要深入档案

在案卷级整理工作中发现,管理人员多着手在现场管理、双方协调与安全监管上,对档案实体的接触不多,没有更多地进行实践整理工作,导致管理人员在业务指导上有脱离档案实体的趋势,会使管理人员的基础整理业务水平得不到锻炼与提高。在文件级整理过程中,要特别注意指导与实践的结合,以亲手参与整理来提高管理人员自身的业务水平,从根本上解决职业人才的培养与储备。

2. 专业知识学习

管理人员并非全部由档案专业毕业,即便是专业对口人员,对基础理论也有所遗忘,对国内外学术新的研究成果也缺少学习,对知识与实践的融会贯通也尚有欠缺。同时,管理人员在业务指导过程中会遇到各式各样民国历史方面的问题,如果不加强民国历史学习,将无法顺利地完成指导工作,因此,档案学与民国史方面知识的培训与自学必不可少。

3. 汉语言水平需要加强

汉语阅读理解能力与书法识别能力是管理人员必须掌握的技巧。民国档案行文用语介于白话与文言文之间,更有大量未点句读的文章。阅读能力的培养,是要扎扎实实地在阅读档案原文的基础上建立的,非通过脚踏实地的实践不可能融通。民国档案中手写体的繁体字、草书和潦草字,是整理工作中又一项难关,往往对其识别的时间要多于整理与编目工作,对此问题,必须要有大量的接触、敏锐的辨别能力与深厚的积累方可解决。

4. 外文识别工作需要加强学习并进行人才引进

民国档案中有许多珍贵的内容是各类外语语种,由于工作人员在此方面能力欠缺,如海中沉金,无法对其进行识别。决此问题,首是先对现有管理人员的外语能力进行逐步的有针对性的培训;其次,在招录公务员时可以考虑英语人才与小语种人才引进;最后,可以聘请有外语专长的社会人员参与外文档案的整理。

综上所述,未来的民国档案的文件级整理将是一个系统性强、专业度高、兼顾全局的工作,对制度、规范、管理以及硬件设备等提出较高的要求,但归根结底是需要档案人以高标准来投入工作的,以对历史档案和现实工作高度负责的精神,落实好每个细节的要求,重视好每个环节的规范和质量[1],充分迸发集体智慧,将民国档案文件级整理工作做好。

(原载《大数据时代的档案工作——2016年全国档案工作者年会论文集》)

---

[1] 龙岗、史家菊、罗备针:《民国档案文件级目录著录及民国纸质档案数字化实践与探索》,载《云南档案》2014年第9期。

外文档案整理中存在的问题及其应对

——以资源委员会全宗档案为例

方　云

由于民国时期对外交往十分频繁,政府机构档案中与国外政府、机构、个人的来往文书卷帙浩繁,但相比中文档案,外文档案的整理质量往往不够理想,时常出现标题与档案内容有偏差甚至南辕北辙的现象。为有效还原民国档案的历史原貌,同时有利于档案资源的开发与利用,笔者现尝试就实际工作中所遇到的各种外文档案整理方面的问题作出归纳和解析,并探讨解决问题的方法。

一、外文档案整理工作中易出现的几类问题

由于目前中国第二历史档案馆(以下简称"二史馆")在民国档案数字化前整理工作中采取的工作模式主要为职能制,即由整理编目处管理下的外包公司负责制的原因,整理编目处人员脱离了具体的整理工作,不再进行编目编页的工作,而是专门从事管理工作;而外包公司整理人员由于知识水平、外语能力及档案整理经验等多方面原因,不能完全胜任要求较高的外文档案整理工作。就笔者所在的项目组而言,虽然经过三道质检把关,但由于抽检比例所限,难免挂一漏万。现就外文档案整理中易出现的几类问题作出归纳。

（一）分卷问题

一是有些应归在一起的内容被分拆到前后两卷或数卷中，或是使得文件排序错乱。

例如二八（16）资源委员会全宗 83 卷为全英文卷，其主要内容为世界各国及地区原油产地分布及石油工业发展状况，根据该卷首页的目录发现第 1~15 部分，即非洲—印度部分的内容齐全，但后面第 16~24 部分缺失，经查找比对，在其后该全宗的 125 卷中找到了缺失的该部分内容。

二是有些应分开的内容却被放在了同一卷里，此类现象主要涉及语种的问题，有些内容并不相关的英文、法文、德文甚至日文内容由于分卷人员外语能力的问题无法鉴别，因而被混杂到同一卷内。

例如在对二八资源委员会全宗 45 664 卷，该卷除主体内容（即上海爱华客洋行与在沪各商行结算之账单收据支票及有关文书，主要为英文）之外，还夹杂有关于在沪朝鲜人孙昌植的有关文书（日文、朝鲜文）及上海日本高级女学校学生吉田福子的有关文书（日文），显然其内容与该卷主体内容无关，这就有必要对这两部分内容单独立卷。

（二）翻译问题

一是词句翻译错误。例如二八（16）资源委员会全宗 177 卷为全英文卷，外包人员原拟的标题为"资源委员会收存国际地质学会第十八次会议记录"，而对档案内容稍加翻阅即可发现，该卷的主要内容为国际地质学会邀请资源委员会参会的"邀请函"（invitation），而非"会议记录"（summary）。

二是直接采用原始英文名称或缩写，未译成正确的中文名称。例如二八资源委员会全宗 42 159 卷，原拟标题为"资源委员会与美国 RCA 订立技术合作案"，整理人员直接照搬了以前整理人员拟写的旧标题，而标题中的"RCA"实为"美国无线电公司（Radio Corporation of America）"的缩写。

三是机械照搬词典翻译，而忽视了民国时期的译名可能与现代不同。例如二八（8）资源委员会全宗 356 卷，主要以英文书写，内容为吴兆洪

(C. H. Wu)关于善后救济、技术合作、材料购运等事宜与各方的往来函件。信函中对吴兆洪的职位标注为"Secretary-General",如按词典翻译应译为"秘书长",而实际上资源委员会中设置的相应职位为"主任秘书"。

四是在翻译外国机构中文名称的时候将外文名称相近的不同机构混为一谈。例如二八资源委员会全宗 48 235 卷,原拟标题为"资源委员会电业处报告书、通知书及英国通用公司函送陇海铁路凝汽器说明书等文书(内有英文)",而通常所认为的通用公司为美国通用电气公司,因此产生了疑问。经调阅档案发现,该公司英文名称为"The General Electric Co. of China LTD.",公函上所印的公司中文名称为"英国通用电器有限公司"。经过对电子目录的搜索,调阅了可能有类似问题的 42 173 卷[原标题为"资源委员会与英国通用公司技术合作案(内有英文)"]及 48 529 卷[原标题为"资源委员会通用公司函送西京电厂二千千瓦设备标单及有关文书(英文)"],明确了 42 173、48 529 两卷中的往来主体同样为英国通用公司(The General Electric Co. of China LTD.);而 48529 卷标题中所写的"资源委员会通用公司"其英文名称为 Shanghai General Machinery MFG Corp.,显然不是该卷档案中所涉及的英国通用公司。

(三)信息缺失问题

一是标题仅以类似"某某机构英文卷"的形式作为标题,对于档案内容未加概括;二是标题中责任者身份不明确,往往只写了人名却未注明其身份。

例如二八(12)资源委员会全宗 107 卷为一册全英文技术资料,档案原始标题为"CONSIDERATION OF MODULATOR DESIGN"(调制器设计之设想),作者 T. S. Wang,档案中仅注明其中文名王端骧,标题就仅拟为"王端骧拟《调制器设计之设想》(英文)",而未探究其身份。

二、外文档案整理环节出现问题的原因

(一) 工作模式上

外包公司以工作量为导向的绩效计算方法导致重速度轻质量的现象；项目组对标题质检的抽检比例有限难免挂一漏万。

由于以数字化前整理现场现有的工作模式为整理编目处管理下的外包公司负责制，亦即涉及具体的前整理环节，包括编目、编页、录入等环节，由外包公司根据项目组布置的任务计划灵活执行，而这些具体环节项目组是不进行干涉——一般只有在涉及重大决策性问题（如全年业务量等）或集中收集上来的业务中的疑难问题，外包公司才会向项目组请示汇报。而整理人员如果一遇到难题就询问指导人员，一来会延误工作进度，二来也会牵涉项目组人员的大量精力，而目前外包公司又尚未安排专门负责外文档案整理质量把关的人员，这样一来，很多具体问题就需要外包人员在整理过程中自行解决。而由于外文档案本身的特殊性，一旦接手的外包人员外语能力和相应的历史知识欠缺，再加上以工作量为导向的绩效计算方法，易导致整理人员重速度而轻质量，从而出现档案重要信息翻译上的问题。另外就外包公司的工作流程安排而言，现场外包公司的整理人员是按照 10 或是 10 的整数倍领卷后再进行整理的，可能出现相关联的前后卷被人为拆散进行整理，特别是对于一些外文残卷，如果仅凭单份档案是很难分辨其内容所指的。

另外，在对于案卷标题的质检环节，在经过第一道质检（外包公司自检）之后，由整理编目处人员组成的项目管理组按照 30％ 的抽检比例进行第二道质检，二检完成后再按照 3％ 的比例提交馆方质检验收组进行第三道质检。虽然经过层层把关，但由于抽检比例有限，疏漏之处在所难免。

（二）人员素质上

一是工作态度方面。由于外包公司采取的是计件制，外包人员有时为了赶工作进度，对档案整理的质量就有所忽视，有时甚至会出现一些简单的词句翻译错误，这类错误实际上是很容易避免的，这应归为工作中注重了速度却忽视了质量的例子。

二是知识素养方面。就笔者所在的项目组而言，目前外包公司整理人员的学历从专科到本科不等，专业更是涵盖了文、史、理工等各个专业，在面临越来越多的外文档案的时候，整理人员会同时面临历史学、档案学、外语能力等多方面的问题，因而导致档案整理质量良莠不齐。同时由于工作流程安排所限，外包公司未能安排有专人负责外文档案的整理和质检，外文档案和其他中文案卷一道被随机分配到整理人员手中，如遇到问题，在接手档案的整理人员外语能力和历史知识不足、项目组又缺乏具有一定外语能力的人员协助的情况下，外文档案的整理质量就可能会受到影响。

（三）整理方法上

分卷环节如单纯依照过去成册文件单独立卷的方法，容易造成正文和附件分开的现象，整理人员在面对外文档案时往往过于依赖原基础，导致所拟标题表意上的偏差。

例如二八全宗 42 949 卷，这是一份基本采用英文书写的案卷，其中仅有少数几页中文信函。原拟标题为"资源委员会对美销售矿品合同"，实际上经过查阅档案，发现该卷文书的往来双方分别为资源委员会与苏联对外贸易人民委员会驻华商务代表处（Trade Representation of the U. S. S. R in China）。之所以会误写为"对美"，一是全卷基本采用的是英文，二是整理人员过于依赖原基础，看到原始档案的封皮上手写标注的"对美"二字，没有对档案内容进行核实就完全照抄了，而只要稍微仔细查看公函右上角所印刷的单位名称，不难发现这是一家苏联机构而并非美国机构。

三、外文档案整理问题对策探析

根据以上总结出的几类问题,笔者试归纳出以下对策:

(一) 工作模式上:调整工作安排,严格质量把控

外包公司方面:建议外包公司在任务进度不太紧迫的情况下,适时调整现场人员安排,可适当放慢进度,重心放在提高档案整理质量上。同时也应督促外包公司内部定期就外文档案整理的问题做相关业务培训。

项目组方面:项目组人员在平时工作中应注意收集外文档案整理过程中的疑难问题并整理总结,可定期召集业务讨论会,根据工作中汇集到的材料对项目组质检标准及对外包公司人员的培训内容及时做出拟定和修正。

(二) 人员素质上:招录培训并举,提升专业水平

1. 外包公司方面:提高重视,系统培训,减少依赖

建议外包公司在招录项目员工时,有意识地录用一些具备外语专业背景的人员,具体分配工作任务时,能够派遣有一定外语水平、民国历史知识及档案整理经验的专业人员负责外文档案的整理质量,在一般整理人员遇到外文档案方面的问题时,可以向其咨询,及时解决问题,提高案卷整理质量。

外包公司应在对其员工进行定期培训的过程中,有意识地加入外文档案整理的相关内容(包括问题和解决方案等),同时定期将其反馈给项目组人员。

对于外包公司整理人员而言,应减少对指导人员的依赖,一是充分利用各种资源查找所需信息;二是增强自学能力,提高自身业务能力,同时应兼顾速度与质量,避免因一味赶任务进度导致错误的发生。

2. 项目组人员方面：主动加强学习，全面提高能力

由于民国档案中仍有大量外文档案亟待整理，这也需要我们整理编目处的指导人员保持对外语的学习热情，同时多阅读、民国史及档案学的相关专业书籍，切实提升专业水平，更好地服务于本馆工作。

（三）整理方法上：确立相应标准，多种方法并用

在日常档案整理工作中，如遇常见的外文地名、人名、机构等的中文译名，应及时进行归纳整理，建立词库，随时更新，并以此为基础确立相应的中文译名标准，在统一标准之后再对之前不符合标准的译名进行集中纠正。如遇案卷标题中人物职位、机构名称难以统一其中文译名的特殊情况，应尊重档案原始译名，同时在括号内注明该机构的外文原名以示严谨。例如二八全宗 48 211 卷，原拟标题为"威廉韩送变压器报价单及有关文书（内有英文）"，经查阅档案，该公司英文名称为"Hunt Engineering Corporation"，地点位于上海，同时在伦敦、曼谷、香港等地设有分公司，档案原件中将其译为"威廉韩"。查阅《近代华洋机构译名大全》（孙修福编，中国海关出版社，2003 年 1 月），发现有一家公司"Hunt Engineering Corporation，William"，地点也位于上海，但由于英文名称上细微的差别，尚不能确定为同一家公司。又在二八（18）全宗 1309 卷发现中文译名为"威利韩"的公司，经查阅档案，该公司英文名称为"William Hunt&Co."，地点位于香港。由于三家公司无论英文或是中文名称都十分接近，但经过查阅档案和有关资料又难以确定是否为同一机构，这就造成了客观上较难解决的问题。目前的解决方案就是尊重档案原始译名，同时在后面括号内注明该机构的外文原名以示严谨。

另外笔者也总结了几种方法，可供在外文档案整理中参考：

1. 查找法

在遇到无法确定的人物译名、身份、机构从属等信息时，首先要仔细翻阅原始档案，从原文中仔细查找、对比，发现线索；其次充分利用手头的工具

书和互联网资源,选取并甄别所需信息。例如二八资源委员会全宗 41 723 卷,外包公司初拟的标题为"中央财经委员会东北考察团团员恽震拟《中国电工制造事业概况》",然而档案原件上标注该文书的撰写时间为 1948 年 8 月,而经查阅《民国人物大辞典(增订版)》(徐友春主编,河北人民出版社,2007 年 1 月出版),恽震出任中央财经委员会东北考察团团员的时间为 1949 年 8 至 10 月,显然该拟写的标题是不符合历史事实的。

2. 前后对比法

如遇到案卷内容残缺、无法确定其具体所指的外文档案时,可留心该卷前后数卷的内容,将其仔细对照查看,有可能残卷正是前后某一卷中的内容。例如二八(2)资源委员会全宗 1 711 卷,原标题和内容完全不相符,该卷内容为以英文书写的对自某年 1 月 6 日起的各类型砂的实验数据记录,包括对磁器口红砂、资渝红砂、柏溪红砂、模砂等耐火度的比较等等。但仅根据此份档案的内容无法确定其责任主体和事件主题,因此调阅了可能与之相关的 1 710 卷,该卷原标题为"资源委员会职员签报协同美国翻砂冶炼专家 E. K. Smith 赴各钢铁厂指导生产情形之残稿及有关文件",其中一封中文信函中提到了该专家 1944 年 9 月至 1945 年 5 月在华工作 9 个月,先后在资渝钢铁厂、兵工署二十一厂、昆明中央机器厂等实地工作过,并且档案原文中还提到"……施君在该厂费时一月采集各种不同之型砂,计有资渝钢铁厂附近红砂、柏溪红砂、土沱黄砂、旧型砂及各种粘土……",可见内容上是十分相关……而 1 711 卷后亦附有以英文书写的实验数据记录,从时间上正好截止到 12 月份,与 1 711 卷的 1 月份起的记录正好接上。且该份实验记录与 1 711 卷中的实验记录无论从所用纸张、墨水和笔迹上均基本一致。经过多方面的仔细推敲,基本确定 1 711 卷残缺的实验数据记录为 1 710 卷后实验记录的后半部分。

3. 语种对照法

由于历史原因,英语受法语影响很深,英语和法语中的单词有近一半是拼写相同或相近的,如"贡献"在英语和法语中都拼写为"contribution","发展"都拼写为"development"等等。因而在遇到法文卷的时候,有时可借由我们的英语基础对其中的主题词的含义进行推测；而对于某些英法文夹杂的案卷时，更可借由英文部分来和余下的法文部分进行对比推敲，确定其内容所指。

　　例如二八(18)资源委员会全宗 1 303～1 305 卷，通过查阅原始档案仅能推断出是采用法文书写的技术资料及图样，但由于现场没有掌握法语的整理人员，因此无法进一步推断该卷档案的责任主体及主要内容。而通过调取可能与之相关的 1 302 卷，发现该卷与其后的几卷法文卷均提到了一位名叫 Julien Pieters(J. Pieters)的法国人……1 302 卷为潘履洁(L. C. Pan)与 Julien Pieters 的往来函件，基本也是采用法文书写的，但我们发现其中还含有一封英文信函，通过解读该封信函，发现该卷主要为潘履洁向 Julien Pieters 索取关于采用蒸馏法从褐煤(lignite)中提炼焦煤(coke)及无烟煤(anthracite)的合成(synthesis)方法等技术资料的函件及有关文书。而 1 303 至 1 305 卷的技术资料，其一，作者同样为 Julien Pieters（J. Pieters）；其二，几册法文资料的名字分别为《Fabrication du coke Metallurgique》(焦煤冶炼制造)、《Fabrication d'anthracite Synthetique》(无烟煤合成制造)，关键词焦煤(coke)及无烟煤(anthracite)是相同的，据此可以推断 1302 卷与其后的 1303 至 1305 卷的内容本为一体，从而该卷的责任主体和主要内容也得以确定。

参考文献

[1] 张开森：《数字化前整理外包过程中的业务指导》，载马振犊、方鸣主编《海峡两岸档案数字化工作学术研讨会论文集》，中国文史出版社 2015 年版。

[2] 龙锋、孙骊君：《民国档案数字化前整理工作组织模式分析》，载马振犊、方鸣主编《海峡两岸档案数字化工作学术研讨会论文集》，中国文史出版社 2015 年版。

　　（原载张开森主编《数字时代的档案整理》，中国文史出版社 2017 年版）

档案数字化前整理中分卷环节问题的研究

——以整理馆藏国民政府交通部全宗为例

徐延誉

2013 年 4 月，中国第二历史档案馆启动为期五年的馆藏民国档案数字化工程。民国档案数字化前整理是其中重要的一环。民国档案数字化前整理包括：制定数字化前整理方案、档案提调出库、档号确定、调整编立案卷、编制目录、质检验收等环节，调整编立案卷工作是前整理工作的中心环节，而分卷又是其中的核心内容，所以民国档案数字化前整理分卷工作的重要性就不言而喻了。由于历史原因，目前民国档案的分卷处理工作仍然面临很多困难和复杂的状况需要研究解决。本人通过本馆的民国档案数字化前整理工作，就分卷问题做了一些粗浅的研究，现就该问题谈谈个人一点认识。

一、复杂案卷类型形成原因

二史馆馆藏民国档案达 225 万余卷（宗），4 500 万件，约 2.2 亿页，而档案存在很多特有的复杂状况，如"一全宗多子号"（即在一个保管单位下分有多个子全宗）、"一案卷多宗号""厚卷""杂卷"等。随着电子信息技术的革新，民国档案目录检索也日趋方便快捷，"一全宗多子号"，毕竟为一全宗，分类明确，标题清晰，通过电子目录检索，查找对应的目录号与实体号，已经不影响档案的保管、检索和利用了，所以可以不做处理。但是对厚卷、杂卷、

"一卷多宗"等情况,卷内内容混杂,标题不清等不利实体保管,更影响信息利用的情况,就要一一解决。而解决这些问题的方法就是科学、合理地分卷。

这些复杂状况给数字化前整理分卷工作中带来很多不利的影响,其形成的原因是多种多样的,有的是由于历史原因造成的,有的是中华人民共和国成立后接收档案时就已经存在并未及时解决的,有的则是后来粗放整理的结果。详细说明复杂状况的形成原因要追溯到我馆 20 世纪 50 年代提出"两步走"的整理方针。

"两步走"方针:即将整理工作分为两步走,当时由于馆藏档案数量巨大,整理人员缺乏,为了尽快整理档案能够利用,采取第一步即初步整理,也称"粗整",以致出现"厚卷""一卷多宗"等后遗症。"文化大革命"期间,整理工作基本停滞。

第二步即"细整",采取系统化、科学化,在"粗整"的基础上继续整理。主要是改革开放后的整理工作,运用"大部分不动,小部分加工,避免打乱重整"的方针,以避免档案重新打乱、遗失、损坏。第二步"细整"工作已进行30 多年,但因档案数量庞大,目前很多还是粗整状态,未进行细整,如馆藏"国民政府交通部"全宗(下简称"二〇(1)")形成原因就比较复杂,基本仍是处于"粗整"阶段,存在很多厚卷、杂卷和一卷多宗等。部分没有整理经验的工作人员在档案修裱后,又将胀厚了的案卷人为分成几个宗,将卷内文件人为割裂;有些则是在利用的过程中,部分馆内利用者认为案卷厚度仍然厚,人为地又分成几个小的子宗,这就形成了"宗中带宗"的情况。

二、民国档案数字化前整理分卷的原则

老一辈档案工作者在整理中,分卷、拟写标题时遵循较科学的依据,只是在一些细节上和现在的分卷原则有所区别,所以现在的数字化前整理分卷时,一般还是要尊重档案整理的原基础,以案卷原始标题为参考,核实案卷内容后,按责任者、事由、时间、地点等原则标准进行分卷,具体原则如下:

按责任者:案卷中各个文件有同一个责任者的,可以先行归并到一个卷

内,待后整理;如果是不同责任者的,则先从案卷中分离出来,寻找相同责任者的文件再行整合。例如"二〇(1)"中几份文件出现"招商局""公路局"等不同责任者时,应将不同责任者的文件区分开来。

按事由:若案卷中各个文件的事由相同,虽不为同一个责任者,但是可能是两个责任者之间因某一件事的往来文书,则可归并到一个案卷中;案卷中责任者相同,但主题内容不同时,可根据不同的事由进行拆分组卷。

按时间:多见于各种报表、表册类档案,可根据案卷的年代或月份的先后时间进行排序后再合理组卷。

按地点:原始案卷标题中出现"各地""各省"且事由单一时,可根据不同的地名合理地拆分组卷。

另外,对厚卷、杂卷中的自然卷一般状况较好且是一件或一组完整的文件,可以独立成卷。

三、民国档案数字化前整理分卷的具体流程

(一) 民国档案数字化前整理分卷工作中常见的案卷类型

在日常民国档案数字化前整理工作中,本人通过总结,在民国档案分卷工作中常常遇到几种案卷类型,并给予了粗浅的定义。其常见类型大致分为以下三种:

1. 一卷多宗

即一个卷号中还分有卷的为宗,宗无标题,例如"二〇(1)"中第81卷内就有34宗,第414卷内更有161宗之多。宗中带宗:宗中带宗是一卷多宗状况更进一步的表现形式。一卷多宗中,有的宗仍然很厚,利用中被人为地又划分为多宗,这种情况虽少,但却真实存在。

2. 厚卷、杂项卷

厚卷:厚卷中包括杂项卷,理论上厚卷是指案卷厚度超过了2.5厘米。

例如"二〇(1)中""交通部人事任免零散文件""交通部所属各单位职员名册和杂乱文件"案卷等,厚度都达到12厘米以上。

杂卷:有些厚卷是因为案卷内容较多,多份文件集中捆扎在一个案卷中,但大多数情况是很多责任者不同、内容不一、正附件次序颠倒的文件,有些甚至是内容残缺的零散文件被人为地捆扎在一起,形成一个大包卷即杂项卷,标题直接标明"××杂卷"。

不同类型的厚卷杂卷,分卷标准也不一样,不能单一地遵循某一个标准,而应综合几个标准来考虑分卷。

3. 自然卷

即民国时期由该保管单位档案人员按照一定的标准立卷且有当时原始卷皮装订或包装的独立案卷。在以后的档案整理中被混杂在厚卷、杂卷里。

(二)分卷的具体流程

首先,拿到案卷后,要对案卷的整体状况进行分析了解,仅对厚卷、杂卷、一卷多宗等有复杂状况的案卷进行分卷处理。分卷时要充分利用原有基础,封面上的标题虽然不一定准确、完整,但是仍会反映一定的有效信息,有利于分卷者快速了解案卷的大致内容。

其二,对卷内的文件进行较为细致的阅读,根据实际情况,或按责任者或按事由、地点、时间,选择合适的两个或两个以上标准,粗略地划分一下,相同标准的文件分在一起,但要注意的是:责任者相同的,事由不一定相同;责任者不同的,事由也不一定不同。所以还是需要整理者耐心地阅读文件内容。

将粗略划分后的文件按照事件发展的逻辑顺序,文书往来的时间顺序排列一下,该归并的归并,该进一步细分的细分,然后重新立卷。

第三,拟写案卷标题。分卷完成后,对没有标题的案卷重新拟写标题;对已有的案卷标题进行修改完善。案卷级标题的拟写,只要揭示出案卷内文件的主要内容即可。

最后,顺号,将案卷号重新梳理一遍,为案卷实体重新编号,使之与电子目录号相统一。

（三）分卷过程中特殊情况的处理方法

1. 厚卷的处理

（1）单纯的厚卷，内容较为单一的，同一主题或事由的案卷，就按照时间顺序来分成两个或两个以上厚度适中的案卷。

（2）内容庞杂的大包卷，按照其责任者、事由、地区等标准来细分成两个或两个以上厚度适中的案卷，切记要充分考虑文件间的有机联系，避免人为破坏文件之间的内在联系。

2. 一卷多宗的处理

一卷多宗的案卷，将多个宗卷都拆开来看，按照其责任者、事由、时间、地区等标准或并或分成厚度适中的案卷，消除多宗，化宗为卷，重新编列案卷号。

（四）零散文件的处理

零散文件，我们就要查找其中的事由，将具有保存价值的零散文件组成单独的保管单位；如果遇到其他已有案卷的散落文件，就要归并到已有案卷中。

（五）分卷的注意事项

分卷时必须牢记，分卷的直接目的是为准确、充分、合理地揭示案卷内文件的主要内容并拟写案卷标题提供便捷。分卷的根本目的还是为了建立、维护和完善民国档案实体管理系统，为了馆藏民国档案能更好地被保管和利用，保证档案实体与信息的完整、安全。所以在分卷过程中不可为了分卷而分卷，机械地将厚卷分离成厚度相同的案卷，分卷时应充分考虑到案卷内容的有机联系，如若案卷本身阐述的就是一个完整的事件，则不可将之盲目分离，切忌将一份文件分到两个案卷中。

（六）分卷的实际操作形式

1. 就卷整卷单独分卷

就是将数量较少的一组案卷由一个人单独分卷。优点是不易将同机构、相同事由、相同地点的卷分隔开来。缺点是速度慢。

2. 集中分卷

遇到多宗、大包情况，由一组人员合作来完成。优点是效率高。缺点是对待同一类型的卷，不同的人执行的标准较难统一。

这两种分卷操作形式各有利弊，必须根据实际情况合理运用。以馆藏国民政府交通部的分卷整理为例，在"二〇"的整理过程中，由于"二〇"的子号较多，共有22个。在整理过程中我们要严格案卷实体管理，责任落实到人，保证案卷在整理时不产生混乱、避免串全宗串号；其次重视对电子目录的统合工作，强化版本信息记录，保证数据唯一性。"二〇（1）"自全宗建立以来，未再整理，其内宗卷多，并存大、厚、杂情况，标题简单，往往两三个字为一标题。由于案卷情况过于复杂，解决诸此问题不能采取以往就卷整卷的简单方法，因为一卷其下的各个宗卷都可能含有各卷内容，必须多人合作，展开各宗卷按责任者、时间及内容等立好各卷、顺好各号。为保证对该全宗案卷合理有序地进行分卷，我们对"二〇（1）"遵循以下几点进行分卷工作：

（1）以单个原卷号（含多宗）为单位，厚度较小且简单的由一人负责拆分，较大且复杂的由2～3人协作拆分。

（2）情况过于复杂、混乱的案卷，整理人员须在桌面铺展开来仔细分类，之后以问题、时间及内容等标准为基础按照一定厚度进行组合；卷内情况较简单的直接按照厚度或自然卷拆分。

（3）分卷时应仔细阅读卷内文件，不得将内容关联的文件分拆于不同案卷内。

（4）临时卷号要准确及时地进行记录，电子目录内新旧号对照要与案卷实体标注相一致,顺号过程实行双人分段对照方式。

(5)需要多人协作时,同一组分卷人员须有一名总负责人统揽全局,遇到一组类似情形的案卷需要分卷时,组织分卷人员进行沟通交流,尽量使同一类型的复杂案卷的分卷标准统一。

分卷过程中如遇到疑难问题或妨碍档案安全的情况须及时汇报整理编目处的工作人员。

从以上几点可以看出,在“二〇(1)”的整理过程中,我们基本遵循前面提到的分卷原则和操作流程,正所谓“磨刀不误砍柴工”,重视分卷工作,有助于我们下一步“拟写案卷标题”“编页顺号”等整理工作环节的顺利开展。

总之,分卷是立卷的重要方面,也是案卷组卷合理、排列有序、标题准确、封面整洁、厚薄适度、包扎(装订)整齐的重要基础。分卷工作虽然是整个民国档案数字化工作中一个微小的环节,但它规范有序地开展却能为民国档案实体保管、档案利用提供基本保障。

参考文献

[1] 中国第二历史档案馆整理编目处:《民国档案数字化前整理工作手册》,内部资料。

[2] 曹必宏:《光辉历程——中国第二历史档案馆 60 年》,九州出版社 2011 年版。

(原载马振犊、方鸣主编《海峡两岸档案数字化工作学术研讨会论文集》,中国文艺出版社 2015 年版)

民国档案整理外包中的案卷标题
常见错误分析及对策

梁丽婷

近年来,在国家档案局的高度重视下,档案数字化建设步入了快速通道。中国第二历史档案馆(以下简称"二史馆")馆藏档案立档机构多,案卷数量大;归档成卷时基本没有经过鉴定区分,内容繁杂、玉石俱存;历经战火、迁徙,各机构案卷形成、案卷数量、损毁散失及保管情况差异很大。[1]由于以上特点,二史馆民国档案数字化前整理工作中的案卷标题拟写成为编目工作的重点与难点。加之目前数字化前整理工作采用业务外包的方式,外包公司人员在历史学、档案学知识和文字能力方面存在一定欠缺,因此,在目录检查过程中,笔者发现外包公司人员拟写的标题存在一些问题。本文以馆藏资源委员会全宗为例,就该问题进行分析,提出对策,以利于民国档案数字化前整理工作更好地开展。

一、标题常见错误类型

馆藏资源委员会全宗共 48 628 卷(不包括子全宗),错误类型主要分为以下几种:

---

〔1〕 马振犊、王俊明、陆军等:《档案数字化前整理工作的实践研究》,载《创新:档案与文化强国建设——2014 年档案事业发展研究报告集》,第 97 页。

（一）错别字硬伤

这一类错误包括发音相似、字形相似、繁简转换、多字漏字等。例如第 31 428 卷，原拟标题为"资源委员会锡业管理处湖南分处电送各品收购交运交炼及结存等数量表、该管理处填报修订暂行收购湘西计价标准表"，其中，"湘西"为"湘锡"的同音词，导致错误。又如第 32 763 卷，原拟标题为"资源委员会川康铜铅锌矿务局成都区保管处第一至三堆栈机器材清册"，多了"机"，应去掉。

（二）称谓错误

称谓错误主要是机构名、地名、人名等出现错误。第 32 699 卷，原拟标题为"资源委员会川康铜业管理局电报探得新矿情形的文书"，"川康铜业管理局"应为"川康铜业管理处"。

（三）语病

这一类错误包括成分残缺、语序颠倒、重复等。如第 37 693 卷，原拟标题为"资源委员会水利组备忘录及调查各河水流力路线图并有关文书"，其中"河水流力"次序颠倒，应为"河流水力"。

（四）词性问题

案卷标题的拟写应遵循客观性原则。但是由于历史原因，民国档案本身以及中华人民共和国成立后整理档案留存下来的案卷封面上经常出现褒贬含义明显的词语。在拟写标题时，应本着还原历史事实，直书其事，直接

客观揭示案卷内容与成分,不加褒贬。[1] 例如第 35 991 卷,原拟标题为
"资源委员会中央无线电器材有限公司呈送南京解放前夕水晶台美军顾问
团仓皇撤离接收房屋家具情形清册及有关文书","仓皇"一词具有明显的贬
义色彩,将其去掉。

(五) 时间问题

除了标题,案卷的时间项也会出现错误。第 31 779 卷档案,标题为"资
源委员会云南锡业公司第二期三年(1949 至 1951 年)生产计划书"。在此
卷的时间项中,起时为 1949、止时为 1951。经翻看档案,发现虽然档案标题
中出现了文件针对时间(档案时间分为文件针对时间和文件形成时间两种,
文件针对时间要在案卷标题反映,文件形成时间通常反映在时间项中[2]),
但是档案本身并没有出现文件形成时间,而通常情况下,生产计划类文件的
形成时间应早于针对时间,因此,时间项直接对照标题写为起时 1949、止时
1951 是错误的。

(六) 其他类型

民国档案由于卷帙浩繁、情况复杂,导致数字化前整理过程中案卷标题
拟写出现的错误种类繁多,无法一一穷尽,因此将一些错误,如标点符号、版
本问题等,归入其他类型。

二、错误产生原因分析

电子目录错误的类型多种多样,产生错误的原因也较多,大致分为客观

---

[1] 朱琪:《民国档案数字化前整理阶段案卷题名修正策略》,载《海峡两岸档案
数字化工作学术研讨会论文集》,第 196 页。
[2] 中国第二历史档案馆整理编目处:《民国档案数字化前整理工作手册》,内部
资料,第 34 - 35 页。

与主观两方面。

（一）客观原因

从客观方面而言，民国档案本身数量巨大、内容复杂，使得整理工作难度较大。

1. 民国档案涉及机构繁多，机构的变迁以及隶属关系复杂，导致机构名称的相关错误较多

例如，第 33 094 卷，整理人员所拟标题为"资源委员会国防设计委员会审查大中煤矿公司承办江苏省白土寨矿区开采计划意见书及有关文书"，时间项为起时 1934 年 4 月、止时 1934 年 7 月。"国防设计委员会"为"资源委员会"前身，二者并非隶属关系。国防设计委员会 1932 年 11 月 1 日正式成立。1935 年 3 月，国防设计委员会与兵工署资源司合并改组为资源委员会。因此，原标题须将"资源委员会"去掉。

2. 民国档案多为手写稿，加之许多档案字迹潦草不清楚，导致外包公司的整理人员将文字错认为字形相似的字

例——"铅"与"铝"这两个字，在手写体辨认中极易出错。笔者第一次发现外包人员在整理第 39 149 卷时，将"湖南水口山铅锌矿"错认为"铝锌矿"时并没有引起足够重视，以为是个别错误，但在翻阅第 47 978 卷时，发现整理人员又将"资源委员会电业处订购铅印钳"错认为"铝印钳"，加上在之前检查电子目录的过程中，经常出现"天宝铅锌矿厂""台湾铝业公司"等字样，这使笔者察觉到，在整个全宗中，极有可能存在其他"铅""铝"错认的现象，于是对相关案卷进行排查。通过检索电子目录，发现涉及"铅""铝"二字的案卷共几百卷，通过与资源委员会附属机关一览表等表格对比，将名称没有疑问的案卷去掉，剩下十几卷有可能存在错误的案卷，将其全部调出，又发现了 5 个"铅""铝"错认的错误。

（二）主观原因

从主观方面而言，整理人员的态度、能力与民国档案的整理质量息息相关。

1. 态度问题

个别人员对民国档案数字化前整理工作不够重视，责任心不强，导致出现一些十分明显、完全可以避免的错误。如第 27 968 卷，原拟标题为"资源委员会糖业组关于办理经济改革方案部分施进展情形之文件"，漏了"实"，应为"实施进展"。只要将原拟标题仔细通读一遍，就会发现存在的问题。

2. 知识欠缺

外包公司人员基本是从社会临时招聘而来，流动性较大，在历史学、档案学知识和文字能力方面存在欠缺，导致出现一些由于能力所限而产生的错误。以繁简字转化为例，第 1 865 卷，原拟标题为"军事委员会运输统制局检查纲布置图、预定运量与实际运量比较表等图表"，其中的"纲"字，原卷为繁体字"網"，对应简体字应为"网"，整理人员将其错认为"纲"。

3. 追求速度，忽视质量

由于外包公司的工资模式为"基本工资＋计件提成"，为追求经济利益最大化，整理人员容易追求速度，忽视整理质量。在检查过程中，有一些错误是由于整理人员照抄原有标题、没有仔细核对档案导致。例如第 26 752 卷，原有标题为"黄海化学工业研究所编《黄海—发酵与茵学特辑》"，整理人员照抄该标题，经过查看档案，发现"茵学"应为"菌学"。

三、对策

（一）从源头开始，业务指导要具有针对性

为了预防错误发生，也为了确保民国档案数字化前整理工作保质保量地完成，对整理人员进行业务培训和指导是十分必要的。而在培训和指导过程中，必须具有针对性。在全宗整理工作开展之前，就对整理人员进行相关历史知识的培训，诸如机构的隶属附属关系、沿革变迁等，可以达到事半功倍的效果。此外，针对机构名称，二史馆项目组将在档案整理过程中发现的资源委员会附属机关一览表等资料进行整理打印，分发给整理人员。针对地名问题，项目组编制了《中华民国行政区划表》，方便整理人员在遇到不熟悉的地名时进行查找对照。这些措施可以有效避免同类问题反复出现。

（二）编目过程中，整理方法要辩证运用

1. 既要遵循规范，又要灵活运用

为了科学规范地进行民国档案数字化前整理工作，二史馆制定了《民国档案案卷标题问题及处理办法》《民国档案编页规则》等各项规则，并汇集成《民国档案数字化前整理工作手册》，为整理人员提供了重要的工作参考。但是，民国档案非常复杂，并非千篇一律，条文规则不能涵盖所有情况，所以，在不违反规则的前提下，条文规则之外的情况，应该具体档案具体分析。

例如，《民国档案案卷标题问题及处理办法》规定："个人责任者，应尽可能标明官职，以字、号、别名、笔名来署名的文件，应尽可能写明常用的原

名。"[1]在整理过程中,如出现个人责任者只有姓名没有职务的情况,整理人员一般会用《民国人物大辞典》查找,然后标明。但是,如果机械地按照上述步骤进行,就容易出现问题。

第39 368卷,原拟标题为"国立浙江大学附属中学教员洪诚呈送广西省钨矿及战时运输、开发其他矿产之意见并有关文书",时间项为起时1938年5月、止时1938年6月。初看并无问题,但进一步思考,会发现洪诚的身份"国立浙江大学附属中学教员"与所呈送的文件"广西省钨矿及战时运输、开发其他矿产之意见"之间不一致。翻阅《民国人物大辞典》,发现收录的人物只有一个"洪诚",未收录其他同名同姓之人。在1935～1945年间,他的身份为"安徽省省立合肥女子中学、国立浙江大学附属中学教员",因此整理人员将后一职务写上。但是,细看洪诚的介绍,发现其1935年毕业于国立中央大学国文系,后来担任南京大学中文系语言学教研室主任,研究方向为古汉语,且籍贯安徽。虽然不能排除他呈送过与矿产相关的文件的可能性,但此可能性很低,更有可能为同名同姓,但《民国人物大辞典》未收录之人所为。为解决这个问题,笔者又通过网络搜索"资源委员会 洪诚""洪诚 钨矿"等关键词,只有《民国时期钨砂走私现象探析》一文引用了二史馆所藏洪诚《整理中国钨矿之纪述》的档案,也没有相关人物介绍。因此,综合考虑之后,将"国立浙江大学附属中学教员"去掉。

2. 既要借鉴原有案卷标题,又要核对档案原文

民国档案几经辗转,后来收集进入二史馆的档案又经过了专业人员的数次整理。民国档案数字化前整理,应以"利用档案原有基础""就卷整卷"为原则,区别对待档案不同状况。[2]原有案卷标题,对于数字化前整理工作而言,利用得当,可以节约时间,提高效率。但是,如果一味追求速度,照抄原有标题,而不与档案原文反复对照,就容易产生错误。

第37 728～37 740号案卷,整理人员所拟标题为"资源委员会所属某公

---

[1] 中国第二历史档案馆整理编目处:《民国档案数字化前整理工作手册》,内部资料,第33页。

[2] 中国第二历史档案馆整理编目处:《民国档案数字化前整理工作手册》,内部资料,第10页。

司、某工厂等单位申请价配日本赔偿物资申请表",虽然后来进行整理的档案盒上写着"资源委员会所属"的字样,但查看档案发现,档案本身为经济部卷宗;申请表为"民营事业申请表",且出资人为自然人;资源委员会辖有各厂、矿、公司计 103 家[1],而档案涉及单位数量为几百家。所以将"资源委员会所属"去掉。

(三) 从细节入手,降低错误概率

外包公司整理人员编好纸质目录之后,交由质检人员进行检查,然后进行录入。录入工作由两名人员分别独立完成,制成两份电子目录。电子校对系统对两份电子目录进行校对,发现是否存在不一致的错误。在一般情况下,两名人员同时出现录入错误的可能性较低,因此该流程可以避免一些录入错误。但是,通过将发现错误的电子目录与原始纸质目录进行核查,发现仍然存在一定数量的错误是由两名录入人员同时录错所致。经过分析,发现该问题是由于整理人员将原有标题打印出来,直接在上面进行修改,而修改符号不规范所致。例如第 36 582 卷,原有标题为"资源委员会及附属机关职员特制别办公费列支准则草案、天津化学工业有限公司葫芦岛工厂概算等文书",整理人员用黑色笔将"制"划去,由于笔迹较轻,两位录入人员均没有发现,仍然将"制"录入。如果采用标准校对符号,或者用蓝色笔或红色笔,应该能够避免此类问题。

(四) 抓质量检查,工作模式更加科学

项目组的质检分为对纸质目录按一定比例进行抽检和对电子目录进行全部检查。电子目录检查由张江义、方云和笔者三人负责。由于学科背景、知识结构等不同,三人发现的错误也各不相同。张江义历史专业出身,对于民国时期的机构名称、地名较为熟悉,经常发现相关错误。笔者本科专业为

---

[1] 韩文昌、邵玲:《民国时期重要国家机关组织概述》,中国档案出版社 1994 年版。

汉语言文学编辑出版方向，且后来从事过编辑校对工作，因此对于繁简字、语病问题比较敏感。方云外文功底扎实。这样的安排起到了良好的互补作用。所以，在人手充足的情况下，合理安排不同学科背景、知识结构的人员进行质检是十分必要的。

（原载张开森主编《数字时代的档案整理》，中国文史出版社 2017 年版）

民国档案数字化前整理的理论来源
——王可风民国档案整理思想探析

张江义

　　探讨和研究中国第二历史档案馆(以下简称"二史馆")民国档案数字化前整理的理论来源——王可风民国档案整理思想,对于当前如火如荼的民国中央机关档案数字化前整理具有一定的现实指导意义。被誉为"新中国民国档案事业的开拓者"[1]和二史馆主要创建人的王可风(1911～1975年),在整理民国中央机关档案的实践中,不仅怀着崇敬的心情"向苏联学习档案工作理论和经验",而且还抱着批判的态度"继承、发扬、改造传统档案整理的方式方法",[2]"深入探索整理民国档案过程中带有规律的问题",[3]创造性地探索出实践与理论相结合、整理与鉴定互补充、当前与长远共谋划等适合民国档案整理的新思想。这一新思想见识卓远,历久弥新,从而成为了二史馆 21 世纪民国中央机关档案数字化前整理的理论来源。

一、实践与理论相结合

　　在 1950～1957 年年底初步整理民国中央机关档案全宗的实践中,王可风率领同事们"积极地创造经验又不断地总结经验""一个全宗档案整理完,

---

　　〔1〕　杨永建:《新中国民国档案事业的开拓者》,载《中国档案报》2011 年 9 月 12 日。
　　〔2〕　张素歌:《王可风对民国档案事业的贡献》,载《兰台世界》2013 年第 3 期,第 93 页。
　　〔3〕　陈兴唐:《王可风与民国档案》,载《民国档案》1985 年第 2 期,第 125－127 页。

或一项工作做完,都作一次总结",〔1〕经年累月地坚持不懈,在第一步的整理实践中孕育了民国中央机关档案整理的理论结晶。

一是"片纸只字不得损毁"〔2〕的指导思想。王可风要言不烦地指出,民国中央机关档案是最珍贵的历史资料,是国家和人民的公共财富。"档案文件是第一手材料,是历史的真实记录。"〔3〕过去旧政权中央机关的历史档案,"除了记录反动统治者的一切阴谋和罪恶以外,也反映着全国人民的生产斗争和政治斗争"。〔4〕同时,民国中央机关档案过去保管状况欠佳,损失较大,遗存的档案弥足珍贵。如民国北京政府的档案,"几乎找不到较为完整的一个机关档案"。〔5〕抗战后南京国民政府西迁重庆,国府和各院部会及沦陷区省府档案亦散弃许多。针对民国中央机关档案遗存于世的稀缺性和作为历史真实记录与国家财富的重要性,王可风严格地要求整理工作人员认真遵守工作流程和工作方法,不得随意损坏和丢弃"片纸只字",最大限度地在整理过程中保护了民国中央机关档案实体,形成了"片纸只字不得损毁"的指导思想。

二是初整细整"两步走"的思想。王可风深有感触地总结了民国中央机关档案的政治、科学和社会价值:在政治上,司法、检察与公安机关等可以利用历史档案来揭露"人民的敌人"。在科学上,发展自然科学和社会科学,离不开历史档案的利用;推进马克思主义历史科学的发展也需要重视和善于运用历史档案。因为马克思主义历史学家不是"随便地选择史料和轻视记载事实素材的史料",而是必须"用全力来搜集和有系统地利用那些记载有丰富事实的史料",〔6〕即历史档案。在社会上,历史档案可为国家社会主义建设提供必要的参考资料,如治淮工程中使用的水文资料等。针对国家社会主义改造与建设对民国中央机关档案需要的迫切性和档案多、人手少、经

---

〔1〕 施宣岑、华明:《王可风档案史料工作文集》,档案出版社 1989 年版,第 94 页。

〔2〕 施宣岑、华明:《王可风档案史料工作文集》,档案出版社 1989 年版,第 73 页。

〔3〕 施宣岑、华明:《王可风档案史料工作文集》,档案出版社 1989 年版,第 201 页。

〔4〕 王可风:《历史档案的整理方法》,人民出版社 1957 年版,第 4 页。

〔5〕 王可风:《历史档案的整理方法》,人民出版社 1957 年版,第 19 页。

〔6〕 王可风:《历史档案的整理方法》,人民出版社 1957 年版,第 5-6 页。

验缺的现实性,王可风明确地要求先按全宗进行初步整理,等条件具备时再进行第二步细整,以满足国家当前改造与建设以及科学文化研究对档案的实际需要,初步地形成了初整细整"两步走"的思想。

三是利用原基础和按全宗与来源整理的思想。王可风不无清醒地认识到,由于旧政权未建立起科学完善的文书处理与档案工作的方法和系统,致使民国中央机关档案很大一部分还处在"零散文件"阶段,亟须进行系统化的整理。同时,传统档案工作缺乏系统研究,没有成为一门科学,需要在继承的基础上进行改造和扬弃。借鉴苏联经验和理论开展的档案整理工作才刚刚开始,目前水平有待提高。针对档案整齐零散程度不一、"案""卷"不分的客观性和整理工作时间紧任务重的困难,王可风正确地采用了根据立档单位沿革实际和档案文件原有基础进行整理的方法,有效地提升了典藏档案的整理速度和质量,系统地确立了利用原基础和按全宗与来源整理等原则。

与此同时,这些理论结晶也反过来成功地指导了民国中央机关档案整理工作的实践,即指导了全宗的审慎确定、分类的斟酌选择、清检的层层深入、立卷的特征考虑、标题的拟写修改、系统化排列的科学调整等。不可否认的是,如果"没有理论的知识,没有理论的指导,系统地总结业务经验",[1]也就不可能有民国中央机关档案整理工作的第一步成功实践。

二、整理与鉴定互补充

在披沙沥金地整理民国中央机关档案全宗的过程中,王可风全面系统地归纳了民国档案系统化整理与鉴定相互补充的思想,即根据档案科学原则、文件价值和利用目的,分清主从轻重,区分清楚分析立卷和综合整理的文件类别,以利于掌控整理时间和速度。

一是根据档案全宗的具体实际,适当采用年代—组织方案或组织—年代方案或问题方案等进行分类。其中以年代—组织方案和组织—年代方案最为优越,如按年代分类的有民国北京政府总统府的档案、按组织分类的有

---

〔1〕 施宣岑、华明:《王可风档案史料工作文集》,档案出版社 1989 年版,第 75 页。

军需署的档案等。当年代跨度较大或混乱不清,以及组织机构变化复杂甚至无法辨清的时候,则采用最为困难的问题方案。问题方案习惯上分为总务和业务两类,有时也两类并立。总务类:法规、组织、会议、计划、建议、报告、调查、统计、资料、文书、电信、印信、档案、图书、事务(庶务)等;业务类要因"宗"制宜,具体问题具体确定。如南京国民政府经济部档案分为:工业类、矿业类、电业类、商业类、国际贸易类、经济统制类和农渔水利类等。

二是由类而项而目式地层层深入开展清检工作。本着提纲挈领、循序渐进、以简驭繁的原则,采取"劈分法",先把档案分成大类,然后再分其中一类,接着再分其中一项、一目。这样就可以准确而系统地把文件按其属性清检到一定的位置。

三是考虑 6 个特征,保持文件历史联系,灵活做好立卷工作。苏联档案理论认为,立卷的 6 个特征是:名称、作者、问题——实物、通讯者、地理和年代,多数档案文件是按名称、问题或实物和年代等特征立卷的。运用这些特征时,首先要善于找出主要特征,然后结合次要特征,遵循符合客观发展过程和保持文件之间历史联系的原则,用联系的、全局的眼光和批判的扬弃的态度,灵活地考虑文件的重要性和利用问题,适时运用层层深入类、项、目的"鱼鳞法"来进行立卷。

四是在立卷的同时进行标题工作。虽然在立卷时了解了相关档案文件的内容,但是这种了解是随着分类、清检和立卷的层层深入而逐步完善的,因此须先拟写标题初稿,经过多次审定修改后,才能最终定稿。标题要坚持政治正确,保持时代特点,揭示主要内容,力求语言简洁,标清文件名称,避免"案""卷"不分。

五是按照全宗对类项与类项间、案卷与案卷间进行全面的系统化排列。因为档案文件是按分类分项分目的方式进行层层深入的清检、立卷和标题的,基本上已经系统化了,所以主要是对全宗进行类项与类项间、案卷与案卷间的全面系统的排列,同时"研究案卷立得正确与否,加以调整离并","研究标题初稿的正确与否,做最后的修正改定",[1]对于量多卷繁的全宗,则在初步系统化排列后,再有重点地对卷内文件按照工作性质、意义大小、年

---

〔1〕 王可风:《历史档案的整理方法》,人民出版社 1957 年版,第 121 页。

代、地理、名称和通讯者等 6 个特征进行排列。之后还可进行一次检查和调整,以利于提高整理质量,便于编号编目。

边整理边鉴定,边鉴定边整理,使得王可风切中肯綮地确立了民国中央机关档案文件按年代、组织和问题结合式的分类、"劈分法"式的清检、"鱼鳞法"式的立卷、逐步完善式的标题、科学化系统化排列等整理与鉴定互补充的步骤和方法,为开展有序高效的整理工作奠定了良好的基础。

三、当前与长远共谋划

在整理卷帙浩繁的民国中央机关档案实践中,王可风针对当前档案整理人员业务素质的参差性和细化整理档案的长期性,以专业性和前瞻性的眼光详细地规划了工作人员的业务提升和档案整理的长远愿景,清晰地指明了民国中央机关档案整理的发展方向和升级路径。

首先,王可风满怀豪情地制订了民国中央机关档案整理的 12 年远景规划。1956 年 3 月,王可风主持制订了《关于南京史料整理处 12 年远景规划的意见》,明确提出未来 12 年民国中央机关档案整理的具体规划:一是在"一五"计划内"将所存 1955 年以前所接收的历史档案完成初步整理工作","随时展开新接收档案的初步整理工作"。[1] 二是将 1953 年以前整理混淆的全宗"一律按立档单位纠正"。虽然已经从 1956 年起开始纠正调整,但是要争取"在 1957 年把重要的都调整完毕","1958 年内把所有的调整完毕"。[2] 三是在全宗正确的基础上,"有轻重有先后地按科学方法"开展第二步复整工作。从"二五"计划开始,根据档案文件的重要性和国家使用需要,"选择一个全宗内某几类或某几目档案,全类、全项或全目进行复整",[3] 即开展初整细整"两步走"的第二步细整工作。四是要在整理业务工作中培养和"锻炼出一批历史档案整理工作专家"。在"二五"计划末,争

---

〔1〕 施宣岑、华明:《王可风档案史料工作文集》,档案出版社 1989 年版,第 32 页。

〔2〕 施宣岑、华明:《王可风档案史料工作文集》,档案出版社 1989 年版,第 32 页。

〔3〕 施宣岑、华明:《王可风档案史料工作文集》,档案出版社 1989 年版,第 32 页。

取培养 5 至 10 人，到"三五"计划末，培养成功 15 至 20 人。其基本要求是："对历史档案有专门鉴认的能力及对历史档案文件的专门知识"；"掌握历史档案科学的基本理论，有合于科学水平的整理能力"；"在长期工作历练中熟悉许多材料，足以供研究者的必要的咨询"；"具备一定的马列主义理论水平与历史学、史料学的必备的知识"。[1]

其次，王可风高瞻远瞩地制订了民国中央机关档案整理的 10 年工作规划。1962 年 9 月，王可风主持制订了《关于南京史料整理处 1962～1972 年十年工作规划的意见》，简练地规划了未来 10 年民国中央机关档案整理的工作方向。一是基本完成继续接收的散存于全国各地的 50 多万卷档案的初步整理工作；二是进一步细化整理已经初整过的"重要的全宗和某些全宗内的重要部分"；[2]三是培养锻炼"又红又专"的业务工作人员和干部。

王可风的民国档案整理实践与理论相结合、整理与鉴定互补充、当前与长远共谋划的思想，立足于坚实的民国中央机关档案整理实践，升华于精准的民国中央机关档案鉴定校勘，创新于深邃的民国中央机关档案理论思考。由于见识卓远，历久弥新，从而成为二史馆 21 世纪民国中央机关档案数字化前整理的理论来源。2009 年以来，二史馆重点启动的馆藏民国中央机关档案全宗和专题的数字化前整理，其指导理论在很大程度上带有王可风的民国档案整理思想的深刻印记。一是数字化前整理的重要性和必要性。全体数字化前整理工作人员不仅关注到馆藏档案作为历史的记忆、文明的载体和社会的财富的稀缺性，而且认识到馆藏档案"在政府决策、经济建设、学术研究、对外交流以及爱国主义教育等方面发挥的作用"[3]的重要性，不仅体会到数字化前整理对于改变馆藏档案"一全宗多子号、一案卷多宗号"等问题的急需性，而且意识到数字化前整理对于数字化扫描和缩微、检索和利用以及永久保护档案实体的必要性。二是数字化前整理全宗的原则和规范。主要有四个：第一，按全宗整理。"针对各个全宗的不同情况，制定出每

〔1〕 施宣岑、华明：《王可风档案史料工作文集》，档案出版社 1989 年版，第 34 - 35 页。
〔2〕 施宣岑、华明：《王可风档案史料工作文集》，档案出版社 1989 年版，第 43 页。
〔3〕 曹必宏主编：《光辉历程——中国第二历史档案馆 60 年》，九州出版社 2011 年版，前言、第 52 页。

个全宗的具体整理方案"。[1] 第二,利用原基础。"保持原全宗号、案卷号和卷号编排次序"。[2] 第三,边整理边鉴定。整理时剔除金属物,标明重份文件和特殊文件等。第四,根据实际确定整理进度。"先易后难,并结合全宗重要程度和查档利用、库房调整等情况,妥善安排"。[3] 三是数字化前整理的系统化整理步骤和方法。遵循细化整理的科学流程,先清点案卷,解决一卷多宗等问题,再核对和修改案卷标题,然后固定卷宗,编排卷内文件次序,编写文件页码,之后注明特殊档案、标清重份和需要说明的案卷情况,最后录入、校对和编制卷宗目录,编写全宗整理说明,移交档案原件。四是数字化前整理的长远规划和愿景。在《中国第二历史档案馆数字化整理方案》中,具体规划分为三个阶段:第一阶段(2009—2013 年)为五年,完成南京国民政府和汪伪国民政府主要中央部会等档案的数字化前整理工作。第二阶段(2014—2018 年)也为五年,完成南京国民政府和汪伪国民政府的大部分全宗档案的数字化前整理工作。第三阶段(2019—2028 年)为十年,完成民国北京政府、个人全宗、南京国民政府剩余全宗以及不开放全宗档案的全部数字化前整理工作。从以上所述可以看出,21 世纪民国中央机关档案数字化前整理的指导理论,似乎天然地带有王可风"所付的精神架构"。[4] 从这个意义上说,王可风的民国档案整理思想无疑就是 21 世纪民国中央机关档案数字化前整理的理论来源。

（原载张开森主编《数字时代的档案整理》,中国文史出版社 2017 年版）

---

[1] 曹必宏主编:《光辉历程——中国第二历史档案馆 60 年》,九州出版社 2011 年版,前言、第 52 页。

[2] 曹必宏主编:《光辉历程——中国第二历史档案馆 60 年》,九州出版社 2011 年版,前言、第 52 页。

[3] 曹必宏主编:《光辉历程——中国第二历史档案馆 60 年》,九州出版社 2011 年版,前言、第 52 页。

[4] 施宣岑:《贺中国第二历史档案馆成立 60 周年》,载《民国档案》2011 第 3 期,第 9 页。

强化员工培训

——对从事档案数字化前整理工作的外包公司的建议

龙　锋

作为中国第二历史档案馆的一名老员工,我从事整理工作 20 多年,目前在档案数字化前整理工作的第一线,具体负责其中一个工作间的管理工作。几年来,我既非常高兴地看到目前的民国档案数字化工作取得了极其巨大的成绩,整体工作在非常迅速地推进,又时常忧心于部分档案整理质量的不佳,为自己及整理处项目组所做的指导、检查工作不能涵盖所有档案前整理工作而感到失落和不安。具体原因则在于档案数字化工作大部分已由外包公司承担,外包公司的引入有利有弊,如何能够更好地管理外包公司,是一个很大的难题。其中最重要的,则在于人。工作由人来做,工作质量由人来决定,高素质的人造成高质量的工作。强化员工培训,造就高素质人员,是重中之重。

一、外包公司必须把人员培训作为工作的重心

(一)民国档案的特点使数字化前整理工作难度较大

民国档案是民国历史的原始记录和真实凭证。虽然民国时期是距离我们最近的历史时期,但留存的档案文书与现行文书有很大差别。首先,民国文书在字体上均为繁体字,且异体字、行书、草书等非常多,给识别造成很大困难;第二,民国文书大多是竖排文字,与现在的阅读习惯不同;第三,民国

文书文言和白话混杂,没有标点符号,给断句理解造成一定困难;第四,民国档案的文种如令、训令、指令、布告、任命状、呈、函、批等,与现代所使用的文种相差较大。

二史馆集中典藏民国历届中央政府及直属机构档案,案卷数量庞大,内容繁杂,时间跨度极大,不仅涵盖 1912~1949 整个民国时期,甚至有清朝文书。立档成卷机构多,各个机构全宗之间在形成时间、机构职能、案卷数量、文书主体、载体状况、往年整理基础等方面存在相当大的差异。

民国时期对外交往很多,与世界大多数国家政府机构、公司、个人均有文书往来,民国档案中英语为主要外语,也不乏日语、法语、德语、俄语等语种,正规函件印刷体较多,但也有部分为手写,辨认极其困难。

实体档案方面,民国档案基础状况普遍不佳,纸质差,破损、霉变较多。

这都给民国档案数字化前整理工作带来很大困难。

(二)外包公司人员的档案数字化前整理工作能力亟待加强

能够在档案数字化竞标中中标的公司都应该是国内比较有实力的公司,具有一定的资质和相当的经验,但是,"外包公司并不是像很多人看到的那样:档案业务外包公司的实力很强、人员素质也非常高。我所在公司在我没去之时,仅有几个人是档案专业的学生,其余的都是专科学生,而且,还不是档案专业的。即便是有档案专业、历史专业的学生,也大都是新毕业的学生,他们对档案的熟悉仍需要一个相当长的时间。为了降低成本,有的人员甚至不是大学生,这就不易保证加工质量"。

进入中国第二历史档案馆的外包公司又如何呢?

1. 现有人员学历较低,基本是专科院校的学生,学历为大专;

2. 现有人员在专业方面基本不对口,民国档案整理需要历史、档案等专业毕业的人员,但很多外包公司人员专业为理工科;

3. 现有人员外语能力薄弱,虽然有些能提供英语四级证书,却无法看懂英文档案,更不用说其他语种;

4. 人员流动性相对较大,外包公司为了节约开支,薪资待遇一般,提升空间也很小,这就使人员流动性较大;

5. 有能力的人招不进，招来的能人也留不住。

（三）外包公司的人员现状，决定了在档案数字化前整理工作中，出现较多的质量及管理问题

1. 文字方面错误，包括发音相似字、字形相似字、繁简转换错误，多字漏字等；

2. 语句通顺情况，包括语序颠倒、重复、成分残缺等；

3. 历史常识错误，包括机构名称、人名、职务等错误；

4. 英语档案完全看不懂，即使依靠字典也不理解的有很多，而德文、法文、俄文等甚至分不清，语种标不出；

5. 管理方面的缺陷，包括工作量的平衡问题；对整体工作的看法和做法存在问题；与馆方项目组的沟通差，不服从馆方安排，片面强调公司制度。

作为数字化前整理项目组的管理人员，面对这样的情况也很无奈。既然无法改变公司及人员现状，只有对外包公司提出更高的人员培训要求，外包公司必须把人员培训作为工作的重心。

二、外包公司现有人员培训分析

经过项目组的一再要求，外包公司初步建立了一套培训制度。

（一）外包公司培训制度简介

1. 主要培训内容

一是安全培训；二是学习整理规范，包括时间项、备注栏、备考表的填写及对重复文件的处理；三是拟写标题培训，包括辨别责任者、受文者，分析事由，学习文种及行文关系，了解结尾词及公文用语，知晓案卷标题符号运用。

2. 培训时间

一般新人为期一个月。安全培训入职当天一小时,整理规范学习一星期,拟写标题培训三个星期。

3. 培训方式

实体档案讲解、阅读各项规则、实际操作及考试。

(二) 优点

1. 新进员工在实际工作条件下参加培训,有利于熟悉工作环境;

2. 培训内容与档案数字化前整理工作结合紧密,培训后,新进员工可以马上从事自己的工作;

3. 由小组负责人员指导学习培训内容,新进员工可以根据需要随时从小组负责人员那里得到帮助,直到能够达到工作要求;

4. 新进人员可以尽快进入工作。

从实际操作层面看,外包公司实行的这一套培训制度还是比较有成效的,从完成的工作质量情况看还比较令人满意,不合格率大幅下降,工作进度也得到了保证。

(三) 不足之处

由于外包公司的实际情况限制,导致培训存在很多不足之处。我将外包公司的培训形容为流水培训。

流水培训,一是指人员变动,公司对员工的培训就像吃流水席一样,走一个招一个,来一个培训一个,人员如流水,培训也如流水;二是指培训内容像流水一样,枯燥而单调;三是指新进人员进入工作一段时间后,看不到什么进步,工作水平和刚接受过培训时差不多,像流水一样平,没有出现稳步增长的情况。

具体问题有:

1. 培训内容单一，局部、片面、就事论事，仅仅解决整理中编目存在的简单问题；

2. 培训方式单一，讲课加考试型，枯燥、易引起员工反感；

3. 忽视工作中的持续培训，外包公司的培训工作完全是在项目组的压力之下进行的，对老员工的培训不重视，认为可有可无，不把其列入公司的工作日程。员工只知埋头干活，培训时间没有保证，只在出现严重整理问题受到馆方项目组批评时才会举行一些学习，非常被动，这一状况至今也不见改观。

这些问题的存在就使公司员工水平得不到提高，整理问题一再出现。

三、对强化外包公司人员培训的建议

（一）重新认识培训

培训是什么？一般而言，培训是一种有组织的知识传递、技能传递、标准传递、信息传递、信念传递以及管理训诫行为，是给新员工或现有员工传授其完成本职工作所必需的正确思维认知、基本知识和技能的过程。

明显可以看出，档案数字化前整理外包公司对培训的认识就是"缺什么，补什么"，着眼于员工的"应知""应会"及操作技能掌握、基本知识应用、解决具体问题能力等方面的"补缺"培训，以知识传递、技能传递、标准传递为主，时间则侧重在上岗前。公司没有认识到：培训最终的效果体现，必然是通过培训带来的思维和行为的改变，这些改变，需要通过信息传递、信念传递、管理训诫行为等一系列涉及价值观、职场正确认知等方面的培训来实现，而外包公司对此涉及的很少，甚至完全没有。没有正确的价值观和职场认知，很难期待思维和行为的长远改变，甚至不能稳定员工队伍。

在档案数字化前整理过程中屡次出现的字词问题、语句问题，与其说是水平问题，不如说是对工作的重视问题、态度问题。

（二）重新认识培训的目的

档案数字化前整理外包公司进行培训的主要目的就是为了在各个工作岗位上做到后继有人，能够不断有合格的人员去顶替空缺的岗位，使外包公司能在本期完成合同。这样理解过于狭隘，我认为，至少包括四个方面：

1. 为了档案数字化前整理工作质量更高，提高员工的工作表现；
2. 使外包公司的档案数字化前整理工作生产率明显地提高；
3. 为了外包公司更好地发展，使企业能在全国档案数字化前整理这个大市场上获得更多的合同；
4. 为使外包公司员工个人更好地发展。

前三个目的，公司比较认同，而对于第四个目的则大多不以为然，公司很少考虑员工自身发展的要求。这使员工对于培训并不积极，收效也并不理想。公司培训要有超前性，其目标不仅仅是培养现实人才，还要培养未来人才；不仅是为本公司培养人才，还要为社会培养人才；不仅要使员工为公司所用，而且要有利于员工自己将来的工作、生活。

公司只有重视对员工个人职业生涯的设计，使培训也为员工个人事业发展做准备，这样的培训，才会变"要你培训"为"我要培训"，才能取得比较理想的效果。

（三）重新规划培训

档案前整理外包公司要以目前比较简单的培训为基础，向更加多样的培训方式发展。我建议：

1. 加强在岗培训

针对已经具有一定档案数字化前整理工作水平、工作了一段时间的员工，要有新的在岗培训规划。

2. 增加培训内容

除了以上介绍的必需的安全培训、学习整理规范、拟写标题培训外，还需要详细学习文书学知识；系统学习晚清、民国历史；学习管理知识，深入了解工作流程和沟通；加强工作价值观的教育，了解工作对于他人、社会和自己的意义。

3. 利用社会培训资源

目前外包公司的培训师是工作了一两年的老员工，他们有比较丰富的档案数字化前整理工作经验，掌握了很多整理技巧，也知道整理环节的一些关键点，是外包公司不可多得的人才，整理质量也比较让人放心。但是，他们整体学术水平不高，对文书、档案、历史、管理的认识很有限，是否能在公司长期工作也令人怀疑。因此，他们也只能负责新进人员的培训工作，更高层次的培训没有能力去做。这就需要外包公司去外界、到社会上去寻找培训资源。南京的大学高水平的老师非常多，尤其南京大学历史系的民国研究更是全国知名，公司寻求帮助很容易。

4. 在多样化的培训方式中，增加研讨法的比重

目前外包公司采取的培训方式主要是讲授法、阅读法、演示法和研讨法。讲授法是培训师通过语言表达，系统地向新进人员传授档案整理知识；阅读法是新进人员通过阅读整理规则、已录入案卷条目等来学习整理；演示法是老员工向新进人员演示如何去整理案卷，使新人能够直观地了解整理工作；研讨法是公司组织员工一起学习讨论新的整理规则、馆方项目组指出的问题等。

这几种方式各有特点，各有优势，需要配合使用。增加研讨法的比重，是因为其更培养工作人员的基本素质，要求会表达、善倾听、能总结，有效锻炼员工的逻辑思维能力、语言能力和向别人学习的能力。

（四）外包公司的其他管理配套措施要跟上

培训作为人力资源开发和管理的一种手段，非常重要，也会有一定的效果。但如何巩固培训的效果，就不是培训能够解决的了。这必须依赖公司的其他管理配套措施。

从我观察到的外包公司的情况，我认为不乐观。因为种种原因，公司的短期行为较为严重，不能给员工提供长期工作合同，员工晋升晋级通道狭窄，职业生涯的天花板很低，等等。这是外包公司需要认真思考、努力解决的问题。

档案数字化工作在不断深入，下一阶段工作——档案文件级目录的著录在全国各地已经或即将开展，对承担具体前整理工作的外包公司及员工的要求也越来越高，在这种情况下，我再次建议外包公司做好培训工作，也希望各档案馆局能对外包公司的培训工作有更严格的要求。

参考文献

[1] 黄小忠、史江:《理论与实践视角下的档案业务外包适用范围探析》,载《档案学通讯》2012 年 01 期。

[2] 罗文武:《档案外包研究综述》,载《兰台世界》2013 年 S6 期。

[3] 张开森:《数字化前整理外包过程中的业务指导》,载《海峡两岸档案数字化工作学术研讨会论文集》,中国文史出版社 2015 年版。

（原载张开森主编《数字时代的档案整理》,中国文史出版社 2017 年版）

保护技术

新时期档案保护技术工作
面临的问题与对策

邵金耀

2015 年 9 月,由中国第二历史档案馆主办、陕西省档案局和陕西师范大学历史文化遗产保护教育部工程研究中心协办,历史档案修复与保护学术研讨会在西安召开,与会的档案馆、图书馆、博物馆和高校系统的 60 多位代表,就目前档案保护技术面临的新问题及对策进行了广泛、深入的探讨。本文以此次研讨会提出的问题为重点,对目前档案保护技术工作面临的问题进行探讨,并提出个人建议,希望借此引起大家的重视,共同努力,及时解决现阶段档案保护技术工作面临的问题,为重大项目的顺利实施提供重要的技术支撑,为档案的长期安全保管提供科学保障。

一、档案修复方面的问题

档案修复工作是一项传统的档案保护技术工作,是针对档案实体开展的破损档案抢救工作。随着重点档案抢救、数字化工程的全面展开,档案修复工作进入了新的发展阶段。以中国第二历史档案馆为例,1955 年至 2015 年,开展档案修复工作 60 年,完成破损档案修复 580 余万张,年均约 9.7 万张。2013 年,中国第二历史档案馆启动五年数字化工程后,当年完成破损档案修复 267 387 万张,2014 年完成 288 286 万张,2015 年计划完成 34 万张。在档案修复工作全面展开的同时,工作中出现的问题也更加突出。

（一）人才问题

目前，全国档案系统修复人才缺乏，严重影响重点档案抢救、数字化项目的有效推进。20世纪七八十年代培养的档案修复人员有的已经退休，有的即将退休。新的档案修复人员一时又衔接不上，出现了断层现象，重大项目实施失去了人才支撑。新上岗的修复人员因缺乏长期的实践和系统的培训，一时还很难发挥作用。重点档案抢救和数字化项目开展以后，为了解决大批量档案修复问题，很多档案馆只能把修复任务交给了外包公司，档案修复人员基本上不再直接从事档案修复工作，而是转为现场管理人员，此举进一步制约了修复人员的培养和成长。过去，档案修复工作是档案馆的一个特色，通过多年的学习和实践，档案馆逐渐培养了自己的档案修复队伍，为破损档案抢救工作创造了有利条件。近年来，档案馆修复人员进入新老交替的阶段，而档案修复工作进入了全面发展的新阶段。如何解决好这个矛盾，需要大家共同努力。我认为，首先是档案行政主管部门要充分了解档案修复人员短缺的实际情况，充分认识修复人员在重大项目实施过程中的重要作用，真抓实干，努力解决修复人员短缺问题；其次是把档案修复人员培养工作提上议事日程，制定具体的工作方案，解决档案修复人才紧缺问题。以前，档案馆通过师徒相授方式，培养自己的档案修复人员，但培养周期较长，不能满足档案馆的现实需求。定期举办档案修复人员培训班，是加快档案修复人才培养的较好模式。

1. 培训的组织

培训可以分两个层次进行，国家档案局相关司局负责对省级以上档案馆的修复人员进行培训，省档案馆负责对市、县档案馆的修复人员进行培训。培训所需经费可以通过申报年度培训项目预算进行安排。

2. 培训的时间

档案修复技术是一门专业性、操作性较强的档案保护技术，包括档案托裱、修补、加固、去污、脱酸、防霉以及装帧、古旧字画装裱等多项内容。档案修复人员必须具备一定的专业理论知识和长期的实践操作,才能胜任档案修复工作。因此,修复人员在学习理论的基础上,需要更多的时间进行操作,否则,无法达到培训效果。建议一次培训班的时间在一个月左右。可以根据前期培训班开展的情况,再确定以后每次培训时间的长短。

3. 培训的频率

鉴于目前档案修复人才比较短缺,建议每年开展两次修复技术培训。在修复人员的数量满足实际工作需要后,再调整为每年一次。

4. 培训的层次

目前,档案修复人员处于新老交替的阶段,一些新的档案修复人员工作时间不长,实践经验和理论知识都很欠缺,又没有进行过系统的专业培训。因此,初期的培训可以把重点放在初级技能培训上,初级班举办几期后,再进行中级技能培训,然后再进行高级技能培训。

5. 培训的师资

目前,档案系统有经验的修复专家屈指可数,可以教授修复专业理论知识的老师也不多。为了保证培训的质量,建议邀请图书馆、博物馆有水平的专家和学者到档案馆传授修复技能。通过一段时间的磨合,建立全国纸质文献修复专家库,为修复人才培训提供有力的师资保障。

6. 培训的场所

培训场所是开展修复培训的重要条件,根据修复培训的专业特点,培训场所必须具备一些必要的条件,例如足够的面积、必要的工具以及设施、设备等。目前各地新馆有不少已经投入使用,修复场所基本条件较好,可以利用作为培训的场所,只要提前做好相应的准备,完全可以满足培训需要。这样既可以充分发挥各地新馆功能,又无须新建培训场所,节约资金。

（二）质量问题

档案修复质量是修复工作的生命线，它直接关系到档案实体的安危，一旦修复工作出现质量问题，将会给档案带来更大的破坏。因此，档案修复工作要以质量为本，容不得半点差错。长期以来，受档案修复技术专业特点、档案修复人员成长途径等因素影响，档案修复质量的控制和评价基本上是靠修复人员的经验，凭主观判断，因人而异，评价难度大。档案修复人员既当运动员又当裁判员，修复质量的把控全靠个人的专业水平和职业素养，形成档案修复质量控制和评价工作各自为政的历史现象。档案馆修复工作质量如何，只有档案馆修复人员清楚，行政主管部门不清楚，无法进行监管和监督。近年来，随着国家重点档案抢救、数字化等重大项目的开展，档案修复质量问题已引起大家的关注，国家陆续出台了一些有关档案修复工作的技术规范和质量要求，例如档案修裱技术规范（DA/T25—2000）、历史图牒档案修裱技术规范（DA/T37—2008）、古籍修复技术规范与质量标准（WH/T 14—2001）、文献保护用修复和有关处理方法（BS 4971—2002）等，这些规范和要求的出台，为档案修复质量的控制和评价提供了统一、科学的依据，为确保国家重点档案抢救工作有效实施提供了技术依据。档案修复人员应及时转变思想观念和思维习惯，以规范和要求为依据，科学开展档案修复工作。从经验修复转变为科学修复，从数量考核转变为质量考核，从技术性修复转变为技术加管理性修复，从而带动档案修复技术整体水平的提高，确保档案修复工作科学、安全、有效地开展。

（三）字迹褪色问题

民国档案中有许多红色的印刷线条，在修复过程中出现洇化、扩散的现象。根据多年的实践经验，民国档案中约有 10％的线条会在修复过程中洇化、扩散。字迹遇水是否洇化、扩散，主要取决于字迹色素是否是水溶性的。扩散线条中的色素一般都是水溶性的染料（如酸性红 G、曙红 A 等）或颜料，不扩散线条中的色素一般都含有油溶性的粘合剂，它的主要作用是把色素黏合固着在纤维上,并且在纸张表面结膜。它的主要成分为干性植物油、矿物油,属有机高分子物质,不溶于水,能够提高字迹的耐磨性和抗扩散性,使字迹遇水不扩散。20世纪50年代,红色线条在修复过程中遇水扩散的情况,就已经引起了修复人员的注意。当时,中国第二历史档案馆档案修复人员针对线条洇化、扩散的情况,采用干糨糊和涂抹蛤蜊油的办法,因地制宜,积极想办法解决这个问题。虽然当时他们不完全清楚线条扩散的原理,但思路是对的,这也说明当时的修复人员非常重视档案实体的安全,也具有一定的经验和水平。蛤蜊油是一种干性植物油和矿物油的混合物,利用蛤蜊油能够有效隔离字迹色素与水的接触,起到防止字迹扩散的效果。目前,有一个令人担忧的情况,因为工作量、责任心或者是方法缺乏的问题,修复人员遇到有可能发生线条扩散的情况,一般不提前采取预防性的保护处理。有些修复人员通过干托技术,以降低字迹扩散程度的办法,来防止线条遇水扩散,而有些修复人员则会忽略字迹扩散的可能性,采用和不扩散字迹一样的技术进行修复,导致线条在修复过程中出现洇化、扩散。修复人员不能因为字迹扩散比例不高,扩散程度不重,不影响字迹阅读,对档案安全没有形成严重影响,而忽视这个问题。这与档案修复工作原则相背离,与档案修复工作者的职责和使命格格不入。2013年9月,"档案与古文献修复过程中易损原貌防损预加固和染料字迹加固技术研究"项目通过国家档案局的鉴定,2014年,该项目获得国家档案局优秀科研成果一等奖。该技术为防止修复过程中字迹出现洇化、扩散现象,提供了有效的解决方法。

(四) 古旧字画修复问题

随着档案事业的不断发展和档案保护技术工作的深入,古旧字画的抢救保护工作是摆在我们面前又一个问题。由于自然老化、保管环境和管理方法等多种原因,这些字画出现了酸化、糟朽、折条、断裂、霉变、弧斑、水渍、污渍、脱胶等状况,严重的甚至粉化为碎片。这些破损严重的古旧字画抢救修复工作,对档案馆修复人员来说无疑是一种挑战,一般修复人员无力承担这种高难度的技术工作,必须依靠高水平的保护技术专家或团队才能胜任。目前,档案馆出现这种情况,一般都是和陕西师范大学历史文化遗产保护教育部工程研究中心联系，由他们帮助解决古旧字画抢救修复问题。这种办法比较安全、可靠，不会出什么问题，但大家把问题都集中到一家单位，一方面对方会应接不暇，另一方面自己也会失去实践和提升的机会。依个人之见，档案系统还是应该从长远考虑，积极培养自己的专家。通过长期的培训、学习和实践，培养造就自己的修复保护人才队伍，为长期做好档案文献遗产抢救保护工作提供有力的人才支持。建议档案行政主管部门加大档案修复抢救培训力度，把古旧字画抢救修复技术作为高级修复培训班的主要内容，对具有中级以上技术的修复人员进行集中学习和培训。

（五）机器修裱问题

2000 年以后，机器修裱技术开始进入档案馆。机器修裱技术是模仿手工修裱方法，采用机械设备进行档案修裱的一种技术。机器修裱技术大幅提高了档案修复速度，为档案抢救和保护工作提供了重要的技术手段。但机器修裱工作开展以来，也有人提出了一些不同的意见：一是修裱机的操作有一定难度，机器修裱质量难以把握，导致机器修裱工作难以正常开展；二是机器修裱专用纸张质量不过关，pH 值低于 7，不符合档案保护的要求。目前，各级档案馆拥有修裱机的数量已经超过百台，但真正实际使用的不多，其中主要原因是修复人员使用修裱机有一定的难度。修裱机也不是一件标准工业产品，机器性能不是很稳定，经常需要根据运行情况进行调整，进一步增加了机器操作的难度，影响机器修裱档案的质量。有的单位为了更好地开展机器修裱工作，甚至对修裱机进行了改造，例如更换档案传输带；改钢丝网为塑料网；在干燥缸上粘贴高温胶布，防止档案粘缸等。对于机器操作和修裱质量控制问题，建议通过两种途径解决：一是在修复技术培训班中，把机器修裱技术作为一项内容进行学习培训，提升修复人员的机器修裱水平；二是督促修裱机厂家认真研究用户反馈的问题，及时采取改进措施，进一步提升修裱机性能和质量。

在机器修裱工作开展之初，修裱专用纸张的质量并未引起大家的注意。但工作开展一段时间后，有档案馆开始注意到这个问题。机器修裱纸存在的主要问题是纸张 pH 值偏低，纸张抗老化性能不佳。机器修裱纸质量不佳,与造纸原料和工艺密切相关。机械磨木浆杂质多、木质素含量高,容易老化;酸性施胶剂和湿强剂的应用无法提升纸张的 pH 值。有关单位和厂家也积极进行了改进试验,但一直没有取得实质性的进展。虽然全国每年机器修裱纸用量不大(2014 年仅需要 2 吨),但从档案实体安全角度考虑,机器修裱纸的质量至关重要,没有合格的修裱纸,机器修裱工作就不宜开展。建议有关厂家、专业院校以及档案科学研究机构对此问题进行研究,从根本上解决机器修裱纸的质量。我们不能因为纸张不合格而放弃一种技术,在目前数字化工程如火如荼进行的重要阶段,机器修裱技术能大幅度加快破损档案修裱速度,保证数字化工程各环节顺利运转,否则,修裱工作很可能会成为整个项目运行的瓶颈。

二、档案脱酸问题

纸张中的酸是影响纸张寿命的主要因素。长期以来,受各种因素的制约,档案脱酸工作一直未得到有效开展。近年来,档案脱酸工作开始受到大家的关注。酸度普查、技术引进、自主研发等与脱酸相关的工作已经在档案、图书部门陆续开展,有的档案馆已经开始进行实质性的档案脱酸工作。那么,现阶段档案馆应如何看待档案脱酸工作呢?

目前,我国纸质文献脱酸技术引进和自主研究都以液相脱酸方法为主。引进技术中主要是 20 世纪 90 年代后在欧美研发使用的技术,如美国的氧化镁悬浮液法和德国的比克堡法。目前这两种技术在国内都有专门的代理公司。氧化镁悬浮液法以微细的氧化镁颗粒(平均粒径约 1 微米)分散在有机的全氟庚烷溶液中制成去酸液,氧化镁与水反应生成氢氧化镁,氢氧化镁吸收中和纸张中的酸,从而实现档案脱酸的目标。这种方法的优点是可以进行单页和批量处理,无须预干燥和后期恢复,处理周期短,副作用很小,去酸液无毒、不燃;不足之处是目前单页人工处理成本较高,大批量处理的费用档案部门无力承担。目前单页人工处理的成本约 10 元/张,以服务外包方式进行,价格还要翻倍。机器批量处理能大幅度降低成本,但进口机器设备价格昂贵,对工作场地也有一定的要求。采用进口设备进行批量处理的条件还不成熟。可喜的是,国内已有档案馆研制出小型氧化镁脱酸设备,但具体效果还有待实践进一步验证。另一个可能存在的问题是氧化镁脱酸和水溶液脱酸法相比,渗透性不足,反应需要一定时间,脱酸效果一时无法迅速到位。因为氧化镁脱酸法是以有机溶液为载体,通过喷涂或浸泡的方式把氧化镁附着在纸张表面,氧化镁与空气中的水反应变为氢氧化镁,通过氢氧化镁中和纸张中的酸,这个过程需要一定的时间。该方法最终的脱酸效果还要看今后实际应用后的检测数据。比克堡法的去酸液由碳酸氢镁、固色剂、甲基纤维素组成,碳酸氢镁是去酸剂,甲基纤维素是纸张强度加固剂。这种方法的优点是脱酸速度快,脱酸效果好,脱酸后纸张强度有所提高,利用设备可以对纸张进行连续散页脱酸,脱酸液无毒、不燃、环保;不足之处是只能借助设备进行单页连续脱酸,前处理工作量大,对红色、蓝色字迹有一定影响,脱酸后档案体积有所增加。

近年来,图书界对纸质文献脱酸技术的研究逐渐深入。2010年,南京博物院完成了江苏省科技厅的"整本图书脱酸技术的研究"项目,对单本图书脱酸技术进行了试验性研究;2014年,南京博物院完成了文化部科技提升项目"近现代文献脱酸关键技术集成与示范",对图书批量脱酸技术进行了研究。该方法利用纳米氢氧化镁脱酸液、固色剂和羟乙基纤维素对纸张进行脱酸、固色和强度加固,通过专用夹具和设备解决整本图书渗透和干燥问题。陕西师范大学历史文化遗产保护教育部工程研究中心正在进行纸质文献气相脱酸研究,预计相关研究成果很快就会公布。

总之,国内纸质文献脱酸技术尚处于研发和试验阶段,国外的脱酸技术虽然已应用20年,但在国内的应用才开始。国内外纸张性能有所差异,国外的技术应用于国内,能否取得满意的效果,还有待实践的验证。从目前档案脱酸技术发展水平和档案馆的实际情况看,档案脱酸工作暂时不宜在档案馆全面展开,一些有条件的档案馆可以先进行试验性的工作。经过一段时间的实践验证后,筛选出适合国产纸的最佳脱酸方法,然后再进行推广,以保证档案脱酸工作在安全、科学、有效的前提下展开。

三、新馆建设问题

"十二五"期间,随着中西部地区县级综合档案馆建设项目的开展,全国省市档案馆建设也进入了全面发展的新阶段。如何高质量完成重大建设项目,保证档案馆建设项目取得实效,这是全体档案工作者应该重视和思考的问题。这里无非是两个问题,一是为什么要建? 二是怎么建?

为什么要建,就是要弄清楚建档案馆的目的。库房面积不足、建筑老化、设施陈旧等各种原因都是建设新馆的理由,但根本原因只有一个,那就是档案长期安全保管存在问题甚至存在威胁。国家不惜投入巨资建设新馆,根本目的就是解决档案的长期安全保管问题。因此,我们在建设新馆时应始终坚持这个根本宗旨,把解决档案长期安全问题放在首位,把项目重点放在事关档案安全的问题上,把项目资金用在事关档案安全的工程上。例如建筑选址、维护结构、消防、环境控制等与档案长期安全保管密切相关的内容,我们一定要重点关注,保证投入,严格按照《档案馆建筑设计规范》的要求,严把工程质量关,保证这些事关档案安全保管的重点建设内容符合规范的要求,把新馆建设根本目标落到实处。只有这样,我们才能在新馆建设项目中抓住重点,保证效果,把新馆建成档案长期安全保管的基地。

建设一个现代化的档案馆,是一项系统工程,档案工作者缺乏这方面的经验。现在很多新馆建设项目采用"代建制"模式,减轻了档案馆基建方面的压力,但也存在一些问题。例如,档案馆的话语权受到限制,交付的建筑存在这样那样的问题等。如何在"代建制"模式下做好新馆建设工作,是广大档案工作者共同关心的问题。我想,最根本的途径还是坚持以我为主,一是做好新馆功能需求测算,二是积极配合代建单位,认真参与项目建设工作。功能需求是建设档案馆的总要求,这个需求档案部门必须考虑周到,事先做好充分的调研论证,防止在项目实施阶段进行大的功能需求调整,以免造成工作被动。档案部门要认真参加单项工程设计方案的审核把关,特别是一些涉及档案安全保管的工程,如建筑维护结构、消防工程、空调系统等。不懂的要虚心学习,向专家咨询,一定要做到心中有数,不能完全依赖咨询公司、设计单位。如果没有把握，也可以在项目进行过程中，邀请方方面面的专家，召开技术论证会，请专家把关，确保各项建设内容符合《档案馆建筑设计规范》的要求。现在很多新的档案馆落成，办公条件改善了，库房面积增加了，大家都感到非常高兴和自豪，档案安全保管条件是否符合规范的要求则关注得不多，如维护结构的隔热保温性能、温湿度控制、空气净化等。维护结构是保证档案安全保管的第一屏障，在项目设计阶段，档案馆必须做好充分的准备工作，根据《档案馆建筑设计规范》的要求，提出科学、合理的工作方案，保证库房维护结构的隔热保温性能。大库房意味着高能耗，没有维护结构的有力保障，低碳、环保、绿色档案馆的理念是无法实现的。库房恒温恒湿是档案安全保管的重要条件，有些档案馆建成后，库房实现不了恒温恒湿，不是设备选型问题，就是维护结构性能不达标，导致后期运行成本太高，档案馆承担不起。库房空气质量一直是保护工作者热议的话题，过去条件不好，库房空气质量一直无法根本解决。新馆建成了，库房的空气质量是否符合要求了呢？据了解，采用空气净化措施改善库房空气质量的项目并不多，一般都是简单的空气过滤。空调机组上自带的过滤装置，是为了保证设备正常运行的一种措施，不能解决库房空气净化问题。库房中央空调系统应选择具有空气净化功能的恒温恒湿净化空调，利用活性炭、电场等对灰尘、有害气体等有害物质进行吸附、分解，达到净化库房空气的目的。管道新风口必须安装空气净化设施，防止库外灰尘、有害气体、有害生物等直接进入库内。

建设方案确定后，项目实施就有了扎实的基础。下一步的工作，就是如何配合代建单位做好项目建设、质量监督等工作。一是要积极争取得到领导的支持，档案馆应派人参加项目建设管理工作，保证档案馆在项目建设过程中有话语权，防止出现建不管用、用不管建的脱节现象，把工作做在前面，避免事后交涉等被动情况的发生。二是要主动和项目代建单位配合，做好项目建设工作。平时主动和他们沟通，及时了解项目的进展情况，按照代建单位的要求，认真做好与项目建设有关的工作。项目建设过程中，档案馆的主要任务是把好质量关。虽然项目监理单位是质量监督的主体，但档案馆不能完全撒手，必须有专人全程跟踪，时刻监督，保证项目建设质量。

（原载《档案学研究》2016 年第 1 期）

民国文献保护刍议

杨智友

不知道你是否有过这样的经历：一本看上去崭新的民国图书，饶是你小心翼翼地翻阅，仍然逃不过封面断裂的厄运；而把图书移开时，你会赫然发现残留在桌面上的一摊纸屑！民国的书刊为什么如斯"脆弱"？要知道，中国传统纸张历来有"纸寿千年"的说法，一本距今千年的宋元善本，现在仍然可以从容地逐页翻看！而相较于宋元明时期的文献，民国文献简直连髫年小儿都算不上啊！可就是这些"年轻的"民国文献，却有 6 成以上都进入了"老年期"，全面受损，濒临集体报废！

民国文献是指 1911 年辛亥革命以后至 1949 年 9 月中国出版的中文文献，包括图书、期刊、报纸及部分名人手稿等。它们是民国这一特殊社会转型期思想、文化的最主要载体，也是中国共产党诞生并发展壮大和中国新民主主义革命走向胜利史实的最原始记录，因此具有极其珍贵的历史文化价值。但中国的古代典籍浩如烟海，人们往往有"年代越久远越珍贵"的思维定式，民国文献由于"年轻"，最老的也不超过百年，因而其保护常常容易被忽略。近年来，民国文献日益严峻的受损问题，引起了相关各方的高度重视，并逐渐走入大众视野。相应地，民国文献的抢救保护也提上了议事日程。

一、文献受损事出有因

民国文献的收藏大户非中国国家图书馆莫属。经统计，国家图书馆现约有 67 万件（册）民国文献。2004 年国图曾经成立了一个"馆藏纸质文献酸性和保存现状的调查与分析"课题组,监测发现,几乎所有馆藏民国文献的 pH 值都下降到了 4.5,这说明民国文献的酸化已经到了非常严重的地步。目前馆内的民国文献全面受损,其中 70% 受损相当严重。相当数量的文献已经不能或难以提供阅览,有的已经完全失去机械强度,一触即破,濒于毁灭!据国图善本保护组提供的资料显示,在 67 万件(册)民国文献中,只有 14 万件(册)存放在地下一层的保存本库里,保存条件相对较好,其余藏品均存放在没有恒温恒湿条件、不避光、不防尘的地上书库,而且裸露置放在铁质书架上。这种存放环境对于文献的保护相当不利。而这种现象不仅出现在国图,吉林、南京等地的民国文献亦然。造成民国文献濒于毁灭的最主要原因是民国文献纸张及书籍生产工艺方面的自身特质。

中国古代造纸在选料上多用麻、树皮等植物的韧性纤维,工艺也以手工为主。这样生产出来的纸张一般为中性或偏碱,哪怕是被空气中的酸性物质腐蚀,也依然具有长久的生命力。明清以降,造纸的原料更多地采用竹子,造出的纸质虽略逊于前者,但经认定也可以保存多年。民国时期特别是 1927~1937 年中国的出版业欣欣向荣,手工生产的宣纸已无法满足印刷需要,因此手工造纸向近代机械造纸和印刷阶段过渡。这一时期造纸材料混杂,机械造纸制浆工艺落后,文献纸张酸性强、质量差、保存期短,甚至连"马粪纸"都不如。据国图鉴定,民国普通报纸的保存寿命只有 50 年左右,民国图书的保存寿命为 100 年左右。另外,民国图书的装帧形式多为洋装书,但由于其时的装帧工艺还很落后,使得书籍在使用过程中较易破损。另外一些解放区文献的纸张主要用稻草制成,酸化尤其严重。而除了纸张原因之外,民国文献的保存环境和保护措施也是其受损严重的重要原因。尽管现在国家也加大了对古籍文献的保护力度,但实际上对文献保护的投入还不是非常到位,缺口很大。用于古籍保护的资金本身就不多,更不可能专门考虑到民国文献。在民国文献产生的 50 年至 100 年间,几乎未采取任何保护措施,致使民国文献现存状态十分严峻。

二、全面保护迫在眉睫

民国文献的状况可谓岌岌乎殆哉！那应该采取怎样的应对措施呢？目前首要的就是观念问题，一般人很难理解民国文献保护要比古籍善本保护更为急迫。其实早在 2002 年，文化部和财政部就联手共同开展了"中华再造善本工程"，将珍贵古籍善本有计划地利用现代印刷技术进行复制，适量出版。随后文化部又启动了"中华古籍特藏保护计划"，计划用十年左右的时间基本修复完成属于国家一、二级文物的珍贵文献。但民国文献被排斥在外，其保护一直没有得到专项资金的支持，甚至它一度被认为可有可无，其历史文化价值被忽略。其次就是资金问题。目前受损严重的民国文献最需要的就是存放到恒温恒湿的环境之下，这就需要设备以及相关的技术，需要大量资金的有力支持。还是以国图为例，仅脱酸一项，一页纸约需 0.3 元左右，据估计，如实施全面保护，以一期工程 10 年计，总预算达 3 000 万元。第三是人力及其他配置，国图目前从事图书保护修复的只有区区十几个人，而工作量却非常巨大，难免有捉襟见肘之嫌。

据国图"馆藏纸质文献酸性和保存现状的调查与分析"课题研究结果显示，在馆藏各类、各历史时期的文献中，民国文献的酸化和老化损毁状况最为严重，纸张 pH（酸碱）值均低于 4.5，而通常纸张 pH 值低于 5.0 即被视为严重酸化。目前国图的民国文献中度以上破损已达 90％以上，民国初年的文献更是 100％破损，有相当数量的文献一触即破，濒于毁灭边缘。除国图外，民国文献藏量较多的还有南京、上海、广州、重庆等地的图书馆、档案馆，其民国文献所处的境遇与国图大同小异。以笔者所在的中国第二历史档案馆而言，目前藏有 5 万余册民国图书期刊，尽管作为国家级历史档案馆，拥有较先进完备的保管条件，但由于文献纸张的先天不足，本馆所藏民国文献的总体状况也不容乐观。目前已经不对外开放，只有极少数特定的研究机构和专家学者才可以有限利用，但也需要经过严格审批。因此可以毫不夸张地说，对民国文献的抢救保护已迫在眉睫！

三、传统现代双管齐下

中国的文献复制技术有着悠久的历史和丰富的经验,我国古代在复制书籍时就使用了影抄、影刻和影印技术。随着时代的发展,文献复制技术也在与时俱进,并正逐渐形成一个专门行业,日益显示出它的重要性。实践证明,对民国文献中具有重要价值的部分进行缩微化和数字化是一种行之有效的方法。以新型载体保护文献内容,以复制件代替原件阅览和利用,就可以达到保护民国文献原件的目的。早在 20 世纪 80 年代,国图即成立了缩微复制中心,开始对民国文献进行缩微复制,目前报刊部分已基本复制完毕。但这种复制只是"再生性"保护,对原件的保护依旧十分迫切。因为尽管采用缩微化和数字化等技术能够保证文献的文字资料得以保存下来,但这种保护方式并不是根本的解决方法。保护文献更应该看重全方位的保护,而不是仅仅局限于保留文字资料。除了文字信息以外,文献本身的纸质、印刷、排版、装订以及书中的批注等等都是不可或缺的,也是可以直接触摸和感受到的,如果只采取缩微和数字化保存,那么对于文献全方位的保护意义不大。以《女学报》为例,这是 1898 年由中国女学会创办的第一份妇女报纸,现珍存于南京图书馆。它以单面印刷、折叠成 32 开书的形状发行,阅读时打开。这种独特的方式便于保存,历经百年沧桑之后更显出其文物价值。但如果仅仅将其缩微或者复印,载体的文物价值就丝毫得不到体现。因此可以说为了避免文献历史出现"民国断层"的危险,对民国文献的"原生性"保护显得尤为重要。从技术上讲,最有效的保护方法是脱酸和加固,绝大部分民国文献都可采取纳米镀膜技术,加固纸张强度,使文献内容得以保存。对一些具有特别文献价值和纸张价值的文献,可采用传统的手工方法进行修补,或者进行仿真复制,尽可能保持包括纸张等信息在内的全部文献信息。此外,改善存放条件也是极其重要的一环,如更换空调设备,使书库保持恒温恒湿;装置空气过滤器,达到过滤有害气体之目的;为图书加装保护性书皮;为报纸配制函盒;等等。

图书、档案战线的工作者应该清醒地认识到对民国文献进行抢救保护的重要性和紧迫性。如果我们不付诸行动,而是听之任之,那么也许就在我们的"谈笑间",民国文献就不知不觉地"灰飞烟灭"！若干年以后,我们的后人或能看到甲骨文、敦煌遗书,却不识民国书刊的"庐山真面"。这种情景倘若真的发生,我们又如何对得起子孙后代?

(原载《浙江档案》2006 年第 8 期)

民国书画特藏档案修复规范化初探

——基于中国第二历史档案馆特藏档案抢救保护项目实践

王　稹　李光发

中国第二历史档案馆是集中保管中华民国时期(1912～1949)各个中央政权机关及其直属机构档案的中央级档案馆,馆藏民国档案卷帙浩繁,共收藏有1 354个全宗(保管单位),231万余卷,2.2亿页,并藏有图书资料20余万册[1]。早在20世纪90年代初,中国第二历史档案馆就着手建立特藏档案库,集中保管有特色的珍贵历史档案,达到集馆藏精华,展馆藏珍品的目的。如今,中国第二历史档案馆特藏档案库集中典藏约60个保管单位1万余卷(件)珍贵档案,藏品既有孙中山、蒋介石、张静江、冯玉祥、汪精卫等47位民国人物个人全宗,也有于右任、张大千、林风眠等书画大师的字画,又有商标、邮票、钞票、照片、印信、唱片、证章以及其他珍贵档案[2]。这些档案属于国家珍贵的历史文化遗产,它们不论在史学研究、工作参考还是在文物考证、艺术鉴赏等方面都具有不可估量的价值。

民国书画由于材质脆弱,在长期的保存、展出等过程中出现了各种各样的病害,主要表现为霉变、折痕、糟朽、残缺、污染、水渍、酸化等,急需进行保护修复处理。2016年,中国第二历史档案馆启动了"特藏档案抢救保护项目",对43幅民国书画进行保护修复,邀请相关专家论证,并制订了慎重周详的管理和修复方案,由陕西师范大学历史文化遗产保护教育部工程研究中心承担具体的修复工作。针对民国书画等特藏档案的修复工作,由于采

〔1〕　马振犊:《中国第二历史档案馆馆藏档案数字化及其开放利用》,《档案学研究》2016年第5期,第86-89页。

〔2〕　刘爱民:《浓缩档案精华 展示特藏魅力——中国第二历史档案馆、上海市档案馆特藏室建设侧记》,载《中国档案》2001年第12期,第26-27页。

用传统修裱技艺,作为档案行业来说,缺乏相关行业标准,这就导致无法对
修复技术和效果的进行科学有效地考评。因此,中国第二历史档案馆技术
处参照纸质文物保护和档案修复相关行业标准,积极开展民国书画修复规
范化、科学化实践,推进特藏档案修复标准体系、管理机制的建设和完善,为
更多特藏档案的保护修复及管理工作提供参考依据。

一、民国书画特藏档案抢救保护项目前期准备工作

在项目实施过程中,为了做到有章可循,避免出现失误,造成"保护性破
坏",我们找出了与民国书画特藏档案修复相关的 10 项标准(见
表 1)[1][2]。这些行业标准,为我们开展民国书画保存状态调查、制作项
目招标文件、制定民国书画出入库及修复现场管理规定、确定修复方案、记
录修复档案等多个方面,提供了科学规范的思路、方法和流程。

表 1　与民国书画特藏档案修复相关的标准

标准名称	标准代号	标准分类	涉及对象
馆藏文物登录规范	WW/T 0017—2013	文保行业标准	预防性保护
馆藏文物出入库规范	WW/T 0018—2008	文保行业标准	预防性保护
馆藏文物展览点交规范	WW/T 0019—2008	文保行业标准	预防性保护
馆藏纸质文物病害分类与图示	WW/T 0026—2010	文保行业标准	预防性保护
馆藏纸质文物保护修复方案编写规范	WW/T 0025—2010	文保行业标准	抢救性保护
馆藏纸质文物保护修复档案记录规范	WW/T 0027—2010	文保行业标准	抢救性保护
档案修裱技术规范	DA/T 25—2000	档案行业标准	抢救性保护
历史图牒档案修裱技术规范	DA/T 37—2008	档案行业标准	抢救性保护
档案装具	DA/T 6—1992	档案行业标准	预防性保护
无酸档案卷皮卷盒用纸及纸板	DA/T 24—2000	档案行业标准	预防性保护

---

〔1〕 国家文物局:《中华人民共和国文物保护标准汇编》,文物出版社 2010 年版。
〔2〕 张美芳、陈敏:《我国古籍、档案修复技术标准体系建设研究》,载《图书馆论
坛》2014 第 12 期,第 111 - 115 页。

（一）民国书画保存状态的调查与评估

根据《馆藏纸质文物病害分类与图示》中书画病害的分类,馆藏民国书画病害主要分为折痕、断裂、脱落、糟朽、霉变、污渍、水渍 7 种。《馆藏文物登录规范》将字画保存状态分为三种:状态稳定,不需要修复;部分损腐,需要修复;腐蚀损坏严重,急需修复。参照这些标准的要求,我们对馆藏民国书画进行了病害调查和整体评估,选取 38 幅病害程度严重和 5 幅未装裱的民国书画作为修复项目标的。其中,按照作品类型可分为:书法作品 35 件、绘画作品 8 件;按照画芯材质可分为:纸本 38 件、绢本 5 件。

（二）民国书画 pH 值

中国第二历史档案馆馆藏民国书画创作和修裱的主要用纸是以纸寿千年著称的宣纸。新宣纸 pH 值一般偏碱性,有利于字画的长期保存,但是在糨糊制作、固色和全色修复处理中又有使用胶矾水这一传统,而明矾水解后的酸性使得字画耐久性大打折扣,外来酸性物质的不断积累也加剧了画芯纸张的酸化。一般来说,纸张的 pH 值小于 7 为酸性,6～6.9 时为低度酸化,5～5.9 时为中度酸化,当小于 5 时则为重度酸化[1]。在本次调查中,我们使用德制 WTW3310pH 酸度计对 43 幅民国书画进行无损表面检测。经统计,重度酸化的有 8 幅,中度酸化的有 27 幅,低度酸化的有 8 幅,其中一幅因纸张酸化严重导致整个字画严重糟朽成碎片。为分析酸化原因,我们收集了一些字画掉落的残渣,使用 SEM-EDX 扫描电镜及能谱仪,对字画纸张酸化成因进行分析,结果显示纸张含有大量 S、K、Al、Si 等元素,说明在初始字画修裱时,采用明矾等酸性物质施胶,明矾水解为硫酸,导致纸张含酸量经长时间积累过高。

---

〔1〕 王亚龙:《从纸张特性分析传统书画修复装裱的科学优化》,载《文物春秋》2017 年第 2 期,第 58－61、79 页。

（三）民国书画修复原则

对于每件民国书画来说，如何修复是技术性问题，而用什么样的理念去指导修复，修复到何种程度则是原则性问题。综合文物保护和档案行业相关修复原则，我们确立了最小干预、修旧如旧、可辨识性、再现档案历史价值与艺术价值相结合、可再处理和安全耐久性 6 项修复原则，即在处理时应该符合文物保护中"不改变文物原状"的原则，又能够满足陈列展览的要求[1]。

（四）民国书画出入库管理规定

参照《馆藏文物出入库规范》《馆藏文物展览点交规范》及《中国第二历史档案馆档案库房管理工作规范》中出入库相关规定，针对报批手续、点交程序、点交记录、从库房到修复场所之间运送程序等方面细化出入库管理。报批手续包括全宗号、案卷号、数量、提取原因、领卷人、提取部门负责人、保管部门负责人、提取部门分管领导、保管部门分管领导及馆长签字，一式三份。点交程序要求领卷人出具报批手续，领卷人和保管员各 2 人在特藏库房清点室监控下进行点交。点交记录包含全宗号、案卷号、数量、领卷人和保管员各 2 人清点签名、特藏档案出入库现状、调卷还卷时间、相关负责人签名。从库房到修复场所之间运送过程须保管员和领卷人一起护送特藏档案至修复场所。

（五）民国书画抢救保护项目招标要求

投标方必须具有可移动文物修复资质相关证书，并提供投标前 5 年 10万元以上字画修复项目业绩相关证明材料。按照我们确定的六项修复原

---

[1] 王方、王允丽：《由"乾隆大阅甲"的修复谈文物的修复原则》，载《文物保护与考古科学》2005 年第 4 期，第 54 - 58 页。

则,修复技术方法和材料必须安全有效、科学规范,不得对特藏档案实体造成损害。修复方案必须经专家论证、馆领导审批确认后才能实施。主要修复保护内容包括:对发生断裂、折条病害的字画,采用科学合理的材料与工艺对字画的暗折条和明折条进行修复保护及病害治理,修复后不得出现新的折条;对污染、霉变病害的字画,用颜料、墨迹预加固和去污等技术对其进行修复保护和病害治理,修复后字画保持原貌,不得损伤;对酸化的字画在修复过程中进行脱酸,脱酸后字画纸张 pH 值保持 7.5～8.5;对修复好的字画提供环保型防火、防虫、防霉、防酸耐久收藏盒,将修复好的字画交予采购人。

二、民国书画特藏档案修复实践

(一)民国书画特藏档案修复方案主要内容

参照《馆藏纸质文物保护修复方案编写规范》《中国书画文物修复导则》[1]编写要求,一份规范完整的民国书画特藏档案修复方案主要应该包括封面与档案基本信息、保存现状的调查与评估、保护修复工作目标、技术路线及操作步骤、风险评估、保存使用建议、安全措施、经费预算与管理等 8 部分。(1)封面与档案基本信息。主要记录项目名称、方案编制信息表、档案基本信息。(2)保存现状的调查与评估。包括档案信息采集、装裱工艺调查、病害调查及评估、分析检测。(3)保护修复工作目标。主要包括拟保护修复特藏档案数量和技术指标。(4)技术路线及操作步骤。通过评估不同材料和技术的处理效果,筛选出符合要求的修复材料和技术,并以此确定相应的技术路线和修复操作步骤,有序开展相应修复工作。(5)风险评估。主要针对病害严重档案,确保不对档案实体造成"保护性破坏"。(6)保存使用建议。包含保存环境和存放装具两方面建议。(7)安全措施。主要包

---

[1] 张金萍、陈潇俐、何伟俊、陈琦著,纸质文物保护国家文物局重点科研基地、南京博物院编:《中国书画文物修复导则》,译林出版社 2017 年版。

含环境安全和档案实体安全措施。（8）经费预算与管理。参照"国家重点文物保护专项补助经费申报书（藏品与保管品技术保护部分）"中预算构成条目编制。

（二）修复方案专家论证会

为了保证不同类型书画作品修复方案的科学规范和特藏档案实体安全，我们邀请了南京博物院、故宫博物院、陕西历史博物馆、中央档案馆、南京大学等多家单位的专家学者参加了修复方案专家论证会。通过对 43 幅民国书画特藏档案原件的实地观察和修复方案的具体讨论，专家组研究通过了修复方案，并提出了"依据国家文物修复保护行业标准，细化修复保护方案文本，记录每件藏品病害图，坚持最小干预原则，谨慎使用化学材料"等几条建议。

特藏档案修复方案专家论证会

（三）保护修复技术路线

项目实施方根据馆藏民国书画保护修复原则和国内外常见书画修复方法，结合以往完成的书画保护修复经验和教训，尽量保留民国时期原裱件，使用的黏合剂、固色剂、清洗剂要具有安全性和可逆性，同时保留原裱形制。

技术路线设计如下：

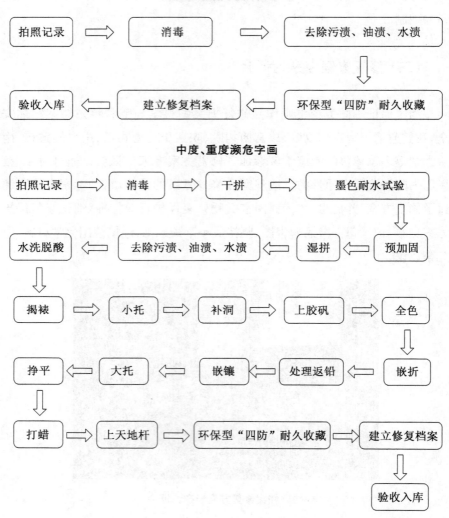

画芯保存相对较好的字画

拍照记录 ⇒ 消毒 ⇒ 去除污渍、油渍、水渍

⬇

验收入库 ⇐ 建立修复档案 ⇐ 环保型"四防"耐久收藏

中度、重度濒危字画

拍照记录 ⇒ 消毒 ⇒ 干拼 ⇒ 墨色耐水试验

水洗脱酸 ⇐ 去除污渍、油渍、水渍 ⇐ 湿拼 ⇐ 预加固

揭裱 ⇒ 小托 ⇒ 补洞 ⇒ 上胶矾 ⇒ 全色

挣平 ⇐ 大托 ⇐ 嵌镶 ⇐ 处理返铅 ⇐ 嵌折

打蜡 ⇒ 上天地杆 ⇒ 环保型"四防"耐久收藏 ⇒ 建立修复档案

⬇

验收入库

（四）保护修复材料选择

保护修复材料主要包括修复用纸（托纸、命纸、补纸、折条用纸）、修复用绢、镶料、糨糊、固色剂、清洗剂、颜料7个部分。

表 2　保护修复材料

保护修复材料	选择
修复用纸	安徽紫光生宣
修复用绢	浙江湖州双飞绫绢厂
镶料	浙江湖州双飞绫绢厂
糨糊	淀粉糨
固色剂	黄明胶水（陕西翰青自产预加固剂）
清洗剂	蒸馏水（陕西翰青自产清洗剂）
颜料	天雅矿物颜料、马利传统国画颜料

（五）修复实施

保护修复民国书画特藏档案是建立在传统书画修复理念之上的一次实践，目的是有效地延长民国书画档案实体寿命，同时又能够满足陈列展览的要求。在修复干预的过程中，不仅在材料的使用方面强调可逆性原则，在操作上强调最小干预原则和可辨识原则，同时尽最大可能地保存民国书画的所有构成元素。修复的主要步骤有：（1）墨色固色试验。将宣纸用蒸馏水浸湿，在墨色处按压黏附，如果墨色被黏附在纸上，即证明墨色在修复过程中可能会脱落或扩散，须在修复之前进行预加固处理。对于墨色出现轻微脱落扩散的，使用浓度 1‰～2‰ 黄明胶水，温度 50 ℃左右，涂抹加固；对于糟朽纸张或墨色出现较严重脱落扩散的，使用陕西翰青自产预加固剂加固处理[1]。（2）去除油渍、水渍、霉斑。针对局部存在的各类污渍，使用蒸馏水进行烫洗、喷淋、浸泡。如遇较为顽固的污渍则使用陕西翰青自产清洗剂进行清洗，尽量避免在有颜料的地方使用，用后使用蒸馏水反复清洗 3 遍[2]。（3）清洗脱酸。主要采用整体清洗的方法，使用喷壶将蒸馏水

---

〔1〕　张娟、祁赟鹏、霍一娇、翟倩、周亚军、李玉虎：《酸化糟朽纸张增湿强研究》，《中国造纸》2017 年第 4 期，第 31－35 页。

〔2〕　周朝霞、周玉世：《现代科技在古旧书画传统修复中的作用》，载《文物修复研究》2016 年版，第 441－445 页。

均匀地喷洒在画芯上，清洗画面。再用毛巾轻轻吸取污水，直至污水变清即可[1]。(4)揭裱。一般是揭去画芯的背纸和命纸。从空白处开始逐层揭取，切忌损伤画芯。(5)小托，即上命纸。选用和画芯材质相近的生宣作为托纸，染成与画芯相近略浅的颜色，采用直托法或覆托法上命纸。(6)补洞。选用和画芯材质相近的生宣作为补纸，用毛笔蘸取糨糊上糨，将补纸按实后，用刀刮去多余的部分，留1mm左右的搭口。(7)全色。在命纸背部画芯破洞处上胶矾水，配制稍浅于原画颜色的颜料，对破损处进行全色。(8)嵌折，即贴折条。将画芯正面向下置于玻璃案上，案下放一盏日光灯，将宣纸裁切成0.2～0.3cm的长条，用毛笔在其表面刷糨糊，宜薄不宜厚，将画芯背面的折痕断折处，采用骑缝加贴法逐一贴上折条。(9)大托，即覆背。采用安徽紫光生宣托成2层背纸，然后斜角对折成菱形，分散纸张受力。(10)装裱。包括裱件打蜡砑光、剔除废边、装天地杆、穿绳、贴封头、系扎带。

修复场景——嵌折

〔1〕 欧美、李玉虎、邢慧萍：《模拟熟宣纸古旧字画修复过程中超纯水有限洗涤脱酸的研究》，载《文物保护与考古科学》2011第4期，第41-44页。

修复前　　　　　修复后

民国书画修复前后对比

（六）修复档案记录

　　修复档案就像书画的病历一样，不仅是对修复过程的如实全面反映，也是为专家验收指导和未来可能进行的二次处理提供参考依据。参照《馆藏纸质文物保护修复档案记录规范》编写要求，我们将项目执行过程中产生的调卷单、修复方案、报批手续进行收集归档。修复过程采用摄像机全程摄像记录，对书画病害、修复前后、修复操作的主要步骤进行拍照留存，尽量保证全面详细的记录保护修复的操作过程和工艺条件。

（七）专家验收

　　除采用现代设备对民国书画的酸度、色度等进行检测评估修复质量外，我们邀请了南京博物院、中国文化遗产研究院、陕西省文物保护研究院、中国人民大学、南京大学等多家单位的专家学者参加民国书画特藏档案专家评审验收会。通过对修复档案记录和修复前后民国书画对比，专家一致认为中国第二历史档案馆的"特藏档案抢救保护项目"沿用传统修复工艺,应用现代科技手段,针对不同民国书画的病害情况,对症下药,经修复后的濒危档案恢复了历史原貌,保护修复效果良好,达到预期目标。

评审验收会——专家现场考察

(八)环保型"四防"档案装具收藏书画

43 幅民国书画特藏档案保护修复结束后,使用陕西师范大学历史文化遗产保护教育部工程研究中心研制的环保型"四防"档案装具收藏,该档案盒具有防火、防霉、防虫、防酸的作用,同时能提高书画的耐久性能,并在书画上覆盖一层碳素隔卷纸。

三、结　论

中国第二历史档案馆开展的"特藏档案抢救保护项目",是档案系统对民国书画等特藏档案科学规范修复的一次积极尝试,是使珍贵档案得以长久保存、更好发挥社会功能的有效途径,也是建立完善特藏档案修复管理机制的创新探索。通过 43 幅民国书画的保护修复,我们从以下几个方面进行规范化、标准化的尝试:(1)库藏民国书画保存状态调查划分,病害的科学规范分析,"保留原裱、还旧处理、重新装裱"方法选择。(2)将最小干预、修旧如旧、可辨识性、再现档案历史价值与艺术价值相结合、可再处理和安全耐久性6大修复理念贯穿于修复环节的始终,将书画原件信息最大化保留。(3)对于现代科技手段的应用,增加了无损检测分析,如pH酸度计对于民国书画的酸化分析,可以得出画芯酸化情况,对不同pH值民国书画提供脱酸保护。高光谱测试分析中,通过绘画颜料等信息的收集,可以为配置相似颜色提供参考数据。这些数据的价值在于,我们可以进行修复保护中更深层次的、有针对性的研究,这种研究是延伸扩展和有关联性的。(4)特藏档案出入库管理更加细化规范。(5)从8个方面规范保护修复方案的编制,使得方案更加符合项目管理规定。(6)对于单件书画作品修复方案的选择和修复完成后的质量评估,邀请行业内的专家进行全面论证,存疑的一律搁置处理,保证了档案实体安全和修复后的质量要求。

中国书画装裱技艺流传至今已有上千年的历史。这次民国书画特藏档案的保护修复,操作技艺上采用的也是传统工艺,操作步骤中更多依靠修复人员的经验操作和主观评价,而规范化的要求,则需要对修复过程和技术进行分解描述,因此,需要继续加强特藏档案修复规范化标准体系的研究,加快缺失标准的建设,完善现有标准。

(原载《档案与建设》2018年第4期)

浅谈民国档案修复工作

邹素珍　王伟郦

　　中国第二历史档案馆是集中保管中华民国时期历届中央政权及其直属机构档案的中央级国家档案馆,馆藏档案逾 220 万卷。近年来,档案作为国家的基础性信息资源得到了党和国家的高度重视,我馆由于馆藏档案的特殊性,在两岸关系和祖国统一事业中发挥了重要而独特的作用。2009 年,我馆全面推进民国档案数字化工程,民国档案抢救保护和修复任务越来越重,民国档案修复工作取得了巨大成绩。下面我从馆藏民国档案现状、破损原因和修复方法以及经验总结几方面,浅谈我馆档案修复工作实践与体会。

一、我馆民国档案保存现状

　　我馆现存民国档案数量庞大,保管和破损情况参差不齐。由于历史上种种原因和档案纸张本身因素的影响,大部分档案纸张趋于老化或已经老化,从而无法提供利用,在目前档案数字化工作过程中尤为显现,也严重影响到数字化工作的进程。经过我们对馆藏档案的摸底,发现约有 10.5％的档案严重破损(约 24 万卷),需要及时修复抢救。而在档案数字化工作中,为确保档案扫描和缩微工作的顺利进行,实际需要的修复量远远大于10.5％,甚至达到 30％左右。从 1951 年至今,我馆已修复破损档案 580 万张。从总量上来看,我馆破损档案的抢救和修复任务还十分艰巨。

二、我馆馆藏民国档案破损的原因分析

由于档案破损的情况是多样的,针对不同状况的破损档案采取的修复方法也是不尽相同的。因此,弄清楚档案破损的原因是做好一切修复工作的前提。从我馆情况来看,档案破损大致分为以下几种原因:

首先是档案自身纸张呈酸性,造成纸张发生变黄、变脆和断裂。这种情况在我馆破损档案中占多数。只是酸化的程度轻重不一,档案的破损状况有所不同。

其次是铁质装订材料导致档案破损。档案装订材料大部分是铁质的,铁氧化生锈对档案伤害巨大。我馆保存的大量民国档案,当初归档时大多用铁钉、铁质回形针等装订整齐,随着时间的推移和保存环境的影响,金属被氧化后的锈迹往往会逐渐向周边扩展,导致档案被锈蚀的面积越来越大。如果不及时进行抢救和修复,后果不堪设想。

再次是有害物质,如光、有害气体、灰尘等导致档案破损。光能直接破坏纸张中的纤维素,使纸张变黄发脆;对档案有害的二氧化硫、二氧化氮等气体,与水发生化学反应会对纸张纤维氧化降解;灰尘一般都能吸附空气中的杂质,带有酸性,对纸张和字迹造成破坏,而且灰尘中往往含有黏土,与空气中的水分发生水解,落在档案上,容易使档案粘结成砖,灰尘也是霉菌孢子的传播者。我馆破损档案中,发现的纸张纤维破裂、霉菌群附着甚至是出现砖样档案状况,都是由上述有害物质造成的。

最后是历史和人为因素。在近百年的保管和利用中,人们在查阅和搬运档案的过程中,由于不小心翻阅造成少量破损,保管不当,部分档案遭水侵受潮,日晒烟熏,纸质变脆,一触即碎。在我馆的馆藏档案中,经常可见虫蛀档案,亦是由于上述历史原因造成的。

三、我馆目前采用的档案修复技术

我馆对破损民国档案的修复一直沿用最传统的手工修复技术进行修复。近年来，随着档案修复技术的创新发展，丝网加固技术和机器修复技术在我馆得到了综合运用，并根据不同的破损原因采用不同的修复技术。

1. 手工修复技术

托裱法是我们最常见最传统的修复方法。我馆对于托裱后的档案质量有严格地把控。大家知道，档案是历史的真实记录，具有重要的凭证作用和查考价值，因此在修复过程中一是要尊重历史，修复前要制定好修复方案；二是修复后的档案要求匀薄、表面光洁、舒展平整、质地柔软、拼对准确，才能恢复其原貌，延长寿命，使之便于保存和利用。

揭裱法是我们修复档案砖工作中采用的又一种方法。我馆档案除了常见的破损、破碎情况外，还常会碰到粘连成砖的破损档案，我们称之为"档案砖"。对"档案砖"的修复则采用揭裱法。纸质档案的制成材料是纸张和字迹。部分档案的纸张发生粘连，常常是档案的制成材料、环境、生物、人为等相互作用而形成的，具体表现为：（1）纸张有较强的吸水性，其吸水后黏性加大，使纸张黏合；（2）为了改善纸张的抗水性，造纸过程中进行施胶，在高温、高湿、压力等条件下，使纸张粘连；（3）档案上的字迹材料含有少量黏性物质（动物胶等），在热、水的作用下，它能熔化而使纸张粘连；（4）有些档案由于长期无人翻动，往往积存大量灰尘，灰尘上附有无数孢子，这些微生物在生长的过程中，吸收水分，产生各种有黏性的分泌物等，从而使纸张粘连；（5）害虫、鼠类产生的排泄物、分泌物也促使档案黏结。

我馆绝大部分档案字迹有一定的耐水性，因此对档案砖的修复我们先采取水中浸泡的方法，即把"档案砖"用宣纸简单包裹后放入水槽内，常换水，泡透，再行揭裱。整个浸泡过程需要 1～2 天的时间，视档案粘连情况而定。浸泡彻底的档案，黏性会大大降低，揭裱也会变得简单容易，裱后档案效果也更理想。在浸泡过程中，注意破损档案的保护，杜绝档案碎片在水中四处漂浮而遭到二次破坏。其次，针对字迹易扩散档案和纤维破坏严重的破损档案，我们采取用喷壶、少量水将档案打湿即可，然后包入塑料地膜内，放入冰箱冷冻，再行揭裱。这样处理，能最大程度防止字迹扩散，保持档案原貌的完整性。

此外，对一些大尺寸的档案，如地图，我们还会采用清洗修复法。有些大尺寸破损非常严重，纸张纤维遭到严重破坏。在修复这类档案过程中，我们先对其进行清洗，一块块拼对，修复过程反反复复，最终我们采用纱布、皮宣和糨糊等材料对其进行复原，如果在地图表面采用丝网加固，修复效果更为理想。

2. 机器修复技术

传统修复技术是由手工操作的，速度相对较慢，远远不能满足档案的抢救工作。机器修复档案，就是在保留传统手工修复技术的基础上，实现档案修复的机械化，大大地提高了修复档案的效率。在我馆紧锣密鼓的数字化工程中，机器修复技术发挥了举足轻重的作用。

我们自从使用档案修裱机以后，经过一段时间的人机磨合，发现档案修裱机有其自身的显著优点：

（1）操作简单。我们只要将需要修复的档案往输送网上不停地辅放，经过施胶装置施胶、复合装置（展平毛辊、复合辊、托辊）清除档案皱褶，平整地与托裱纸复合、定形，再经过干燥装置、收卷装置，托裱与干燥同步进行，一气呵成。（2）提高工效。手工修复档案每人日均 80 张左右，而运用机器修复档案每台日均 1 400 张左右，大大地提高了修复档案的进度。（3）修复质量接近手工修复水平。由于修裱机在复合的过程中，是通过"人"字型毛辊对运动中的托纸作反向运动的，其运转过程中产生横向力，迫使档案上的纵向皱褶从中线向两边自然展平，从而消除皱褶；而毛辊与托纸逆向运行，产生了纵向力，迫使纸质档案上的横向皱褶向后自然展平，从而消除纵向力；同时，毛辊与破损档案之间有一定的压力，在展平档案的同时，又使档案原件与托纸之间得以复合、牢固；（4）由于机器的连续运转、速度快，因此对修复用纸的强度有一定要求。我们采用与修裱机配套的专用滚筒式皮纸，这种纸定量小、轻薄、白度适中，pH 值约为 7～8.5，施胶后潮湿的托纸不因拉动而断裂,其撕力度和耐折度均优于宣纸、书画纸几十倍,同时修复档案的成本大大降低,一张约 0.1 元人民币。

尽管如此,机器修裱也有一定的局限性:

(1)对破损严重的档案难以修复。需要修复的档案可以区分为严重破损和一般破损两种情况,而霉烂脆化破损严重的档案只能采用手工修复。(2)机器修复前,档案的前处理工作(展平)必须做全做好,才能保证机器均速顺利运转。(3)难以满足大尺寸档案的修复需要。

3. 丝网加固技术

丝网加固技术主要是用于双面有字的破损档案的修复,如报纸、书刊等,这在我馆修复工作中也是常用的一种方法。近来,我们在修复工作中发现,丝网加固也适用于粉化、脆化、易脱落档案的加固修复,如照片、脆化严重的档案等。在档案表面加固丝网,也更利于档案的保护。

四、我馆数字化档案修复工作的经验总结

今年是我馆档案数字化五年工程的第三个年头,数字化工作如火如荼地有序开展着。我馆的档案修复工作是数字化过程中极其重要的一环,全体参加人员齐心协力,严格遵守规章制度,年年超额完成目标任务,得到省里颁发的"巾帼文明岗"和"工人先锋号"等荣誉,受到了大家的一致好评。

回顾总结近几年的数字化修复工作,得出以下经验和大家交流分享:

1. 制定详细的规定制度。所有工作,制度先行。每个人员积极学习并严格遵守规章制度,强化安全和保密意识,时刻将档案安全放在首位,从而确保数字化过程中档案实体、档案数字化信息的绝对安全。

2. 加大修复工作人员的技术培训力度。档案的破损情况和修复方法都是多样的,这就对每一名修复人员都提出了非常高的要求。因此,加强业务学习,不断提高业务技能,为数字化过程中的修复工作提供可靠的技术支撑,是做好修复的基础工作。

3. 科学、合理地制定年度、季度、每月工作规划。根据以往积累的经

验,未雨绸缪地做好全年的统筹规划,有条不紊,有备无患。将工作做在前头,事半功倍。

4. 注意与数字化其他部门、外包公司之间的沟通协调。数字化是一个大工程,只有各部门有序、协调合作,才能更好地完成任务。因此,多沟通,多理解,多包容,大家集思广益,共同将数字化工作完成好才是最终目的。

5. 制定严格的质检验收标准,并认真执行。这也有助于提高修复工作中的认真、仔细程度,更好地保护档案原件。

我馆馆藏民国档案修复工作任重道远,需要一代又一代档案人的努力奋斗。这不仅仅是为了更好地保存档案,更是为了做好中华文化的光荣传承。我们每一名修复工作者都会坚定地扛起肩上的历史使命,当好档案行业的"白衣天使"。

（原载《历史档案修复与保护学术研讨会论文集》,2015 年）

浅论现代仿真技术与档案文化传承

朱 琪

中华优秀传统文化是习近平总书记治国理念的重要来源之一。习近平总书记一向特别重视对中华优秀传统文化的传承与创新。2013年11月考察孔子研究院时他指出,中华优秀传统文化是中华民族的突出优势,中华民族伟大复兴需要以中华文化发展繁荣为条件,必须大力弘扬中华优秀传统文化。要对传统文化进行创造性转化、创新性发展,让收藏在禁宫里的文物、陈列在广阔大地上的遗产、书写在古籍里的文字都活起来。

从文化传承和文化保护来看,许多重要的文化遗产保留至今,正是得益于仿真复制技术这门古老的传统技艺。仿真复制技术是以原件为基础,按照全等原理,通过手工临摹、染旧作残等技术手段,原本地重新映现在新的载体上,使之从文字图形和外观形态方面酷似原物的一种复原技术。仿真复制技术自古有之,是中国非物质文化遗产的重要组成部分。当前,计算机高仿真技术的发展给仿真复制技术带来革命性的变化,使得档案仿真复制工作进入了一个新时代。

一、现代仿真复制技术的发展

1. 传统仿真复制技术

传统仿真技术一般使用临摹、照相制版、石印、胶印、木刻水印等多种方式。其中,档案仿真复制是多采用临摹手工的方法,将档案上的字迹、图像、标记、色泽以及原有的风貌原本地重新映现在新的载体上。然后经过仿旧、作残等技术处理,再现档案流转过程中所产生的诸多历史痕迹,使复制品从载体质地、字迹图案、笔触风格、颜色饱和程度、形状构造、残旧破损状况等,与原件不存在明显区别。

传统仿真技术伴随着纸质档案、图书、字画而产生的,是具有鲜明特色的中国传统仿真修复技术。在旧时代,由于能够最大限度地使原件恢复原貌,所以,这种仿真技术又被称为"造假技术",其仿真品被称为"赝品",妄图取代原件,谋取高额利益。正是由于这种传统手工仿真技术,使中国古老文化留传至今,并成为档案文件仿真工作的基础。特别是对于永久保存和重要价值档案存在"生存危机"时,可通过这种传统手工复制技术制作高仿真件,将高仿真件与原件一视同仁加以保护,永久珍藏。

档案文献遗产是不可再生的文化遗产,而传统仿真复制技术能够使档案文献遗产以"本源性"的原貌"延年益寿"地长久保存下去。例如,新中国古画手工临摹复制和木版水印事业的开拓者冯忠莲女士于 1980 年秋天完成的《清明上河图》长卷摹本,被故宫博物院列为一级文物,是该图现代首推摹本。当清明上河图原件因为客观原因无法继续长久保存下去的时候,最佳的手工摹本即将作为原件的代替件,即被视为真品永久珍藏。

2. 现代高仿真复制技术

由于传统手工仿真复制周期长,效率低,对制作者的绘画技巧要求又高。因此,传统仿真复制很不适应档案仿真实践中批量生产的要求。随着信息技术的快速发展,计算机高仿真技术便应运而生,胶印技术和数码印刷技术被广泛应用于档案仿真实践,满足了批量和高效生产的需要。档案仿真复制流程就是运用现代高科技复制手段将档案原件转化为数字文件,再经过相关应用软件处理和后续处理,得到档案仿真品的过程。

现代高仿真复制技术主要是将图形图像技术、数字打印、数字影像等三种技术有机地结合,利用先进的设备仪器对档案信息及相关文献进行管理,是当前高效和提升档案信息实体再生性保护和利用的一种仿真技术复制形式。其工作流程包括图像输入、色彩管理、图像采集、图像处理、打印输出、后续处理等六个方面。

图像输入是档案仿真复制的首要环节和重要基础。图像输入的主要工作是使用扫描仪或照相机等输入设备对档案原件进行扫描或拍照。扫描可以更准确地体现画面细节，图像大小比例不变形，色彩还原能力强。在档案不便于移动时，可采用拍照方式进行图像输入。

色彩管理和图像处理是档案仿真复制的重要环节。在得到所需图像数字文件后，由于扫描仪、计算机显示器及打印设备之间都存在着不可避免的色差问题。所以还必须利用色彩管理软件对数字图像进行色彩校正和管理。

色彩管理是档案仿真复制过程中的关键环节之一，工作做得越细，得到产品质量就越高，越逼真。同时，在档案的产生和保存过程中，会存在霉变、破损，甚至有多张档案粘贴在一起等现象，所以还需要利用 Photoshop 等软件对图像进行去污、修补、拼接等处理。

打印输出是在完成了档案数字图像的处理之后，选择适当的打印机，将图像打印在纸张。此时需要根据档案原件或其他仿真品的实际情况，尽可能与原样图片保持一致或接近。再根据原样图片及纸样类型的大小，选择恰当的输出方式对材料进行激光、喷墨等打印输出。

后续处理是计算机原件仿真复制的最终环节，和传统手工仿真后续处理技术大体相同。但在档案馆仿真工作实践中，因人手少，技术要求高的原因，为客户服务提供的仿真复制件的后续处理实际是大打折扣的。但对于高仿真档案复制品，因为将来是具有替代原件的可能性，对其后续的仿旧做残等技术处理，应要格外重视，直接影响着计算机高仿真品的品质与灵魂。

计算机高仿真技术与传统仿真复制技术相比，各有所长，优势互补。计算机高仿真技术提高了档案仿真复制工作效率，克服了传统仿真技术的先天不足，促进了档案珍品的保护和价值的延伸和开发，为档案文化传承提供了可能。因此，现代高仿真技术实际是传统手工仿真技术的延伸，档案高仿真复制品是现代信息技术和传统仿真技术创新结合的产物。

二、仿真复制技术在实践中的运用

传统的档案记载方式都是以纸质媒介作为载体，这种记录文献的保存方式随着时间的流逝，必然会出现纸质变黄破损等现象，极其不易永久保护及陈列展览与查阅利用。为适应档案数字化建设的深层次发展需要，提供多层次优质的存储方式，现在越来越多的档案馆购置了档案仿真复制设备，把档案仿真复制工作摆上了重要的位置，使得档案仿真技术呈现欣欣向荣、生机勃勃的景象。

档案仿真技术与其他缩微技术、光盘复制技术相比，根本不同之处在于"还原档案的本源性"，是对档案进行再生性保护的一项重要抢救措施。因此，档案仿真技术已成为档案信息化建设不可或缺的重要组成部分。档案仿真技术能起到珍贵档案再生保护的作用，使珍贵档案文化遗产得以世代相传。在馆藏的充实、珍品档案的保护以及档案的展示与交流等方面，目前档案仿真技术主要运用在以下四个方面。

（一）对馆藏本应具有而实际又缺失的重要特色档案，可采用仿真技术，将此类档案复制进馆，充实馆藏

2006 年，大连市档案局启动了"城市记忆工程"，将以城市历史变迁与发展为脉络，抢救性地收集反映大连城市 110 年发展并具有永久保存价值的文字、照片、录音、录像和实物等档案资料。然而据档案馆工作人员介绍，目前保存在市档案馆的明清及以前的历史档案、资料几近空白，其他散见于地方志中的明清史料，不成系统，难以还原历史本来面貌。历史档案的缺乏使大连历史文化脉络和经济社会发展留下了一段空白。

为了丰富馆藏，做好档案馆展室陈列工作，大连市档案馆于 2007 年和 2008 年先后组织人员赴中国第一历史档案馆等处查阅相关明清档案资料。在一史馆专业人员的帮助下，利用半年时间，查找到了 300 多件非常有价值的明清时期的大连档案。2008 年，大连市档案局（馆）在特别重要的 70 余

件涉及大连的明清档案中又精选了 15 件制作了仿真件,其中包括清宫藏舆图——海防图表全册、中日马关新约等。这些档案文件(仿真件)不仅填补了大连地区明清档案的空白,更为研究如何打造大连文化名城提供大量可靠、可考的珍贵史料依据。

(二)对馆藏珍品档案进行仿真技术复制,以满足档案交流与馈赠需求,让档案文化走进千家万户

2005 年 4 月 26 日至 5 月 3 日,国民党主席连战率领的国民党访问团访问了大陆,新闻媒体称这是 1949 年以来,象征开启两党交流的"破冰之旅"和具有历史意义的"和平之旅"。在此期间,胡锦涛总书记赠送给连战先生一份十分珍贵的礼物,这就是二史馆提供的连战祖父连雅堂先生为洗刷"黑籍"要求恢复中国国籍档案的手工高仿真复制品。连战先生对这份"档案"十分珍视,激动而自豪地称:"胡总书记送给的这份档案,证明我们一家几代都是爱国者。"通过这份档案,也印证了两岸同胞都是中华民族,同根同源。

又如,中华南粤名校——广东广雅中学,被誉为"中国近现代教育史活的见证",其前身广雅书院为中国近代著名书院之一,1888 年由清代名臣、两广总督张之洞创建。2004 年 11 月 7 日是广东广雅中学建校 116 周年,中国第一历史档案馆特别制作了具有广雅中学"出生证"意义的档案仿真品,即张之洞的《创建两广诸生合课书院奏折》和军机处抄录的张之洞的《请颁广雅书院御书匾额折》两件珍品档案制作成的仿真品,赠给广雅中学永久收藏。

广雅中学副校长黄永光表示,这两份档案的"回归",对于广雅中学来说具有十分重要的意义。广雅中学现为广东省级文物保护单位,校内古树、古桥、古碑等文物俯首可拾,唯独缺少了古文本。两份折子重新回到学校,无疑是对广雅中学这所百年名校悠久历史的有力支撑,也是对其文化底蕴的有力诠释和丰富,更为学校将来开展名校优良传统教育提供了极具价值的载体。

（三）对馆藏濒临损毁的重要特色档案，应先进行修补托裱，再进行仿真复制，其目的是使重要特色档案代代相传

随着时间的流逝，档案的保存越来越难，许多珍贵的资料都存在一些损坏。如果不及时保存，它们之中的历史信息都会消失。利用数字仿真技术继承档案馆中的宝贵资料，替代真件，提供给人们进行查阅和学习。在恒湿和恒温的档案库中，有利于档案真件的长久保存，最大限度地减缓档案的破损和老化程度。据了解，民国时期纸张的寿命一般是 50～100 年，大大低于"纸寿千年"的宣纸。民国时期正是手工造纸向近代机械造纸和印刷阶段过渡的时期，造纸材料混杂，制浆工艺落后，用纸多为酸性化学浆纸，质量差，极易老化。因此，从某种程度来说，民国档案的寿命要远远低于明清档案。

例如，二史馆个人全宗中，有名人手迹、重要人物亲笔来往信函以及冯玉祥、张大千等名人的书画以及收藏品等。这部分档案年代久远，影响广泛，是民国档案之精华，有极高的史料价值和收藏价值。为防止不可预测的不利因素对档案原件造成的损害，应该制定全面周密的预案，规划好馆藏珍品仿真复制的路径图和时间表。对其中有破损脆变迹象的档案，应尽快抢救并得到妥善性保护。特别是对列入《中国档案文献遗产名录》的国家珍品档案，如孙中山先生手书"博爱""应为雄鬼"以及《孙文致犬养毅信》手卷等，应本着"居安思危"的安全意识，制作仿真复制件以作备份，进行双套制保管，原件封存。以仿真复制替代原件利用，防微杜渐，防患未然。

（四）举办公益展览、传播档案文化，最大限度发挥珍品档案的利用价值

档案作为人类实践活动的原始记录和真实凭证，是人类宝贵的精神财富。它忠实地记录了社会生产、生活和文化发展的内容及进程，蕴含着前人的知识、经验及教训，是人类经验智慧的物态结晶。因此，档案在挖掘历史文化、弘扬民族文化、发展地方文化、建设现代文化的过程中，具有无可替代的功能和作用。档案展览陈列是传播档案文化的一种重要形式，采用仿真

复制品替代档案真品做展品,使档案原件不直接陈列在展览的第一线,消除了档案原件的安全隐患。它不仅能够传递原件同样的信息,还具备档案本身的质感和历史的沧桑感,起到保护档案和传播档案文化的良好作用。

2007年起,由国家档案局主办、各省市协办的《中国档案珍品展》在全国开展巡回展出,参展展品有150余件档案,全系高仿真复制品。它上起唐代,下至民国,时间跨度达1 200多年,全面展示了中国历史文明长河的沧桑与辉煌,具有"跨越千年时空,印证历史结论"的特点。展品中有馆藏最早的唐开元二年(公元714年)纸质公文档案以及元朝中央政府为管理西藏颁布的圣旨和文告,可证明西藏700多年前就已隶属中央政府等。以及明朝档案有明英宗颁赐给当时功臣的"金书铁券"。这一档案实物就是民间传说中的"免死牌"。

这些仿真档案均来自中央档案馆、中国第一历史档案馆、中国第二历史档案馆及省级档案馆等20多家,原件大部分为其镇馆之宝,有的收录于《中国档案文献遗产名录》。由于这次展品全部为精心制作的高仿真复制品,达到"酷似真品,无异于真品"的境地。此次展览因"展览规格之高,展品价值之珍,展出地域之广",被媒体誉为"千年中国第一展"。这次展览获得轰动效应,说明了档案仿真技术在举办展览方面具有其他复制技术无法替代的作用。

综上所述,现代仿真复制技术是再现档案原生性和本源性的一种方法,是保护档案资源"长治久安",传承和传播档案文化的重要手段。这种仿真复制技术将被广泛地应用于档案实体保护和档案文化传承中去。而缩微技术在不可更改性、稳定性、法律作用及成本等诸多方面也存有一定优势。计算机光盘技术在检索速度、存储容量、远距离传输、文献处理能力等方面有着极大优势。我们应该充分发挥当前这三大技术的优势,扬长避短、相互补充、相互结合,引领档案传承、保护与利用的未来。

(2018年全国档案工作者年会获奖论文)

替代还是结合

——我馆档案数字化背景下的仿真复制工作

孙　莉

　　档案承载着国家民族的发展历程,凝聚着人类生活的历史经验,聚集着大量涉及国家政治、经济、文化、科技、社会管理等各方面的信息资源,是历史的记录和见证,也是宣传教育的生动教材。

　　以往束之高阁的档案现如今越来越频繁地进入了寻常百姓的视野,在社会生活中发挥着前所未有的作用。由于档案原件无法向社会直接提供服务,且珍贵档案大都年代久远,受自然衰变和保管条件的限制,现在已经出现了不同程度的破损、褪色、脆变。更为重要的是,无论什么载体的档案总有消亡的一天。仿真复制技术为我们找到了一种能够替代原件提供利用,举办展览,进行文化交流的方式。因此,档案仿真复制工作,一直以来是我馆的一项重要工作内容。

　　长期以来,我馆开展该项工作依托的是传统的手工技艺。近几年,伴随着档案数字化的汹涌浪潮,越来越多的新技术、新设备被运用到档案管理工作的各个环节之中,档案仿真复制工作也不例外。目前,我馆也配备了数字高仿打印系统,与我馆传统的手工仿真复制工艺相得益彰。

一、从档案仿真复制件的工艺要求说起

　　档案仿真复制件因其承担着特殊用途,所以在制作工艺上也有着特殊的要求。众所周知,业内衡量一件档案仿真复制件合格与否的严格标准,就是看其是否达到了以假乱真的效果。而要达这样的效果,必须同时满足这

样几个条件：

1. 复制件的肉眼直观效果，包括书面色彩、文字图形以及外形尺寸等方面与原件完全一致；

2. 历史档案原件特有的岁月痕迹，如虫眼、脆变、锈迹、霉斑、破损、污渍、褶皱等，在复制件上全部得到逼真的还原；

3. 复制件的载体纸张无论是在厚度、柔韧度上，还是在手感触觉上与原件高度相同；

4. 复制件的字迹材料和印章材料在质感上（如墨迹和印泥的厚薄浓淡、色泽以及颗粒感等），与原件几乎一样。

简而言之，一件成功的仿真复制件不但能体现出档案原件的质地感、岁月的沧桑感，还要能淋漓尽致地再现原件的墨香、霉味甚至被战火烧过的焦糊味；复制品从载体质地、字迹图案、笔触风格、颜色饱和程度、形状构造、残旧破损状况等，与原件要达到酷似的程度，做到能以假乱真。

二、我馆的传统手工仿真复制技艺

手工仿真复制是一门历史悠久的传统手工艺，经历了上千年的实践，沉淀出了一套完整的档案仿真复制技艺的方法与操作规范。档案复制的过程与基础书法绘画的过程有些类似，都是通过手工调色、绘制描摹的。

手工仿真复制的工艺流程大致可分为四个步骤：

第一步是根据档案原件选择复制品的原材料。纸质档案由纸张载体、书写的笔迹、印刷的油墨、绘画的颜料、印泥以及黏合剂等材料所构成。工欲善其事，必先利其器。想要成功制作一份仿真复制品，就要在书写材料上下功夫，确定好复制所需的纸、笔、墨、颜料、印泥等材料，然后再着手进行临摹。

首先是档案载体的选择。历史档案的载体多种多样，除了纸质以外，还有绢绫、布质甚至皮质档案等。在制作复制件时都要根据实际情况来选择相关的材料，此处笔者仅仅是以纸质档案来举例。纸质档案由纸张载体、书写的墨迹、印刷的油墨、绘画的颜料以及黏合剂等材料所构成。根据原件选配颜色、质料、性能、厚薄相当的纸张,是关系着复制质量高低的重要因素。档案用纸的种类可分为手工纸和机械纸。手工纸有麻纸、皮纸、藤纸、竹纸、棉纸,还有宣纸、毛边纸、连史纸等。19世纪末,机器纸逐渐代替了手工纸,常用的有新闻纸、印刷纸、打字纸、有光纸、图画纸、牛皮纸等。复制者需要依靠自己的经验去判断原件所用的是何种纸张,然后尽量挑选出与原件质地和纹理相接近的纸张,有经验的复制者能辨别出各种年代的纸张。

其次是油墨等字迹材料的挑选。我馆所藏的档案皆是民国时期的历史档案,档案文件大部分是用毛笔记载的,但是钢笔、铅笔、圆珠笔也均有使用,油印件档案亦时有出现,甚至很多档案文件是用印蓝纸写出来的。面对档案原件上五花八门的字迹材料,复制者必须加以准确鉴别,尽量挑选相同的材料。

综上所述,可以看出,选择复制使用的原材料对于复制者的"眼力"是一大考验。

第二步是制作底稿,可利用硫酸纸将原件拷贝下来,也可直接将档案原件黑白复印下来作为底稿。不过,考虑到档案原件的安全,我们一般采用黑白复印的方法。制作底稿有两个注意点:一是尺寸要和原件完全一致,复印的时候不能缩放;二是信息要全面,原件上包括主要内容以及整个页面的所有信息都要完整地复印下来,不能缺失。

第三步是也是最重要的一步就是临摹,这一步是决定一幅复制品成功与否的关键所在,对复制者的技艺和艺术素养有着很高的要求。复制档案时,一般而言是先制作边框和图案。然后是摹写文字内容,最后制作印章。在临摹的过程中复制者要做到心无旁骛,下笔要利落、果断,忌描字。在历史档案文件上,印章、题款签名是不可缺少的元素。印章有深有浅,有明有暗,有阴文、有阳文,是非常有讲究的艺术。复制印章既是仿真复制的难点也是亮点,如果复制者水平不高,工艺粗糙,会影响档案复制件的整体效果。题款讲究字迹的浓淡,起笔深,落笔淡,深浅有致,复制落款时一定要一气呵成。

最后一步是做旧,原件中的褶皱、锈斑、霉点、虫洞、装订痕迹等都要一一制作,崭新的档案复制品一下子被改头换面,仿佛披上了岁月的面纱,拥有了与原件相似的质感、墨香和历史沧桑感。

三、数字高仿打印系统之应用

（一）数字高仿打印系统流程

数字高仿打印系统是一项系统工程，由图像采集、图像处理、图像打印输出和色彩管理四部分构成，设备由高精度扫描仪、图形工作站和图像处理软件、激光和喷墨打印机、色彩管理软件、标准光源等多种软硬件设备共同组成，涉及扫描技术、计算机技术、喷墨打印技术、打印材质等各个领域。

我馆的仿真复制设备包括两台 DELL5500 图形工作站，两台 EIZO ColorEdgeCG243W 专业显示器，一台德国赛数 OS14000A1 彩色仿真扫描仪，一台星震 A3 平板扫描仪，一台佳能 iPF 9110 喷墨打印机，一台 OKI c9800 激光打印机和一台标准光源，以及色彩管理校准设备和图像处理软件等。

下面简要介绍一下我馆仿真复制工作流程。

1. 图像采集

图像采集是数字化仿真复制工作的基础。我馆在采集档案数据时会根据不同的档案介质及尺寸，选择不同的扫描设备。一般而言，画幅小于 A3 的档案用星震 A3 平板扫描仪扫描，扫描分辨率一般是 300 dpi；超过 A3 的档案就用德国赛数 OS14000A1 彩色仿真扫描仪扫描，画幅超过 A1 的档案采取分画面多次扫描，再通过拼接保证档案图像的完整性，分辨率一般是设置成 600 dpi。扫描分辨率设置得越高，采集到的档案数据信息就越多，数字图像就可更多地保留档案原件的色泽、纹理等信息。

2. 图像处理

图像处理工作将获取的数字图像借助 Photoshop 等软件在经过严格校准的显示器下对图像进行分析和处理。该软件功能强大，能满足仿真复制的需求。根据仿真复制的制作要求，或取出底色，仅保留文字、图表等内容；

或抹去斑点、虫眼、标注等非原始档案内容,还原档案原貌;或对档案残缺部分进行填充、补足;或调整数字图像的整体色彩等,使之最终在外观效果上与档案原件保持一致。

3. 图像输出

图像输出即数码喷墨打印技术。珍贵档案文献多以手工纸为载体,厚度、材质、色泽多有不同,各类宣纸是最能体现档案原貌的打印材质。打印机作为输出设备须能在各种介质上打印,还要具备高打印分辨率、宽色域范围、宽幅面等条件。复制工作者不仅要了解打印机微喷墨水的耐光、防水、耐磨以及色彩牢固性等方面的性能,还要了解宣纸、丝绢等打印介质的特性。根据笔者几年积累的经验,我馆用于输出打印的纸张多为生宣和有涂层的机宣(仿宣纸),机宣打印出的图像色彩还原效果好,基本不偏色,能更多地表现图像细节,字迹洇化程度接近原件,是以机宣多用于输出字画图像。生宣打印的图像会稍有偏色,并且细节、层次感表现不够,但其质感及厚度与档案文件几乎无差别,所以生宣多用于制作普通档案文件。

4. 色彩管理

色彩管理是一种用于在各种数字图像设备之间进行可控的色彩转换的技术。运用色彩管理系统对扫描仪、显示器、打印机等数字设备进行色彩校准,生成该设备的特性文件,解决图像采集、显示和输出三个环节之间的色域不匹配问题。在档案仿真复制过程中,从图像扫描到最终打印输出整个过程,都需要进行严格的色彩控制与管理,只有这样才能保证最终输出的复制件色彩与原件保持一致。(色彩管理是运用专业的分光光度仪及相应软硬件对显示器、扫描仪和打印机的色彩进行统一调整来实现,此处不再赘述。)

(二)数字高仿打印技术的优势和局限

相较于手工仿真复制,数字高仿打印技术的确具有明显的技术优势,主要表现在以下几个方面:

1. 从工作效率上来讲,手工仿真复制技术已经跟目前讲求效率的现代生活渐行渐远了。她精工细作的慢节奏已经适应不了新的形势。而基于数字技术的现代化仿真复制技术不仅制作时间短,速度快,制作数量不受限制,可以批量生产;而且档案进过高精度数字化后形成的电子图像,存入相应的数据库中,可以随需随印,多次加印,能不断满足如今市场对仿真复制品日益增长的需求。

2. 从表现题材和品种上来讲,数字化仿真复制技术能够打破手工仿真复制技法上的局限。例如债券、股票、商标、纸币、奖状等档案,手工技术是没有办法表现的,而数字技术则可以不受这些档案形式的限制。

3. 从技术手段上来讲,手工临摹仿真复制,或多或少都会融入临摹者的笔墨习惯和个性,不可能真正做到与原件完全一致。数字化仿真复制技术则能逼真地还原原件的色彩和细节,而且几乎是丝毫不差地"克隆"原件的笔墨特征和微妙的墨色变化。

4. 从技能传播的角度来说,手工仿真复制技术虽然拥有丰富的传统经验,但它主要依靠口传心授的方式传承,缺乏系统的教育,故现在从事手工仿真复制的工作人员已是凤毛麟角。而且对仿真复制工作人员的专业技能、和艺术修养要求甚高,工作人员必须掌握传统书法、绘画及篆刻等知识技能,不似数字化仿真复制技术工作人员只要掌握 Photoshop 软件的运用技巧,再经过短期的培训就可以上岗操作了。

通过这些比较,不难看出数字化仿真复制确实拥有很多技术优势,但也并非完美无缺,存在着一定的局限性:

首先从成本上来说,一套数字化仿真复制设备动辄上百万,耗材费用高,而且现代技术升级更新速度快,后续追加费用多,这就不是所有的档案馆都能负担的。

其次,数字化仿真复制的输出设备即打印机可打印的幅面再大也有一定的限制,尤其是打印宽幅。一般市场上喷墨打印机的最大宽幅是 1 615 mm,笔者曾经制作过一份"水上警察分布图",此图宽约 1.8 m,超出了打印机的打印宽幅,手工仿真复制则可以不受档案原件幅面的影响。

此外,数字高仿打印系统在纸张的选择上受限也十分明显。机器复制不仅要求纸张大小统一,厚薄一致,而且可供用来复制的纸张品种也很有限。然而档案原件的大小形态是各种各样的,纸质各异,厚薄也不同,年份也不一样。[1]

另外,采用数字化扫描、喷墨打印所复制的档案文献能达到图像和色彩的精准,但是岁月留在历史文献上的沧桑感是无法在机器复制件中传达出来的。机器仿真的复制件首先失去的是原件的质感,其次是原件上的墨香,再其次是原件的沧桑感。采用机器打印出来的复制品平整干净,也缺少了一些反映历史的元素,如原件上的锈痕斑点、虫蛀鼠咬的破洞印记、水痕、纸张色变的深浅度、人为使用后留下的磨损缺失以及褶皱等。[2]

而手工复制档案就不存在这些不足,其价值恰恰反映在纸质、墨香和沧桑感的"仿真"度上。

同样一件档案,机器复制与手工复制其效果有很大区别,肉眼一看便能识别。彩色扫描打印复制出来的成品,正面颜色与原件看起来相差无几,但反面是白色的,纸张正反色泽明显不同,从水痕印记上亦能很容易分辨出真假。手工复制件就不同,不仅纸张正反颜色一样,而且纸质也与原件一样,好的手工复制件一般人很难辨别出真假。

总之,机器复制给我们带来了省时省力的方便,精准度也丝毫不差,但是它不可能一次性达到那种做旧如旧的效果。这就给传统的手工复制技艺留下了一块发挥作用的空间。

四、结束语

继承与创新是在进入工业化时代以后,人类一直面临的问题。在许多人的头脑中,传统和现代化是相互对立、相互矛盾的。其实这两者从来都是在不断相互融合、相互渗透着的。此点在档案仿真复制这样的特种行当身上,体现得十分典型和明显。目前我馆的档案仿真工作,就是把数字高仿打印系统运用于仿真复制的前期制作,后期加工阶段则继续依托于人工制作。

---

〔1〕 钱进:《谈档案仿真复制技艺如何提高》,载《档案与建设》2010年第11期。
〔2〕 钱进:《谈档案仿真复制技艺如何提高》,载《档案与建设》2010年第11期。

实践证明,这种操作模式在充分发挥高科技新设备所具备的高效率、高精准的技术优势的同时,充分保留了传统工艺的精髓,二者各取所长,互为补充。

最后,要想成功制作一件精良的仿真复制品,笔者认为,无论社会怎样发展,技术如何更新,人的作用是不可忽视的。复制者的知识结构、文化素养、能力和经验在仿真复制工作中是无可替代的。

参考文献

[1] 冯惠玲,张辑哲:《档案学概论》,中国人民大学出版社 2006 年版。

[2] 国家档案局档案科学技术研究所编:《档案仿真复制技术的探索与实践》,中国档案出版社 2011 版。

[3] 马淑桂:《档案仿真复制》,作家出版社 2012 版。

（原载马振犊、方鸣主编《海峡两岸档案数字化工作学术研讨会论文集》,中国文艺出版社 2015 年版）

数字影像技术与手工技艺在大尺寸
档案高仿真复制工作中的应用

——以《大清全地图》为例

张　觉

　　随着近年来档案强国战略的实施，为满足新时代文化建设的需要，档案开放工作不断深化，各地档案部门相应举办档案展览，充分发挥档案的宣传教育功能。原始档案的陈列展出，可以使历史更加真实生动。而我国相当一部分珍贵历史档案以纸质形式存在，由于时间久远，并受保存条件与环境的影响，许多档案原件已出现老化破损等现象，致使无法便利地展示和利用。目前我们开展的档案仿真复制工作，不仅有利于保护档案原件，而且可以通过展示仿真复制件，同样起到展览宣传的社会效果，舒缓了珍品、珍贵档案保护和利用需求之间的矛盾，具有承载历史、保护原件、传播文明的重要意义。

　　中国第二历史档案馆一直重视档案仿真复制利用工作，制定了一套成熟稳定的仿真复制工作标准化流程，运用高精度档案数字影像仿真复制系统结合精湛的传统手工仿真复制工艺，真正做到仿制件精准度高，"做旧如旧"，质感效果与原件接近，在行业内享有一定声誉。2016 年年中，该馆受云南省大理市档案局（馆）的委托，对其馆藏的珍贵档案——《大清全地图》进行仿真复制。当原件展示在我们面前时，其丰富的色彩，精准的细节以及大画幅的尺寸，不免让人为之惊叹，同时也意味着这一次的仿真复制工作非比寻常。

一、历史背景

在开展档案仿真复制工作之前,仿真复制人员应该掌握一定档案方面的基础知识,了解原件的历史背景,掌握其重要的历史深意,在思想认识上高度重视仿真复制工作。

《大清全地图》长 188 厘米,宽 218 厘米,质底表面用地图纸印刷,底部用黄丝纱布托裱。印刷于日本明治三十七年十月九日,清朝光绪三十年九月朔日,即公元 1904 年。日本明治三十七年十月十二日发行,大清光绪三十年九月四日发行。发行单位是日本国东京神田飞里神宝町一番地三省堂书店。距今已有 110 余年的历史。该地图无论从政治、军事、经济、疆域等各方面考量,都有现实的参考作用。

二、技术难点

珍贵的历史档案制作工艺、体量、色彩、细节刻画等方面往往比一般的档案文件更加复杂,会给后期的仿真复制增加难度。该馆按标准操作程序,在仿真复制珍贵历史档案之前,会在标准光源下对原件进行仔细观察,记录下存在的技术难点,制作小组将对其进行探讨,全体成员各抒己见,为克服难点献计献策,随后制定制作方案,为接下去的制作扫清障碍。

《大清全地图》画幅大,细节精致,色彩艳丽,整幅地图的经纬度标注明晰,不同地貌颜色分明,就连省州以下的县乡镇都能详细标注,已与现代的地图绘制技术相接近。

仿真复制小组成员发现了几个明显的难点,为后期仿真复制工作带来了挑战,难点分别是:

1. 大尺寸画幅超过扫描仪尺寸,地图画幅为 1 880 mm×2 180 mm,而该馆现有扫描仪最大扫描极限是 A0 尺寸(即 1 189 mm×841 mm)。

2. 由于年代久远且使用折叠的保存方式,造成地图折痕多且深,部分折痕已开裂残损,为扫描的精确性带来难度。

3.《大清全地图》采用当时的地图纸印刷,加之上百年的氧化作用,全图呈现出了泛黄的色调,类似于浅色的牛皮纸。整张地图纸质硬朗兼具韧性,底部的黄丝纱布托裱增强了保护性,特殊的纸质也是其在南方温湿气候下仍能存在上百年的缘故之一。寻找质感相近的地图纸成为此次仿真工作关键之一。

三、操作原则

(一)传统技术和现代化技术区别

传统的仿真复制技术有临摹、木刻水印、珂罗版印刷等,由于手工操作等原因,工时长效率低,无法满足此次档案仿真复制工作的需要。近几年彩喷技术得到很大发展,艺术级微喷打印技术结合该馆数字化工作取得的成果,成为现代仿真复制的主要方式。虽然现代化微喷技术在档案仿真复制中存在一定的劣势:如对纸张要求较高,使用普通纸或非机器用宣纸将对打印设备产生损耗,制作成本较高,但此次仿真复制《大清全地图》档案,我们还是决定使用现代化数字仿真技术结合人工"修饰"的手法。

(二)制作过程中的注意事项

在制作工艺上,我们在标准光源台上仔细观察了原件的色调及工艺形成方式,按其原有工艺形式的特点,不做过多改动,真实地再现原件本有的质感,做到"做旧如旧",尊重历史,尊重原貌。在每个环节上,都应高标准要求自己,严格根据标准流程操作,细节上力争达到"吹毛求疵"的境界。不得损害原件是每次仿真复制工作中最基本的要求。此次的地图,不仅珍贵,同时因年代久远,且已出现了严重的虫蛀和脆化脱离。我们前期的数据采集更是谨慎对待,与委托方进行了充分的交流,了解原件的历史背景、内容意义、复制用途以及特殊要求。形成备忘录,做到心中有数,为下一步的仿真复制做好充分心理准备，打好理论基础。

四、大开幅地图仿真复制流程

使用做过色彩管理与校正的整套输入、处理、输出设备，利用先进的高精度古籍图书扫描仪对地图进行数据采集，转换成数字图像；对数字图像进行数字化加工，采用数字技术恢复原件细节，人工调校颜色，最大程度复原原貌；将处理好的数字图像通过彩喷打印机，打印在事先准备好的纸张载体上；对打印件进行手工装裱；手工"修饰"处理装裱后的复制件，达到接近原件的质感与历史痕迹，完成整个仿真复制工作。

《大清全地图》主要由红、黄、蓝、绿、褐、玫红、黑等颜色构成，全长188 cm、宽218 cm，原件以清代地图纸为载体，质感柔韧且厚，我们选择色彩表现力较强，纸基较厚，具备防水性、防臭氧性、耐光性的经过涂层处理的仿宣纸。因为地图的大尺寸，选用150 cm宽的卷形仿宣纸，将图像分两部分打印，后期再利用中国第二历史档案馆专业的手工拼接技术将两份打印件合二为一，制成完整的仿真复制件。

其制作过程如下：

（一）电子扫描原件

通过高精度古籍图书A0扫描仪进行扫描。由于原尺寸远大于A0尺寸，我们采用分块扫描、后期拼接的方法。为后续数字化拼接留下识别的余地。工作人员四人，小心细致地在扫描仪上移动地图，尽可能小幅度地弯曲地图以便扫描相应区域，全地图共扫描成四块，相互都有交集图像部分，扫描精度分辨率为400 dpi。

（二）数字化图像拼接

将相互交集的四块地图图像，通过Adobe Photoshop软件进行自动拼接,之前的图像交集部分有助于自动拼接的有效性。这里应注意四块图像不可留出原图像以外多余图像以外的内容,避免自动识别时错误拼接。然而由于原件细节图标都很接近,且由于历史久远,折痕深,导致扫描下来的图像曲化失真。此时需要采取人工手动拼接,不断地拉伸比对,费时费力。经过数日双人轮流操作,完成了四合一的《大清全地图》完整的图像。

(三)提升图像处理效率

仿真复制一向追求高精度、精细节,这样就对图像的分辨率有一定要求,一般而言,我们对于珍贵特藏资料都应以分辨率为 600 dpi 进行储存。但此地图开幅较大,分辨率过高时,则文件数据也随之加大,使后期计算机超负荷运转计算,降低了实际操作效率,故这次扫描时,我们使用分辨率为 400 dpi。不料,待图形拼接完整后,全图数据占了近 7 GB,当时使用的计算机硬件已经基本无法带动图像处理,无奈我们做出妥协,将全图降低分辨率为 300 dpi,图像变为 5 GB 后,牺牲了部分细节,但从肉眼观察并不明显。此项目后,我们根据实际需求,提升了硬件的配置,以避免今后再出现类似此次降低分辨率的无奈之举。

(四)计算机调校图像及出图

利用 Adobe Photoshop 处理拼接后的图像。进行色彩调整,主要对色彩平衡、可选颜色进行操作,进行色彩调整,在色阶、色相、饱和度、暗部、高光等功能上进行操作。

此次地图扫描后的图像偏红色,根据我们积累的经验,以及对这套打印系统特性的掌握,着重在色调上进行调校。对于原件上出现的虫洞、脆化后的残损,适度进行和谐改善,不忘"做旧如旧"的原则。在基本调整好图像后,进行锐度调节,改善扫描后图形内容模糊的现象。显示器上图像与工作台标准光源下的原件比对,待效果接近后,再在做过 ICC 特性文件(设备色彩特性文件)的艺术级喷绘打印机上安装机器用卷式仿宣纸,选取图像中具有色彩代表性的部分,进行第一次样图打印,无须整张图全部打印,这样既节约了耗材又提升了出图效率。将样图与原件同在标准光源下比对色调、色彩、图标细节的锐度，记录下样图与原件的差距，进行第二次色彩、色调的微调，再第二次进行打印样图。

以此方法往复数次后，直至达到与原件最接近的样图后，考虑到高清喷绘机尺寸的限制，将最终形成的图像一分为二进行打印。最终图像做好备份储存，Adobe Photoshop 中对于大于 2 GB 以上的图像建议以 PSB 格式保存。

（五）拼接装裱

刚打印出的两部分仿真件，需要静置 48 小时以上，待色彩干燥稳定后，在工作台上方裁打印件。人工将方裁后的打印件固定在复褙纸上，用调配过的糨糊覆褙，根据地图纹理避开两份打印件上含细节的部分，选取两份打印件上共同的大色块折叠区域，"避重就轻"地拼接，合二为一。用羊毛毡覆盖压实并晾干。经过 72 小时后，裁掉超出原图像边缘的复褙纸，装裱的主要作用为提升仿件质感，增加厚度，更接近于原件的地图纸。并且保证了仿真件能更持久地保存、展示。

（六）做旧仿真

在充分使用数字化技术以及装裱制作出崭新的仿真件后，我们通过手工的方式，对虫洞、字迹、折痕、脆化残损处进行仿真。真正做到做旧如旧。最后对内容进行比较检查，从载体、尺寸、色彩、做旧程度上进行比较检查，做好工作记录，按程序移交委托单位。

（七）妥善保管

虽是仿真复制件，但一旦破损或者遗失后，必将重新拿出原件进行仿真，而每一次的仿真复制工作，对档案原件都有或多或少的伤害。因此仿真复制件也是需要在后期使用中注意妥善保管。

环境要求：避免潮湿、阳光暴晒，须在适宜的温度和湿度环境下展示，避免射灯长时间照射仿真件上的固定位置。

存放方式：对于此地图复制件而言，平铺是最佳存放方式，应避免折叠存放。

管理规范：对于展示、查阅等使用，应制定相应的规章制度，做好登记工作，规范使用流程，完善档案的保管安全事项。

五、对新时代档案文化建设的贡献

这件《大清全地图》具备重要的历史意义，不仅是在人文、地理、政治等方面具有重要影响，还为维护国家领土完整提供了重要的历史凭证。制成仿真复制品用来展陈，可充分发挥珍贵历史档案的独特作用。

如何妥善保存珍贵历史文件，避免外在因素损坏并延长其使用年限，同时又让更多的中外学者、人民群众能够近距离接触，感受其文化底蕴，这是档案仿真复制工作的价值所在。在实际工作中，我们用一颗工匠之心开拓创新，熟练掌握档案仿真复制工作流程，记录相关工作经验得失，突破技术难点，对原件和仿真件进行规范化保护。唯有如此，方能始终处于行业领先地位，服务社会民生，服务工作大局。

参考文献

[1] 马淑桂：《档案仿真复制》，作家出版社 2012 年 11 月版。

[2] 刘风翔：《一份珍贵的"大清全地图"》，载《云南档案》1992 年第 6 期。

(2018 年全国档案工作者年会获奖论文)

（四）

档案数字化

数字化档案馆建设的几点思考

金敏荣

　　所谓数字化档案馆,就是指在现代信息技术普遍应用基础上,利用数字化手段,以综合档案信息资源为处理核心,对数字档案信息资源进行收集、管理,通过连接和利用高速宽带网络设施,实现资源共享的超大规模、分布式数字信息系统。目前建设数字化档案馆是个热门话题,档案馆上网也成为一种趋势。全球已有 2 000 多家档案馆,国内亦有许多档案馆和大学图书馆都建立了自己的网站。国家档案局近期颁布了《全国档案信息化建设实施纲要》,为数字化档案馆建设指明了方向。本文谨以国家级档案馆和全国民国档案典藏中心——中国第二历史档案馆(以下简称为二档馆)为研究对象,就数字化档案馆建设问题做一些思考。

一、建设数字化档案馆,必须加强信息资源数据库建设

　　进行数字化档案馆的建设首先应该考虑的是数字信息资源的建设问题。目前,我国大多数档案网站都存在着可提供浏览的内容少、可提供服务的项目少、网页内容更新慢、网页制作质量差等问题,离信息服务大众和实现资源共享的目标相去甚远。因此,建立具有大容量、高速度、稳定安全、主题鲜明的档案资源数据库,就成为开发利用信息资源的一种重要手段,也是数字档案馆信息资源建设的重要组成部分。而数字信息资源并不是简单的纯技术工作,仅仅将档案馆各种馆藏档案的内容转化为计算机可以识别和处理的数字化信息进行存储,或者仅仅将纸质档案经过转化后搬到网上,这

是远远不够的。实际上,档案信息资源建设涉及档案信息资源的形成、整理、存储、检索、保管、利用、鉴定、统计等几乎所有档案馆的传统业务。所不同的是,传统业务的对象是实体档案,而数字信息资源建设所面向的是数字化信息。可以说,数字档案馆的信息资源建设就是以统一的标准和规范为基础,形成丰富多彩的多媒体信息,分布于海量的资源数据库中,通过网络实现利用者智能检索的一项系统工程。

二档馆数字化建设的现状是:虽初步建立了馆藏档案案卷级机读目录体系和纸质档案数字化转换系统等,完成了全国民国档案目录中心全宗目录的收集工作及计算机快速标引课题的研究,但是还未建立自己的网站。这既是二档馆的弱势,也是二档馆的优势。因为数字化档案馆的建设分为前台现代化微机系统的建设和后台馆藏档案信息数据库的建设两个方面。现代化微机设备的更新和技术软件的支持是很容易达到的,它仅仅受到经费的制约,而信息数据库的建设却是个长期的艰苦的工作,不是一朝一夕就能完成的,它取决于馆藏档案的状况和档案基础工作的开展情况。而二档馆档案藏量浩繁,收藏整理的民国档案已达 900 余个全宗、180 多万卷,排架长度达 50 多公里,不仅形式各异,而且内容丰富,涵盖了整个民国时期。而且二档馆长期以来一直高度重视档案的基础工作,对馆藏档案进行了有计划的整理,并注意不断接收档案,丰富馆藏。近年来更是重视档案的标准化建设,着力摸索总结出一套在数字化技术软环境下民国历史档案整理、保护和检索的模式。二档馆丰富的馆藏和扎实的基础工作,为建立具有大容量、高速度、稳定安全、主题鲜明的档案资源数据库,创造了不可或缺的条件。但是也因为藏量大、形式各异、涵盖时期长、内容复杂,绝大部分是国民党统治时期形成的档案,使得划控和鉴别的工作量很大,给开发利用带来了困难。

二档馆的情况在全国档案馆中具有一定的代表性,但是各个档案馆也有自身的特点,所以每个档案馆在数字化建设过程中,一定要搞清自己的现状和特点,逐步摸索出一套符合自己特点的行之有效的建设路子来。以二档馆为例,建设自己的特色数据库,可以从发挥我馆民国档案典藏中心和民国史研究基地的努力方向来着手,分以下几个方面进行:(1) 积极构建经过划控的目录数据库;(2) 构建若干专题信息资源数据库,如图片数据库、出版物数据库、《民国档案》杂志数据库、缩微胶片的发行情况库等;(3) 利用网络信息资源,创建虚拟数据库,以补充现有数据库信息量的不足,如收集整理国内外学者对民国档案和民国史的研究成果和现状等;(4)引进或直接利用现成的数据库,如商用光盘数据库系统、联机数据库等;(5)继续补充和完善全国民国档案目录中心案卷级目录数据库,并在此基础上建立全国民国档案目录中心网站。

二、建设数字化档案馆,必须强化网络的信息检索功能

网络上的档案信息资源一方面打破了传统的全宗按门类组织管理的限制,使用户可获得按主题和关键词进行跨全宗跨门类的图、文、声像等信息;另一方面是使利用电子邮件、电子数据库转换、数据库查询、传真方式进行查档获得信息成为可能。所以,建设数字化档案馆必须强化网站数据库的检索功能。

目前,我国省市级以上的档案网站和高校类档案网站不下 70 家,但其中提供检索功能的网站仅仅 10 余家(这类网站以 asp/php 等动态语言和数据库技术为基础),其余的多半是以简单的静态 html 页面为主(这类网站不提供动态信息检索功能,以宣传档案利用政策和发布消息为主)。笔者曾看到这样一个统计表(见表1),表中所列的 7 家档案馆全部是具有检索功能的档案网站,它们全都可以进行目录检索和站内检索,但是几乎或完全不能实现全文检索、站外检索和复合式检索。

表 1

相关指标 / 站点	网　址	目录检索	全文检索	站内检索	站外检索	复合式检索
北京市档案馆	http://www.bjma.org.cn	✓	无	✓	无	无
南京大学档案馆	http://dawww.nju.edu.cn	✓	无	✓	✓	无
上海档案信息网	http://www.archives.sh.cn	✓	无	✓	无	无
广州荔湾档案馆	http://www.lwa.com.cn	✓	无	✓	无	无
鞍山档案局	http://www.asarchives.net.	✓	无	✓	无	无
绍兴档案局	http://www.sxda.gov.cn	✓	无	✓	无	无
浙江档案网	http://archives.yingkou.net.cn	✓	少量	✓	无	无

因此,我们在建设检索界面时应考虑以下几个方面:

(1) 提供多功能查询窗口:站内检索、馆际互借(复合式检索)和站外检索。

(2) 提供多途径查询:分类号、主题词、著者、篇名等尽可能多的检索途径。

(3) 提供方便的查询结果处理方式:可以在浏览窗口显示摘要列表、题录信息,可以选择显示文摘或全文信息,可以将结果存盘或打印输出。

(4) 提供查询帮助和指导:提供检索示例和使用说明,以留言或 E-mail 等方式解答用户的疑难问题。

(5) 吸取国外先进网站的经验,提高检索质量。例如,美国国家档案管理局(简称 NARA)(网址:http://www.nara.gov)在其网站主菜单中设计了检索标签,提供"搜索 NARA 网页"与"搜索 NARA 网站数据库"两种检索方式。澳大利亚国家档案馆(简称 NAA)(网址:http://www.naa.gov.au)在其网站"档案搜索"栏目中分客户和研究者两种,客户可进行大部分操作,但不能阅读全文;而研究者不但可以浏览全文,还可保留查阅结果 6 个月。其网站中"图片搜索"栏目中可搜索范围为 128 328 张,但仅可以查找其名,要获得图片,须 E-mail 至 NAA 申请。笔者认为这两个档案馆的做法有可借鉴之处。

(6) 建立信息反馈窗:反馈的信息既有助于档案馆了解档案服务社会的效果,又有助于档案馆了解研究动态及研究者的需要,更好地、有意识地及时为研究者和利用者提供高效优质的服务。

总之,应一切本着"为用户服务"的宗旨,最大限度地优化检索界面,使之人性化、傻瓜化,从而达到提高馆藏资源利用率的目的。

三、建设数字化档案馆,有利于扩展档案的宣传功效

国家档案网站的作用一方面是向社会广泛宣传党和国家关于档案工作的方针政策、法律法规,介绍档案和档案工作的作用,展示我国档案事业取得的成就;另一方面是为提高档案信息利用服务水平提供新的途径和手段,

最有效地发挥历史档案的作用,为全面建设小康社会,为祖国统一大业服务。方便快捷、四通八达的国家档案工作信息网,是进一步密切档案部门与人民群众联系的有效方式。我们可以利用网络扩大和延伸档案的宣传功能。

为了宣传国家档案政策和档案工作,向更多的人展示档案工作者的风采,提高网站的访问率,档案馆网站应设立漂亮的主页,主要内容包括以下板块:档案馆介绍、馆藏档案综述、馆藏图书资料综述、非全宗形式档案、查档规定、档案馆收费规定、档案展览、开发档案名册、档案常识、精品鉴赏等。为了进一步表现出档案人的亲和力,还可以借鉴美国国家档案局网站(NARA)和加拿大国家网站(简称 NA)(网址:http://www. archives. ca)的做法,在网页上发表馆长的致辞,让使用者倍感亲切。同时注意,档案馆网站应具有一定的科学性、知识性和欣赏性,它有别于政府网站、娱乐性网站和商业性网站,网站风格应力求美观大方、简洁明快、主题鲜明,给人大气、庄重、精致、典雅的感觉,能充分体现档案馆神圣、凝重的文化形象。

举办网上展览是档案馆陈列展览的有效延伸。档案馆在网上举办展览,与高水平的电脑公司合作,会有许多优势,公众可以从网上获取更多的信息和享受。网上展览有以下优势:(1)克服陈旧,使视听效果"动"起来。(2)参观展览不受时间、地域的限制,可以随时随地参观。(3)展览中的解说资料可以非常详尽。可以包括:背景介绍、专家的史料研究、有关的新发现和研究进展等。观众可以在一次参观中得到所有的信息,甚至观众的知识与建议也可以成为展览的解说词,使观众和展览互动起来。(4)网络展览的改动非常容易。二档馆曾经办有馆藏档案展,拍有介绍馆藏情况的电视片《鉴往知来》,参与筹建了中国近代史博物馆,并且正在着手创建江苏省爱国主义教育基地,所有这些努力都可以借鉴档案网站的种种优势,达到事半功倍的效果,把宣传工作做得更好,为社会主义精神文明建设和开展爱国主义教育服务。

四、结　论

1. 数字化档案馆建设势在必行,这是大势所趋,这是时代要求,这是我国档案工作与世界接轨的必要步骤。

2. 从表面上看,以二档馆为代表的一些档案馆起步是晚了些,但这也是我国数字化档案馆建设的优势所在——可以借鉴国内外最先进的检索软件和网络技术,从而节省研究经费和避免浪费,在建设伊始就居于领先地位。如果调研充分、考虑周到、统筹得当的话,想必能像亚洲四小龙创造出经济腾飞的奇迹一样,以极少的投入和极快的速度,创建出世界一流的档案网站,为世界文化宝库做出贡献。

3. 对大多数档案网站来说,也许现在面临的主要问题不是检索技术上的问题,而是后台数字化馆藏匮乏的问题。二档馆馆藏丰富,又是全国民国档案目录中心所在地,而且一贯重视档案的基础工作和标准化工作,相信在建设数字化档案馆伊始,就可以克服一般档案网站的"先天性不足"。这在许多重视档案基础工作的档案馆中具有代表性,让我们对数字化档案馆建设的前景充满信心!

4. 一切本着"为用户服务"的宗旨,最大限度地优化检索界面,使之人性化、傻瓜化,从而达到易学易懂、方便用户利用的效果。只有这样,才能达到吸引用户、提高馆藏资源利用率的目的。档案工作者应当变"要我服务"为"我要服务",加强互动式服务,既要及时提供信息咨询服务,又要注重信息的反馈效应,利用网络扩大和延伸档案的宣传功能和服务功能,建造出"永不打烊"的档案馆。

(原载《档案与建设》2003 年第 11 期)

服务与特色:档案信息网站存在的关键

张秋妹

一、档案网站调查统计

目前,各地区建立的档案网站大都具有规模,有的甚至相当成熟。笔者通过搜索引擎 Google 先后查找了浙江档案信息网、上海档案信息网、天津档案信息网等多个省市以及区县档案信息网,把它们的栏目设置进行了统计比较,发现出现频率较高的有局馆介绍、馆藏档案介绍、本地文史、档案珍品荟萃、档案目录检索、网上展览、档案期刊、公共服务、相关链接等。这些栏目在各个网站的名称并不相同,但是含义基本相同。如本地文史栏目,在上海网站有"申城变迁"、"上海掌故",在四川网站称为"天府掌故",在甘肃称为"丝路风情",在山西网站称为"三晋文史"等。

这些档案网站也存在一些普遍问题:

1. 服务对象单一。所有网站的服务对象都以普通大众为主,宣传介绍档案工作的性质及重要性,面向本系统的专业服务内容少。缺乏有深度的专业化数据库,对于专业人员所需信息,无论从数量和质量上都无法满足需求。

2. 栏目内容过于一致。几乎所有的网站都有法律法规、本地文史、公共服务等栏目,内容差不多,很多信息只是说明性资料,缺乏把用户导向深入研究的能力,信息更新慢。为宣传档案的独特文化内涵,各网站把涉及历史的内容作为网站内容建设的中心,对于现实生活也只介绍国家、政府的大政方针,而对没有贴近百姓社会信息的创新服务栏目,与公众难以产生共鸣。

3. 网站的检索能力弱。以最代表档案网站的档案检索为例:被调查的网站基本都设有网上档案检索一栏,不公开目录基本上都要求利用者验证,得到认证确认通知的才能查阅。但是,只有很少的网站公布了查档须知,对于验证的要求与手续没有表述;对于公开目录的检索,表述也不清晰,已公开目录的检索缺乏标准,案卷目录的语言也不规范。

4. 缺乏先进的技术手段。目前有关网站信息制作和检索技术很多,服务的方式也多,如网上参考咨询系统等,在档案网站基本没有运用。

二、档案网站分析与思考

1. 重视对自己的宣传

各个档案馆都设置了局馆介绍、组织机构、馆藏介绍等栏目,渴望得到社会认知的心情十分迫切。

2. 依托本地独特的社会历史文化背景档案设立的栏目,成为档案网站亮点

由本地历史上发生的重大事件或本地特色的风土人情组成的栏目,使每个档案网站都有了与众不同的"独门秘籍"。原汁原味地再现历史的岁月,正是档案的魅力。但是,反映本地区的人民社会生活的记录具有更大的亲和力,应加以重视。

3. 依托网络技术开展的在线展览是档案信息网络化应用的新形势

举办展览是国家综合档案馆的重要职责和义务。但是,普通的档案展览,制作周期长、成本高,投入与产出比低,成为限制展览发展的瓶颈;而依托网络技术开展的在线展览,具有不受时空限制、受众面宽、选材视角灵活、展览效果好、展览更新快等优势,成为档案信息网站的活力所在。

在线展览要打破仅宣传自我的思维观念,面向社会选题,展出那些我们曾经经历的事情,述说我们身边的故事,使网上展览真正成为社会记忆厅,成为每一个普通百姓可以为之感动、为之感慨的岁月记录本。展品突出可视性与知识性,与时俱进,植根社会,使档案展览在保证严谨的学术性的前提下,集教育、文化、休闲、娱乐于一体,才能使档案在线展览成为网络上的一道风景。

4. 档案网站的专业特色是传统档案服务工作依托网络技术的延伸

档案的原始凭证性使档案信息资源具有其他社会信息资源所不能比拟的信息特质。有人认为档案馆的功能主要表现在档案史料的积累、管理保护和信息服务三方面。但是,档案文献的固态属性和馆藏的封闭状态使其难以深化到知识单元,深化到具体的知识创新和运用的思维过程,因而传统档案工作重档案实体收藏的系统性,轻利用服务的针对性,不能发挥专业馆的信息服务特色。依托网络技术档案文献得以走入社会信息化大舞台,传统的档案服务工作得到了延伸。

既然是专业网站就应当在专业的领域里体现优势,在传统档案工作中,档案实体收藏是我们的"专业"基础,服务于查档者是我们的目的。但是,网络时代,作为一个专业信息网站,访问者不仅仅是社会利用者,本专业人员上网的目的更主要的是为了学习和研究专业知识而查找相关的专业信息资料。档案网站要体现档案专业的特色,强调为专业人员服务的宗旨,因此网站应有大量与档案信息有关的、侧重对档案知识的传承与积淀的经典收藏,将代表专业知识的发展源流、体系结构及主要学派、形成专业知识建构的主干、构成专业知识领域内知识保障基础的信息资料等,经过筛选、加工制作成具有检索功能的数据库和知识库。也可以通过采用文献计量学研究的方法,将前瞻性课题和特色数据库提供给科研人员,以方便本专业人员查阅利用,实现专业网站预期的目的。

5. 服务是档案网站存在的目的

服务是网站最重要的功能。网站的内容与网站建设要体现"以人为本"的服务导向,要了解用户的需求,考虑他们的不同层次的信息需求,对档案信息以及与档案信息有关的资源进行整合,依据馆藏特色,设计重点档案的数字化,优势定位,形成品牌,吸引用户,提供构思新颖、个性鲜明、有自己的编辑思路和数字化风格的网络服务。

在网站类目设置上要体现服务特色,充分考虑服务对象的各种需求,挑选出有效的服务项目设置到网站服务工作中,体现类目设置的新颖性、服务方式的独特性、服务技术的大众性、提供信息的权威性和稳定性,并且考虑网站建设的投入产出比,争取以最少的投入获得最大的收益。

网站结构设计要考虑提供网上多元化服务的资源类型、服务性能、交互性、服务范围、用户参与等特性,划分不同的功能区,供读者使用,网站的结构设计一般采取等级结构关系的组织方式来确定站点的层次及主页与从业的连接关系,通过导航条、超级链接将访问者带到主页上。

档案网站应设立几个功能区:

(1)法律法规和相关案例库。

(2)新闻信息浏览。包括最新消息、档案科技信息、档案教育培训信息、档案工作简讯等。分类提供档案工作的最新动态,最新法律法规、研究内容及研究成果、学科论坛、会议动态等。

(3)网址导航。为方便用户获取和利用网上信息资源,应建立一个较全面的专业导航系统,包括学科导航,按主题或分类组织的学科内容介绍、发展动态、专家专著介绍,相关科研机构和专题数据库的链接;档案专业网站网址的提供和链接;国外档案专业网站链接;国内各级政府网站和有关职能机构网站链接;国内外与档案有关的其他学科的专业链接网址;著名搜索引擎的链接。

(4)档案专业信息搜索区。档案用户分布社会各个层面要根据用户的工作需求、学术兴趣等特点决定选题的内容、层次、级别、文献类型等提供信息服务,检索手段应当清晰明了。为了满足用户对信息的需求,网站要有大量档案专业数据库做支持,特色数据库应在对馆藏档案进行充分研究的基础上确定本馆的核心馆藏,并设立反映本地特色的品牌文献库,另外根据本馆规模设立或购买、链接包括由我国出版发行的印刷型档案图书数据库、覆盖所有档案类核心期刊的档案文献全文数据库以及档案展览的图片数据库等,努力使本地档案网站与专业数据库之间可以通过相关的字段互相链接和查询,使档案网站的服务面尽可能丰满起来。

（5）信息服务交流区。网络信息最大化的优势在于它的交互性,与服务对象的交流更加具体。专业档案信息网站的建立使专业交流更加及时、更有效。网上论坛正成为专业人员互相启发、交流的有效场所。

网站建立时提供 BBS、E-Mail 等多种方式为读者服务。通过为用户提供友好的交互界面,使用户按照自己的目的和需求,设定自己的信息来源、表现形式、网络功能、服务方式,并通过智能检索与推拉服务,达到真正的服务主导型的服务模式。

根据交流的方式、对象的不同,可提供多种交流,特别是增加动态服务类目,在网站与用户之间形成互动,此类类目的设置要贯穿服务理念,与档案网站的服务导向相互呼应。包括对用户进行信息技术培训,帮助他们学会在新的信息环境下找到所需的信息,解决他们信息利用中的困难;根据用户的需求,收集他们预定的某方面的专业信息,定期自动传送到用户的信箱;进行远程咨询服务,解答用户在查找相关信息中遇到的困难;接受用户向网站反馈的最新的专业信息和动向,并以最快的速度在网上专家到网站做客,开设专题讲座,介绍相关领域发展前景,解答疑问,等等。

（原载《北京档案》2005 年第 3 期）

XML 技术在档案信息化建设中的应用

林周佳

一、XML 简介

XML 是由 W3C 于 1998 年发布的一种框架标准。与 HTML 一样，XML 语言是 SGML 的一个子集，它将 SGML 的丰富功能与 HTML 的易用性结合到 Web 的应用中。XML 语言具有良好的数据存贮格式、可扩展性、高度结构化、便于网络传输等主要特点。由于 XML 具有强大的功能和灵活的特性，使用 XML 作为信息交换的媒体可以给开发者和用户带来许多好处。这些好处包括以下几个方面：

（1）XML 使用的是人的语言而不是计算机语言，符合大多数人的阅读习惯。XML 便于理解，与 HTML 编码相比，XML 的复杂程度并不高。

（2）与大多数的高级语言完全兼容，并且完全可以移植到任何平台上，任何可以处理 XML 的应用程序都可以对所有的 XML 文档进行处理。

（3）可扩展。XML 的可扩展性允许它对不同行业、不同类别中的数据进行描述，任何机构、组织或者个人都可以创建自己的标记。这些标记可以使用用户自己的语言并具有用户所需要的特殊属性。

XML 保留了 SGML 的可扩展功能，这使 XML 从根本上有别于 HTML。与 HTML 相比，XML 功能更为强大，它不再是固定的标记，而是允许定义数量不限的标记来描述文挡中的资料，具有允许嵌套的信息结构。同时，XML 较好地解决了 HTML 不能对数据内容进行描述的缺陷，因此自 XML 标准提出后就得到了广大设计开发人员的认可。笔者通过以下实例分别使用 HTML 和 XML 对图书信息资源进行如下描述。

HTML 示例	XML 示例
〈HTML〉 〈P〉书名:中国第二历史档案馆指南 〈BR〉主编:赵铭忠　李祚明 〈BR〉出版:中国档案出版社 〈BR〉定价:58 元 〈/P〉 〈/HTML〉	〈? XML VERSION＝"1. 0"encoding＝"GB2312"?〉 〈图书〉 〈书名〉中国第二历史档案馆指南〈/书名〉 〈主编〉赵铭忠　李祚明〈/主编〉 〈出版〉中国档案出版社〈/出版〉 〈定价〉58 元〈/定价〉 〈/图书〉

从上面的例子中可以看出,虽然 HTML 语言简单,但是 HTML 标记并没有说明任何有关它们内容的东西,所以它并不如 XML 标记便于理解。事实上,在 HTML 中标记只是简单的编辑符号,而对于 XML 来说,标记是从各个领域中抽象出来的概念,其作用不是描述文档的格式,而是描述文档的结构和语义,是语义符号。

二、XML 在档案信息化建设中的应用

档案是社会历史的真实记录,其本身就是一个浩大繁杂的资源库,档案信息化建设必然是一个庞大而复杂的工程。档案信息化的主要任务有两个:其一,是档案内容的数字化,即实现对档案资源的元数据描述;其二,是基于元数据实现对 XML 数据的存贮,并在此基础上进行查询检索。

目前,档案内容数字化工作中通常的做法是将纸质档案、胶片档案等扫描,然后以一定格式的文件存贮在档案数据库中。虽然这种方法实现简单,但由于扫描可能会带来文件格式不一致的问题,难以实现档案数据库资源的传输和共享。此外,由于只是单纯地扫描和存贮,并没有对档案的内容进行描述和说明,也不利于今后进一步实现数字档案的高级功能,如精确智能检索等。因此,我们需要探寻一种新的档案信息化实施方案——基于 XML 技术实现档案内容数字化便是一条可行路线(2002 年颁布的《电子文件归

档与管理规范》(GB/T18894—2002)国家标准中也将 XML 作为推荐文件格式)。

(一) 基于 XML 的档案资源数字化描述

实现档案资源数字化描述的基础是实现对档案资源的元数据描述。一般认为,元数据是关于数据的数据,它是对资源的一种描述方式,是机器可以理解的信息。元数据的基本作用就是管理数据,并在此基础上进一步实现数据的查询、交换和共享等功能。

元数据记录由一系列的属性和元素组成,这些组成部分在实现检索时是必不可少的。例如,档案目录系统就是档案管理中一个简单的元数据系统,它包含了一系列含有档案资料和档案目录的数据,如全宗号、案卷号、主题、日期等,而利用者需要对档案资料或者目录进行检索利用时也必须根据这些数据进行查询。

元数据的编写是有标准的,为了实现对资源的标准化描述,许多领域都提出了自己的元数据标准,例如医学界的 HL7、出版界的 DC(Dublin Core)、教育界的 IMS 等。在档案界一般采用的标准是 EAD(Encoding Archival Description)。

EAD 是采用 SGML/XML 作为编码语言编制的一种元数据描述标准,是适用于档案检索工具的编码规范,由美国国会图书馆与 MARC 标准工作组联合开发。EAD 格式主要用于描述档案和手稿资源,包括文本文档、电子文档、可视材料和声音记录等。最早的 EAD 格式采用 SGML 作为其编码语言,后来又发展出 XML 语言的描述,并使用 EAD DTD 来描述自身的内容与结构。EAD DTD 将 EAD 元素集合定义为若干层次的元素组合,其中高层元素包括 EAD Header(EAD 头标)、Front matter(前述)和 Archival Description(档案描述)3 个部分。

EAD 头标描述了档案产生、修订、出版与发行等初始信息,包括 EAD Identification(EAD 标识符)、File Description(文件描述,用于说明标题、版本号等发行信息)、Profile Description(概要描述)以及 Revision description(修订描述),等等。

　　EAD 前述是一个题名页元素,用于说明产生该文件的档案单位。

　　EAD 档案描述项用于对档案资源的内容和相互关系等信息进行描述。这些信息包括了文件内容、档案内部关系以及可选的备注信息,它们以分层的方式组织在一起,由描述标识符、附属描述资料、管理信息、编排、传记/历史、检索控制、数字档案对象/数字档案对象组、附注、其他描述数据、组织、范围和内容以及附属成分描述等 10 部分内容组成,元素内容基本上涵盖了档案的各种可用信息。

　　例如,有以下全宗目录资源需要描述:

　　档案单位:中国第二历史档案馆。

　　全宗目录名:南京临时政府。

　　全宗号:26。

　　形成时间:1912.1～1912.3。

　　内容:中华民国临时政府于 1912 年 1 月 1 日在南京成立。以孙中山任临时大总统,设陆军、海军、外交、司法、财政、内务、教育、实业、交通 9 部。(下略)

　　基于 XML,采用 EAD 元数据标准对其描述如下:

〈? XML version＝"1.0" encoding＝"GB2312"?〉

〈EAD〉

　　〈档案来源〉中国第二历史档案馆指南〈/档案来源〉

　　〈档案馆〉

　　〈档案馆名〉中国第二历史档案馆〈/档案馆名〉

　　〈/档案馆〉

　　〈全宗目录描述〉

　　〈全宗目录名〉南京临时政府〈/全宗目录名〉

　　〈全宗号〉26〈/全宗号〉

　　〈全宗形成时间〉1912.1～1912.3〈/全宗形成时间〉

　　〈全宗内容〉中华民国临时政府于 1912 年 1 月 1 日在南京成立。以孙中山任临时大总统,设陆军、海军、外交、司法、财政、内务、教育、实业、交通 9 部。(下略)

　　〈/全宗内容〉

〈/全宗目录描述〉

〈/EAD〉

从上面的例子中可以看出,一方面,计算机通过识别 XML 的标识符可以理解字段的意义,从而为实现进一步的智能检索奠定基础;另一方面,由于采用了统一规范的元数据标准,对于档案资源的描述也是统一的,可以很容易地实现资源共享。此外,元数据标准并不是一成不变的,各个使用单位、机构可以根据自己的实际情况对标准进行扩展,以最大限度地满足自身需要。

(二)XML 描述的档案数据资源的存贮

在利用 XML 对档案资源进行数字化描述后,紧接下来的问题就是实现 XML 数据的存贮,以构成资源数据库,并在此基础上实现用户查询等操作。

早期的 XML 数据以文档方式存贮,以关键字查询等手段进行信息检索,简单易用。但是由于缺乏系统的存贮和查询机制的支持,查询能力比较低,不能满足复杂条件的查询,也就更谈不上查询优化了。随着数据库技术的不断发展,现在大多数商业数据库系统都扩充了处理 XML 数据的功能。利用现有数据库成熟的技术,把 XML 查询要求转变为数据库查询表达,由查询引擎优化查询表达,然后执行,最后再将查询的结果转变为 XML 数据。

目前常见的存贮方式主要有 3 种:面向对象数据库方式、关系数据库方式和 Native XML 数据库方式。其中,由于面向对象数据库方式其自身理论尚不完善而没有被广泛应用,常见的存贮方式是基于关系数据库方式和 Native XML 数据库方式。

关系数据库发展至今,其自身理论和技术发展非常成熟。常见的关系数据库 Access2002、SQL Server2000、DB2、Oracle 等都扩展了它们在 XML 上的功能,其中 SQL Server、DB2 和 Oracle 等关系数据库都支持 XML 的数据库 XEDB,其核心均采用 XQUERY 标准执行查询。由于关系数据库技术的普及性、成熟性,使得基于关系数据库的 XML 存贮技术被广泛应用。利用关系数据库方式来存贮 XML 文档,实际上是利用了 XML 支持模块或中间件来完成 XML 文档和数据库之间的格式转换工作,减少了开发人员的工作量,但这种做法也有一些缺点:例如,如果一个 XML 文档的关系结构非常复杂,XEDB 常常不能够正确地抽取 XML 的数据,并把它们正确地组合在一起,通常的错误就是无法再从关系表复原回先前的 XML 文档,从而导致 XML 原文档意义的改变。因此,一般认为 XEDB 适用于对一个以数据为中心的、结构化程度比较好的 XML 文档进行存取管理。

Native XML 数据库存贮方式是专门针对 XML 文档特点设计的。与关系数据库不同,Native XML 数据库以文档为基本单位专门用于存贮 XML 文档并可以保持其完整性。在此基础上,Native XML 数据库可以更好地实现对 XML 数据的操作。Native XML 数据库通常适用于 XHTML 文本、有非常复杂网络结构的数据、半结构化数据等面向文本的数据,具有存贮完整、存贮速度快等特点。但它的缺点也是明显的,首先,是其理论发展不完善,不像关系数据库有一个完整的理论支持;其次,是对结构化数据的存贮支持不够,Native XML 数据库不适用于会计、人事系统等一些拥有大量结构化数据的存贮;此外,Native XML 数据库产品还不成熟,功能不足,缺少一些常见的,如事务处理、数据一致性、多用户访问、触发器等功能。

档案资源数字化描述的数据是介于结构化和非结构化之间的一种数据格式,一方面,档案描述数据的格式是标准的,描述的结构是统一的;另一方面,档案中往往还会包含一些文本以外的数据(如图片、视频、音频等),对于这些数据的描述往往是非结构化的,但其档案描述数据的结构相对比较简单。考虑到系统的复杂性和通用性,在存贮方式上一般选择关系数据库较为科学。在此基础上,可基于 B/S、C/S 结构,利用各种高级语言实现各种功能,它们的设计方法与一般的系统设计基本一致。

参考文献

[1] The EAD Round Table of the Society of American Archivists,THE EAD COOKBOOK2002 Edition,浏览网址:http://www.archivists.org/saa-groups/ead。

[2] W3C,Extensible Markup Language(XML)1.0(Third Edition),浏览网址:http://www.w3.org/TR/2004/REC-xml-20040204。

[3] 王军,杨冬青,等:《数字图书馆的体系结构》,《情报学报》2000 年第 6 期。

[4] 王继成:《基于元数据的 Web 信息检索技术研究》,载《南京大学计算机系博士学位优秀论文》2000 年版。

[5] 赵林静,庄夏:《基于语义的馆藏信息检索模型研究》,载《现代图书情报技术》2005年第 7 期。

[6] 南昌华东交通大学网络中心:《XML 数据岛技术及应用》,载《微型机与应用》2002年第 8 期。

[7] 刘英梅,刘赛红:《都柏林核心元数据及其应用》,载《情报科学》2000 年第 18 卷。

（原载《档案学研究》2006 年第 3 期）

中国第二历史档案馆数字档案
存储备份及管理利用概述

郦钰明　胡啸海

近年来,全国各级档案部门都在开展档案数字化工作,档案数字化的目的是以数字复制的形式再现档案实体的内容信息,在便于档案信息存取利用的同时,还保护了因反复利用而逐渐损耗的档案实体。而如何对这些数字信息资源进行长期的安全保存,以有利于档案信息资源的持久利用则是档案数字化后必然面临的问题。我们组织召开这次研讨会,就是想给档案界同行创造一个机会,在数字档案的存储备份以及管理利用方面进行深入的探讨和交流,以期相互学习,相互借鉴各自工作中的经验和教训,避免走弯路,使数字档案工作健康发展。

近几年来,中国第二历史档案馆(以下简称"二史馆")档案数字化工作步伐逐步加快,数字档案数量和容量急剧增加,在数字档案的存储备份、管理利用等诸多方面给我们提出了更高的要求。如何把数字档案长期、安全地保管利用好,使其与实体档案相得益彰,高效发挥其备份和检索的作用,我们一直在不断地摸索和总结,其中既有经验也有困惑,本文拟将这些经验和困惑呈现给档案界同行,并与大家共同商榷。

一、二史馆数字档案基本情况

目前二史馆共有数字档案共计 199 个全宗,72 万多卷,5 500 多万电子画幅,数据量达到 1 174 TB。其中 TIFF 格式数据量 1 150 TB,JPEG 格式数据量 24 TB。

二史馆的档案数字化主要经历了三个发展阶段:

一是从 1998 年至 2008 年。在这十年中,二史馆开始与外单位进行合作,以专题复制的方式扫描了部分馆藏档案。由于受到当时光盘、硬盘、磁带等存储介质容量的限制,根据合作单位的具体需求,在扫描时采用过 150 dpi、200 dpi、300 dpi 等多种分辨率,灰度、彩色两种色调,格式为 JPEG,使用 CD、DVD 进行存储和备份。

二是从 2008 年至 2012 年。随着档案扫描和存储技术的飞速发展,为了让数字档案能够满足收藏和出版的需求,发挥更大的作用,我们从 2008 年开始采用 300 dpi 彩色 TIFF 的格式进行扫描。一年时间,我们完成了一个专题共计 50 万画幅的扫描任务,共计产生 TIFF 格式数字档案 16 TB。从 2009 年 9 月起,我们采用了数字化服务外包的形式,按全宗进行档案数字化工作,达到了年产 500 万电子画幅的规模,到 2012 年年底共计生成约 1 600 万画幅的数字档案,共计产生 TIFF 格式数字档案 400 TB,由于数据量的急剧增加,不能再用光盘进行保存,这个阶段我们采用了大容量硬盘和小规模的磁盘阵列来存储这些数据。

三是从 2013 年至今。2013 年,我馆开始了"五年数字化工程",年加工能力达到 800 万电子画幅,为此,我们扩建了中心机房,并购置了交换机、服务器、磁盘阵列、磁带库等核心设备,数字化加工生成的图像文件不再用离线硬盘保存,而是通过网络传送到磁盘阵列中,经过检测合格后,刻录两套磁带保存。从 2013 年至今,我们已经完成扫描超过 3 000 万电子画幅,产生 TIFF 格式数字档案约 750 TB。

另外,除了纸质档案的数字化加工外,从 2005 年开始,我们购置了胶片扫描仪,将我馆已有的档案缩微胶片进行数字化,年产量为 20 万~60 万画幅。2014 年 10 月起,胶转数工作也采用外包的形式,已经完成了两期,年产量达到 180 万画幅。迄今为止,共计完成胶片扫描约 900 万画幅,产生 JPEG 格式数字档案 3TB。

二、数字档案的存储与备份

随着数字档案数量和容量的不断提升,如何长期、稳定、安全地存储数字档案成为我们考虑的主要问题,这个问题也给我们带来了很大的压力。

(一) 总体思路

我们认为在数字档案的存储和备份上,应该采用"3－2－1"模式,即对于要长期存储的数据至少要有 3 份拷贝,被存储在 2 种以上不同的物理介质上,其中 1 份必须是可移动的、离线的、不可更改且不可删除的永久拷贝。这也是目前档案界公认的、较为科学的数据安全存储策略。这种"3－2－1"的模式简单归纳起来就是"多套、异质、异地"。

多套:从安全性上来说当然是拷贝越多越好,但拷贝越多,成本越大,综合性价比越低,因此数据备份 3～4 套足够了;

异质:在当今的数据存储领域,只有磁介质和光介质两种可供选择;

异地:主要是为了防灾,因此在选择异地时要综合考虑当地的各种自然条件。

(二) 数据存储的格式

二史馆最基础、最核心的数字档案是由数字化加工产生 300 dpi 彩色不压缩 TIFF 图像,可用于展览、出版、仿真复制等,能较好地再现民国档案的原貌。TIFF 图像虽然有以上优点,但是图像文件本身太大,基于图像本身的各种操作太耗费时间,不适合于档案利用。因此,我们在保证阅读的基础上,将 TIFF 图像转换成了 JPEG 图像,图像大小只有原来的二十分之一。JPEG 图像文件容量小,在网络中的传输速度及被各种图像浏览器打开的速度非常快,适合于档案查阅利用。早期我们还备份了一套 PDF 的数据,但是由于不能基于图像进行划控,目前已经基本不用了,但是如果有条件制作成双层 PDF,能够进行全文检索,那么 PDF 格式是最佳的提供利用的存储格式。

(三) 备份的方式

对于 TIFF 图像,我们采用近线磁带库进行存储与备份,写 2 套 LTO5 型磁带,每套 916 盘。由于没做异质、异地备份,所以用磁盘阵列加离线硬盘又做了 1 套备份;对于 JPEG 图像,采用在线 1 套(直接导入业务系统提供利用)、离线 1 套(档案级 DVD 光盘)进行存储和备份。

(四) 我馆在数字档案的存储与备份的打算

根据“多套、异质、异地”的存储备份思路,我们目前已经实现的是多套、异质和异地正在实施过程中。若想达到“异质”并能长期存储,除了磁介质外,我们只能选择光介质。目前市场上光介质的存储只有档案级 DVD 和 50 GB、100 GB 蓝光光盘可以选择。考虑到我馆现有的 1 PB 并且还在不断增长的数据量,即使现在市场上最成熟的 100 GB 蓝光光盘也不能满足我们的备份需求。今年 7 月份,国内已有公司推出单盘 300 GB 的蓝光光盘库,随着市场需求的不断增加,相关产品会越来越成熟。因此我们正积极关注蓝光光盘技术的发展,准备在适当时机引入蓝光光盘存储设备,至少再做 1 套蓝光光盘备份,同时我们也正在推进异地备份工作,准备将 1 套磁带存到异地,彻底实现“多套、异质、异地”数据备份,确保数字档案安全、有效地长期保存。

三、数字档案的管理与利用

档案数字化的最终目的是为了利用,因此,在数字化后形成的数字档案如何进行有效的管理与充分的利用,最大限度地发挥数字档案的效力,是我们工作的重点。

（一）数字档案的管理

二史馆的数字档案是非结构化的图像数据，实际工作中，对数据的管理主要是以全宗为保管单位进行管理的。

1. 数字档案的接收与管理

TIFF 格式数据以在线方式移交，接收的 TIFF 数据须在数据检测后完成磁带备份，并按时进行检测工作。JPEG 格式数据以在线及档案级 DVD 光盘两种方式移交。在线接收的 JPEG 数据在完成数据检测后导入"档案信息化管理平台"系统，与案卷目录进行数据挂接；接收的数据光盘进行归档前检测并按时进行光盘归档后检测。

数据的接收、处理、备份及检测过程中的信息，都需要记录以备日后查询与追溯，对各类信息的统计也将以此为基础。为了便于工作，我们建立了档案电子数据台账（Excel 表格）作为日常数据管理的依据。档案电子数据台账由总台账、磁带数据表、硬盘数据表、光盘数据表组成，各数据表中的数据互有关联，其中总台账包含的信息项最为全面，并根据工作中的实际需求在不断补充修改。

2. 数字档案在管理上存在的问题

随着数据量的不断增加，数据管理工作的难度也在不断提高，主要有以下几个问题：

一是数据检测周期的不规律性：档案电子数据的检测时间是根据其生成和备份的时间来确定，也就是说不同全宗的档案电子数据检测的时间是不同的。

二是数据检测方法的多样性：我馆现有的档案电子数据存储于磁盘阵列、离线硬盘、磁带、光盘多种介质中，对数据检测的方法将因数据存储介质的不同而异。

三是对工作人员个人能力的依赖性：数据检测周期的不规律和检测方法的多样，增加了数据管理的难度，同时也对工作人员个人能力提出了更高的要求,比如说要有高度的责任心;要对数据的存储及备份现状做到心中有数;要知道什么时间需要做什么工作;要能熟练操作各类软件对数据进行备份及检测工作;等等。

四是数据统计的复杂性:作为数据管理工作依据的档案电子数据总台账,在最初建立时数据项仅有 8 个,随着后期工作的需要,数据项不断增加,目前数据项多达 49 个,并且都是统计工作中会实际用到的,此外还有与总台账相关联的明细台账。台账的复杂,在进行多条件数据统计时,增加了工作的难度。

3. 我馆在数字档案管理工作上的一些想法

总的来说,现有的以 Excel 表台账为依据的数据管理工作,虽然可正常进行下去,但随着数据量的增加和数据备份方式的变化,工作的复杂程度会越来越高,依赖工作人员个人能力也将成为工作顺利开展的一大瓶颈。为此,我们一直考虑开发建设一个"档案电子数据管理平台",实现对数据的统一管理工作。

"档案电子数据管理平台"的功能设想主要如下:生成数据总台账及明细台账,支持条件组合查询;数据的接收、迁移、备份、检测等工作以任务的形式发起;对数据的检测时间可形成时间表,自动提醒;可实时监控存储空间状态,提供预警功能;对数据的操作记录日志,提供查询及输出等。我们希望依托此平台对数据的生命周期进行全方位的管理和监控,更好地保证数据安全。

(二)数字档案的利用

二史馆的档案利用原则上不提供档案原件,只提供数字档案,以馆内局域网中的"档案信息化管理平台"系统平台对外提供查档服务为主,以互联网网站提供延伸服务为辅的方式进行档案的查询利用。

1. 用好"档案信息化管理平台"。2014 年,我们投入资金研发了"档案信息化管理平台",具体实施主要包括:在档案完成数字化后,我们的数据管理人员将 JPEG 图像文件在系统中与对应的案卷级目录相挂接,利用时首先对案卷目录进行浏览或检索,然后点击浏览与目录相挂接的全文图像进行阅览。运行至今,系统内已挂接 5 478 多万画幅,其中已有整全宗的档案 4 890 多万画幅、15 个专题档案 588 多万画幅数据,可提供对外利用的共计 2 180 多万画幅。

2. 依托我馆的互联网网站。网站提供了在线查档和预约查档两种利用方式。其中在线查档目前只提供了 4 500 余条目录和 24 000 余幅图像,档案开放力度还有待继续加大。预约查档则是通过在线预约的方式,将无法来馆的查档者的利用需求记录下来,由利用接待人员代为查档,并将结果予以反馈。

3. 未来档案利用方式的一些思考。档案的价值在于"用"而不是在于"存","存"的目的也是"用"。因此,我们将在民国档案的数据挖掘和深度利用上下功夫,努力为查档者提供更好、更优质的服务。

一是结合馆局在"十三五"规划中提出的建立民国档案文件级目录数据库的构想,推进民国档案文件级目录数据的在线利用,可采用集中式与分布式相结合的数据整合方式,即目录集中存放,全文图像分布式存放,统一登录入口,为查档者提供快捷、便利的服务。

二是适应新形势,加快民国档案全文识别、自动标引等相关技术的研究,使民国档案的利用突破目录检索加图像浏览的现有模式。我们深知,实现民国档案的全文识别非常难,但再难的路总要有人迈出第一步。现在 OCR 技术及其自主学习能力已经有了很大的发展,我们准备采取先易后难的办法,从民国档案中寻找利用价值高、字体比较规范的档案全文予以自动识别入手,逐步摸索,积累经验,不断改进提高,使民国档案的利用真正进入大数据和全文检索的新时代。

三是转变观念,逐步加大利用互联网等社会公众平台开放档案查询利用的力度。

四、值得探讨的几个问题

（一）关于数据存储的格式问题

在数字化过程中，我们采取了 300 dpi，全彩色扫描，用 TIFF 格式进行保存，可以保证收藏和出版的需求，最大限度地保存了纸质档案的原始信息，可以对原档进行封存，有效地保护了原档。但是这样的方式需要占用大量的存储空间，消耗的经费也相当大。据我们了解，目前全国各级档案馆都有各自的一些标准，不是很统一。因此是否有必要制定出一个标准（国标），根据不同档案的性质及数字化的需求，采用不同的扫描参数和文件格式，便于各档案馆根据实际情况来科学合理地安排档案数字化工作。

（二）关于备份方式的问题

TIFF 图像视同档案原件，但在平时的工作中很少被使用，是一种"冷数据"，再加上数据量实在太大，采用磁盘阵列进行在线存储得不偿失。因为磁盘阵列等在线存储设备花钱多、能耗大、寿命短、维护成本高，运行若干年后市场上缺少零配件，数据难以长久保存，因此适合存储"热数据"。所以我馆以 2 套磁带作为 TIFF 图像的备份基础，之所以用磁盘阵列加离线硬盘又做了 1 套备份，主要是因为 2 套磁带备份数少，不满足"多套"的要求。即便现在做了 3 套备份，但其本质都是磁介质，没有做到"异质"，当磁环境受到自然或人为因素破坏时，数据仍然是不安全的。是否采用蓝光作为另一个介质的存储方案，根据蓝光存储技术的发展，结合技术的成熟度、开放度，我们要进行认真的研究。

（三）关于光盘存储的问题

我馆最早实施档案数字化时，采用了 CD 及 DVD 存储，从 2014 年开始使用档案级光盘和光驱,目前已刻有 CD 光盘 14 586 张和 DVD 光盘 6787 张。2013 年年底,我们开始对这些光盘进行检测,检测结果为:2011 年刻录的普通光盘,30 个月以后损坏率高达 45.8%,而采用档案级光盘和档案级光驱进行刻录的数据光盘没有发现问题。因此是否采用 DVD 光盘进行存储,我们认为,要根据自身情况综合判断,但是如果采用光盘进行存储,为了保证数据的安全,最好选择档案级光盘和光驱。

五、总结陈述

在数字档案的存储备份和管理利用上,没有放之四海而皆准的方案,各档案馆要综合考虑本馆数字化的目的、数据量的大小、数据的利用率,以及数据读写的便利性等各种因素,结合经费的保障情况,制定符合本馆实际的科学合理的方案,在保证数据的安全的前提下,便于管理与利用。

由于会议时间很短,研讨不可能面面俱到,会议上不能解决的问题,希望会后能多交流、多沟通,以促进档案信息化事业的共同进步。

(原文入选"全国档案数字化电子存储备份及管理利用研讨会"[2016年 9 月,苏州])

历史档案在数字化过程中的
数据流转问题研究

陈勇开

随着信息技术的不断发展,档案数字化工作已经成为档案馆工作的一项重要内容,电子数据的流转贯穿了数字化加工的始终,安全高效的数据流转是数字化工作的基础。如何提高数字化过程中的电子数据流转效率,保证数字化工作的顺利开展,是各级档案部门面临的一个实际问题,下面就以中国第二历史档案馆民国档案数字化工作的实践为例,论述近年来取得的成绩和遇到的问题,并就此对历史档案数字化过程中的数据流转问题进行一些探索性的思考。

一、历史档案数字化的特点与数据流转的难点

历史档案数字化有以下特点:

一是扫描的标准高、数量大。由于历史档案珍贵的文物及史学价值,为了充分保护原档,在数字化扫描时,我们按照能够满足仿真复制的要求,采用 300 dpi,全彩色的扫描方式,保存成无压缩 TIFF 格式,这样一张 A4 幅面的档案电子容量就达到 25 MB,一张 A3 幅面的档案电子容量达到 50 MB,根据往年的统计,每画幅平均容量达到 35 MB。根据计划,五年数字化工程期间,每年 800 万画幅,平均每天扫描 4 万～5 万画幅,扫描的原始数据还要进行一次备份,这样每天产生电子数据达到 2.6 TB～3.3 TB。巨大的数据流量给流转和存储都带来极大的挑战。

二是历史档案形式多样、大小不一、扫描设备多样，增加了数据流转的复杂程度。为了保证扫描的效果，我们在加工现场配备了多种尺寸的扫描仪，分别针对不同尺寸的档案，数据要在多台电脑之间进行流转，这样就增加了数据流转的复杂程度，对整个加工系统的灵活性要求非常高。

三是历史档案年代久，特别是民国时期由于社会动荡、战乱及多次辗转，再加上保管条件有限，导致档案状态非常差。同时，为了保证数字化的进度，在遇到破损、褶皱、霉变、粘连、虫蛀等档案时，我们采取了整卷送裱和零散送裱相结合的方式，由于修裱的时间周期比较长，等修裱完毕的档案回来再扫描时，其中零散送裱的那部分数据还要再插入原先扫描的数据之中，给数据流转带来很多困难。

四是历史档案数字化的质量要求比较高。为了确保扫描的质量，我们在整个扫描环节设置了三次质量检查，其中外包公司进行两次100％的质检，馆方业务部门进行一次20％的抽检，另外在生成最终成品数据后还有馆方专家组进行的一次3％～5％的抽检，每次检查都会不同程度地发现一些质量不合格的图片要进行补扫，每次补扫又增加了数据流转的复杂程度。

五是历史档案数字化过程中的数据安全要求高。由于历史档案的特殊性，开放范围有限，因此，在数字化过程中对安全的要求非常高，不仅是数据的安全存储，还要防止泄密，对数据流转提出更高的要求。

通过以上分析，我们可以看出历史档案在数字化过程中的数据流转要着重解决以下几个难点：一是存储空间需求大；二是数据流转速度要快；三是加工系统的稳定性要高；四是加工时的安全性要高；五是数据流转的灵活性要高。

二、二史馆在数字化过程中的数据流转方式

二史馆的档案数字化工作是一个不断在发展进步的过程，大体上经历了三个阶段：一是探索实施阶段，从1998～2008年，此阶段主要是馆里

工作人员在进行数字化工作,那时产生的数据量小,加工模式比较简单,成品数据采用光盘刻录存储。二是规模化阶段,从2008～2012年,这个阶段开始招募一定的社会人员,特别是从2010年开始,招标引进了专业的档案数字化加工服务公司。三是社会化阶段。从2012年至今,五年数字化工程项目开始实施,在规模上、规范性上、专业性上都达到了前所未有的高度。

这三个阶段由于规模、标准的差异,在数据流转上也存在着截然不同的方式。第一阶段由于规模小、数据量小,在数据流转上也比较简单,这里就不再进行介绍。下面重点从第二个阶段所遇到的困难和在第三个阶段采取的方法进行阐述与探讨。

从2010年开始,我馆确定了"十二五"期间,每年完成500万画幅扫描的目标,并引入了专业数字化公司,但由于硬件条件的限制,在加工方法上依然沿用了以前的那种加工方法,对流程进行了改进,使之符合大规模数字化的要求,其主要流程如下图所示:

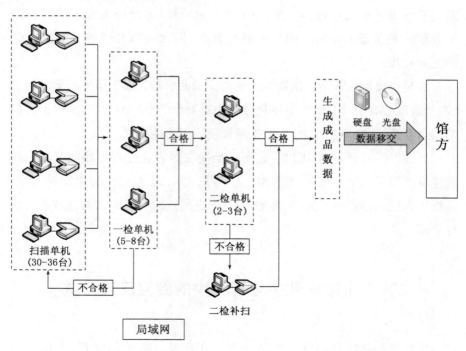

所有加工电脑全部在一个小型的局域网内,通过文件共享进行数据的流转,首先服务器对扫描任务进行分配,扫描单机进行扫描操作,产生的数据存放在本地硬盘,由扫描环节的管理员将数据拷到一检的电脑内进行纠偏、裁切及质量检查等工作,不合格的图像数据退回扫描员重扫,扫描员将补扫的数据在一检的电脑上进行替换,一检再次检查合格后提交二检。从一检到二检的数据转移由一检环节的管理员完成,二检时发现的少量不合格的图像数据将由专门的二检补扫岗位进行重扫,数据的替换仍然在二检的电脑上完成,检查合格后提交数据管理员。二检结束,由数据管理员通过拷贝的方式收集归档,并转化为成品数据,以硬盘和光盘的形式移交馆方。

这种方式的主要优点:一是所有操作都在一个封闭的小局域网内,与外界完全物理隔离,再加上安全审计软件的保护,对电脑各种接口的屏蔽,安全保密性较好;二是投资较少,可以充分利用原有设备;三是维护管理简单,对操作人员技术要求低;四是灵活性比较高,可以随时增加、删减和补充数据。

总体来说,这种方式在小规模使用时,非常方便,投资较小,效率也不差,安全性也有保障。但是经过我们的实践,在大规模数字化的场合应用时,这种方式带来的弊端也非常明显。一是局域网内的电脑及数据对所有员工都是开放的,在局域网内的数据安全没有保障。二是数据量较大时,容易造成网络堵塞,数据流转不畅。三是数据流转都是人工进行操作,对员工的责任心要求非常高,而且参与的员工数量较多,如果有一个员工责任心不强,都会造成数据的混乱和丢失。四是加工现场使用的存储和移交都是用的裸硬盘,如果一块硬盘出现损坏,会造成一批数据的丢失,带来巨大的损失。这些现象在我们的实践过程中都遇见过,例如:

1. 由于 Windows 在执行拷贝操作时,占用电脑资源非常厉害,在进行拷贝的同时,无法进行扫描,只能利用中午休息的时间进行数据的迁移,如果中午时间不够,那只能牺牲工作时间来进行,对工作效率产生很大的影响。

2. 由于操作失误,在进行几卷档案数据的拷贝时,没有进行及时登记,忘记拷到哪台电脑里了,再找时就找不到了,上千页的档案数据就丢失了。

3. 由于一块成品数据的硬盘损坏，导致 2 万多页的档案数据丢失，只能全部返工，对外包公司造成很大的经济损失。

正是由于上述无法解决的困难及弊端，我们在设计规划五年数字化工程时，对数据的流转进行全新的设计，并采购了配套的硬件设施，首先介绍一下主要的硬件配置：

根据任务需求，我们建设了 2 条数字化扫描流水线。每条流水线配置服务器一台，加工终端 70 台、A3 快速平板零边距扫描仪 30 台、A2 平板式扫描仪 3 台和 A0 馈纸式扫描仪 1 台，满足档案扫描、质检等工作需要，同时配置 1 台 A0 非接触式扫描仪满足两家公司对各种特殊尺寸、特殊类型档案的扫描需求。

数据处理方面。对核心机房进行了扩建，建立了总容量达 1 400 TB 的磁盘阵列，分别配置了数据加工区、数据移交区和核心数据区。数据加工区由负责数字化加工的外包公司使用，由外包公司根据其工作流程进行数据管理、数据整合、数据备份。数据移交区由双方共同使用，外包公司负责将加工完成经过验收的成品数据提交至数据移交区，由我馆数据管理人员检查核对后迁移至核心数据区。核心数据区由我馆数据管理人员依据《馆藏档案电子数据存储备份管理方案》进行管理。

网络配置方面。考虑到档案数字化过程中有大量的数据交互，我们搭建了主干万兆、桌面千兆的网络环境，并对终端接入交换机进行了背板堆叠，保障了终端数据传输的效率。在主干网络上，配置了双端口双光纤，实现了链路冗余，确保数据传输的稳定。

数据传输方面。由于每条数字化加工流水线有 70 台加工终端实时进行数据的上传与下载，为避免产生数据传输瓶颈，我们抛弃了传统的服务器与 IP-SAN 的组合方式，选择了搭载分布式存储系统的 NAS 集群存储。NAS 集群存储提供了多个网络接口与加工终端直接进行数据交互，同时内置的端口轮巡策略也可以让每个网络接口发挥最大效能。

其数据流转的方式如下图所示：

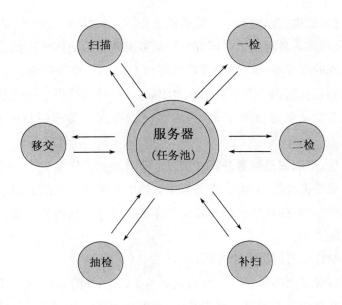

整个流转过程以服务器和磁盘阵列为中心，由服务器进行全部任务和数据的管理，由磁盘阵列保存全部的档案数据。

第一步：扫描。扫描员领取待扫描的档案后，根据卷号从系统内获取扫描任务，扫描产生图像数据，保存在本地硬盘，当一卷档案扫描结束，上传该卷档案数据到磁盘阵列，数据传输完毕，会自动进行数据校验，校验成功，上传任务完成，由扫描员手动删除本地数据。在上传的同时，会自动进行一次数据备份，生成另一套完全相同的档案数据，这一套数据将封存不动，直到全部工作结束后，数据移交完毕，再删除，这样无论在哪个环节出现问题，都可以随时恢复数据，以保证档案数据安全和工作的效率。

第二步：一检(含补扫)。扫描的数据上传完毕，一检员工就可以领取该卷档案的质检任务，在领取任务的同时，自动从磁盘阵列下载该部分档案数据到本地硬盘进行纠编、裁切及质量检查，质检发现不合格的图像做好标记，同时生成补扫任务。质检结束，将本地硬盘上的数据上传至磁盘阵列。扫描员领取补扫任务后，自动下载该卷档案数据到本地硬盘，补扫结束后上传至磁盘阵列。然后一检员工再次下载到本地硬盘，进行补检，合格后再次上传到磁盘阵列，自动生成二检任务，一检结束。

第三步：二检(含补扫)。一检数据上传后，二检的员工就可以领取二检任务，并自动从磁盘阵列下载该部分档案数据到二检的本地硬盘进行质检。二检时发现的少量不合格的图像数据将由专门的二检补扫岗位进行重扫，同样采取的是从磁盘阵列下载到本地硬盘，补扫结束后再上传至磁盘阵列。二检员工再次从磁盘阵列下载，质检合格后再次上传至磁盘阵列。二检结束。

第四步：生成成品数据并移交馆方。所有质检工作结束后，由数据管理员在服务器端进行操作，将合格图像按照馆方要求生成成品数据，并正式移交馆方，这时所有的数据转换和移交工作都在磁盘阵列内部完成，不用进行上传下载的工作。

其主要优点有以下几个方面：

一是实现了大容量存储。我们建立了 1 400 TB 的磁盘阵列，所有数据的流转和移交全部在磁盘阵列内完成，不再经过裸硬盘，保证了数据的存储及安全。

二是实现了电脑与磁盘阵列之间的数据直接传输，不再经过服务器中转，每一个电脑与存储之间的带宽都是千兆级的，有效地解决了大数据传输的问题。

三是整个加工所有的环节都围绕数据库来进行管理，所有的数据上传和下载都是根据任务需求自动进行，不再依赖人工管理。

四是每次数据传输结束后都进行校验，确保传输的数据不会产生错误。

五是数据的上传和下载采用的是 FTP 网络传输，可以自由控制上传和下载的速度，这样可以在扫描或质检的工作的同时进行数据的流转，提高工作效率。

六是只有数据管理员一个人能维护和管理全部的数据，其余员工都只能看到自己电脑内的那部分数据，不能看到别人的数据，更不会看到磁盘阵列内的数据，数据安全更有保障。

有优点就有缺点，这样的流转方式也存在一些问题：

一是灵活性欠佳。由于采用了数据库管理，员工不能直接接触档案数据，在进行一些个别图像的替换上，只能通过数据管理员进行，数据管理员只有一个，根本没有多余的时间来干这些事。因此，只能通过下载整卷档案到本地硬盘,替换后再上传到磁盘阵列,有时为了增加、替换或删除一页档案,就得将一卷几百页的档案(包括备份的一套图像)分别进行一次上传和下载,费时费力。

二是对网络和存储的速度和稳定性要求非常高。这种方式下数据流转的流量大、频率高,对网络和存储的压力非常大,如果网络速度和存储的读写速度慢、系统的稳定性差,那么难以应对如此大量的数据流转,只要有一点问题,整个加工现场都无法工作,将严重耽误数字化的进程。

三是对数据传输的各个环节都要均衡配置。电子数据能否流转顺畅严格遵循着"木桶效应",哪一个环节慢了都不行。尽管我们在前期对数据的流转做了大量的设计和规划,但是由于在服务器和磁盘阵列之间只有千兆的网线转接,虽然数据传输是电脑与磁盘阵列直接对接,没有通过服务器,但是数据的校验是通过服务器进行工作的,因此在数据校验上出现的瓶颈,只能人为地进行数据流量的控制,在目前的加工规模上是可以正常运转的,但是如果再扩大加工规模,就无法满足需求了。如果服务器和磁盘阵列之间采用万兆的网络传输就不会出现这样的问题了。

三是对数据管理员的要求非常高。全部的数据流转都依赖于数据库的正常运转,维护和管理这个庞大的数据库是一项技术性要求很高的工作,对于数据管理员的要求非常高,不仅仅是技术上的要求,更重要的是数据管理员的个人品质和责任心。

三、几点思考

（一）做好数据流转方式的选择。数据流转的方式没有好坏之分,只有适合不适合之区别。不同的数据流转方式各有各的长处,各有各的短板。我们在进行数字化加工之前,要根据自身的实际情况和经费的投入来综合分析,采用什么样的流转方式,相应配置什么样的硬件设施,才能充分保障工作的效率和数据的安全。

（二）现在档案数字化加工服务企业都有自己的一套加工系统,数据流转的方式也是固定的,但这个加工系统并不是为了你这一个项目专门开发的,里面都只带有基本或者说通用的功能。能够满足数字化加工的需求,但是并不一定是最适合的。我们要对加工系统进行深入的研究分析,一是判断是否符合本档案馆的实际情况,是否需要进行改进,二是为了全面了解该系统的安全性,不足之处要做好防范措施,防止出现安全问题。

(三)要做好数据的管理监督工作。数据安全和档案实体的安全是同等的重要,在数据管理上我们不能完全交给外包公司,要做好监督和管理。特别是外包公司的员工,我们要时刻关注,不仅仅在技术上要做好防范措施,在人员的管理上也要做好防范。在数据管理的权限上要严格区分,能够接触和操作磁盘阵列存储的档案数据的人员一定要经过馆方的认可才能上岗,其余人员绝对不能进行任何的操作。

(四)要做好数据的检查工作。对于外包公司移交的电子档案成品数据,我们一方面要检查扫描的质量是不是符合要求,这个可以通过抽检部分数据,一画幅一画幅来检查,另一方面也要对全部的档案数据进行格式和完整性的检查,这个肯定不能人工检查,但是可以通过相关软件来检测。目前,我馆已经开发出一个检测软件,从实际应用的效果来看,发现了不少问题,成效显著。

(五)要做好各项备份工作。为了保证数字化工作的顺利开展,无论是数据的存储、网络的传输,还是服务器的配置,甚至是人员的管理都要做好备份工作。电子数据在整个加工过程中都要始终保持一份原始的备份,防止出现数据的损坏。整个系统的关键设备都必须进行用一备一的配置,比如主干网的传输和服务器都要有备份,如果网络和服务器出现问题,整个加工系统将出现瘫痪,这时必须有替代品及时顶上。在人员管理上也是一样,关键岗位上的人员特别是数据管理员,也要用一备一,在有人请假或辞职时,能够及时顶替。

(原文入选"全国档案数字化电子存储备份及管理利用研讨会"[2016年9月,苏州])

五

档案编研利用与管理

中国第二历史档案馆所藏
南京临时政府档案及其利用

曹必宏

中国第二历史档案馆(下简称"二史馆")是集中典藏 1912～1949 年间民国时期中央政府及其所属机构档案的国家级档案馆,经过 60 年几代档案工作者的艰苦努力,广泛接收、征集,至今已保存有民国档案 220 万卷(宗)。

在二史馆所藏民国时期历届中央政府档案中,孙中山领导的南京临时政府档案虽然数量不多,但极为珍贵,具有极高的史料和文物保存价值,已被列为中国档案文献遗产。为发挥这部分档案的最大社会效用,二史馆还以编辑出版档案史料集、举办展览等形式,向社会公布。

为纪念辛亥革命暨南京临时政府成立 100 周年,本文拟就二史馆所藏南京临时政府档案及其利用情况做一介绍。文中所谈"南京临时政府档案"以南京临时政府档案为主,也包括了馆藏辛亥革命及南京留守府档案。

一、馆藏南京临时政府档案概况

1911 年 10 月 10 日武昌起义爆发后,各省纷纷响应,终于推翻了清王朝封建专制统治,建立了中华民国。1912 年 1 月 1 日,孙中山在南京宣布就任中华民国临时大总统,南京临时政府正式成立。1912 年 4 月 1 日,孙中山宣布辞去临时大总统一职,袁世凯就任临时大总统,政府北迁,南京临时政府遂告结束。同时,袁世凯委任黄兴为南京留守,统领南方各军及负南京地面治安之责。6 月 14 日,留守府撤销。

由于南京临时政府仅仅存在了 92 天，其所形成的档案几经辗转并历经战火，多有散失，最终由原国民政府国史馆所保存。1949 年南京解放后，原国史馆为解放军南京市军管会接管。1951 年 2 月 1 日，与政务院接收指导委员会华东工作团驻南京临时办事处档案组一起合并，成为二史馆的前身——中国科学院近代史研究所南京史料整理处。

二史馆所藏南京临时政府档案主要保存在南京临时政府全宗和孙中山个人全宗中，北洋政府大总统府、司法部、内务部、外交部、财政部、陆军部、教育部、蒙藏院、招商局、海关总署，以及外交部驻云南特派员公署等全宗中也有部分案卷涉及，总数当在 180 卷以上。其内容包括临时大总统孙中山亲笔签发的命令、批文，南京临时政府时期政治和内务、军事、经济、外交、教育等方面活动，等等。兹分述于后。

（一）孙中山亲笔签发的命令、批文。馆藏共有近 30 件。主要有《临时大总统颁布严加约束兵士令》（1912 年 1 月 16 日）、《临时大总统关于陆军编制表着即准此颁行令》（1912 年 1 月 16 日）、《临时大总统关于陆军暂行给予令着即准此颁行令》（1912 年 2 月 6 日）、《临时大总统关于内务部请颁发文官试验令批文》（1912 年 2 月 14 日）、《临时大总统关于财政部所拟造币厂章程应即照准批文》（1912 年 2 月 28 日）、《临时大总统关于各部局互相咨商之件应直接办理毋庸呈转饬致黄兴令》（1912 年 3 月 7 日）、《临时大总统关于与海军部商订长江水师编制法给陆军总长黄兴令》（1912 年 3 月 12 日）、《临时大总统关于慎选用人令》（1912 年 3 月 20 日）、《临时大总统关于准财政部所呈中华银行不能由国家财政补助乞改正前令批文》（1912 年 3 月 21 日）、《临时大总统辞职令》（1912 年 4 月 1 日）等。还有一封 1912 年 1 月 12 日孙中山致蔡元培信，反映了孙中山先生的用人原则，是研究南京临时政府及孙中山政治思想十分宝贵的史料。

（二）政治和内务方面。主要有南京临时政府参议院草拟的《中华民国临时约法》抄本，南京临时政府为促袁世凯南下所派欢迎专使蔡元培等人的名单，内务部关于保护人民财产致各省都督、各军政分府电稿，金峙生、吴世荣等组织回族联合会、华侨联合会请求立案的文件，内务部承政厅及各局办事规则，参议院关于选黎元洪为临时副总统等文件，北京兵变相关文件（函、稿、移等），杨厚甫等人请求整顿民国、赈灾和申冤的呈文，黎元洪因阁员未定就国家形势陈述五条意见电,袁世凯就任临时大总统后内务部全体员司联名辞职的文稿,内务部及苏、赣、皖省民政官员任免的文件,有关参议院、司法部北迁的电文,关于取消南京留守府事宜蒋作宾、黄兴、谭人凤、袁世凯等人的电文,关于改清忠义各祠为大汉忠烈祠及金大翮等请建吴江先烈专祠的文件,司法部职员名册,等等。

（三）军事方面。主要有陆军部陆军军官学校章程、教育方针、暂行条例,陆军部及所属各部队、学校组织编制和官佐任命的文件,陆军部军衡局关于人员职守及办事细则暂行章程令稿,陆军部颁布宪兵暂行服务规则令稿,陆军部各单位任官录底册、陆军第1～10师任官录底册,陆军各部队、学校领发粮饷、械弹、被服的文件,陆军官兵被控及奖惩的文件,中华民国陆军将校联合会及武昌毕血会成立相关文件,临时大总统奖恤石凤鸣、吴禄贞、王家驹、陈鲁、刘道一等人的文件,南京留守府所辖各部队编制、官佐任免、请领军饷被服及奖恤的文件,浙、皖、赣、湘、川各省都督关于购运枪械的函电,南京留守黄兴为剿办土匪等情致江北各军事将领电稿,等等。

（四）经济方面。包括经费、内外债赋税、货币、银行等方面。主要有陈锦涛有关军费问题的电文,中华民国八厘公债章程,财政部抄送各省发行公债办法咨,北洋政府财政部关于刘锦藻请偿还南京临时政府借款文件,有关南京临时政府陆军部、参谋部暨留守府所发军需公债文件,有关江苏、广东等省地方公债文件,南京临时政府及留守府与日商三井洋行、怡大洋行、礼和洋行等借款的文件,南京临时政府拟以招商局产抵借日债相关文电,有关盐务税收的文件,财政部拟订的各种银行则例及实业部拟订约束银庄暂行章程与财政部往来电,造币总厂章程及有关文件,整顿江南造币厂的相关文件,赣、闽、苏、粤、浙、滇各省造币厂的报告,关于发行军用钞票及货币流通、统一币制等文件,等等。

（五）外交方面。原来仅有外交部为保护外人致各省都督电、云南都督府关于中华民国对于租界应守之规则札等数件,近年来在馆藏北洋政府外交部档案中发现了一批南京临时政府外交部档案,一定程度上弥补了这方面的不足。具体内容将在下文中介绍。

（六）教育方面。档案较少,仅有蔡元培对于新教育之意见（石印本）、陈婉衍筹设复心女子学堂请拨发经费有关文件,陆军部发给尹志锐等出国川资学费缴稿,有关中国公学经费文件等。

二、南京临时政府档案的利用

档案价值的最好体现在于利用。而利用的方式则有提供学者和有关机构查阅、举办各种展览、编纂档案资料汇编或图片集等方面。本文仅就二史馆利用馆藏南京临时政府档案资料编辑出版和举办展览方面做一概述。

(一)档案史料的编辑出版

利用馆藏编纂出版馆藏档案资料,是二史馆的优良传统之一。早在 20 世纪 50 年代,二史馆的前身——中国科学院近代史研究所南京史料整理处即开始利用馆藏,编辑档案资料集,并完成了后来成为毛泽东主席藏书之一的《中国现代政治史资料汇编》(1919～1949 年)(油印本),收录档案文件 7 000 余件,计约 2 100 万字,并编辑油印了 40 余种专题史料汇编。

"文化大革命"结束之后,为适应中国近现代史和民国史教学和研究的需要,二史馆决定就馆藏中具有一定史料价值的档案,在"文化大革命"前选编完成的《中国现代政治史资料汇编》及专题史料汇编的基础上,编辑出版一套《中华民国史档案资料汇编》(1911～1949 年)。全书共分五辑。其中第一辑《辛亥革命》,于 1979 年由江苏人民出版社公开出版。该辑共收录清政府及其地方政府的档案文件,共计 192 件,分为各地人民反抗斗争和武装起义、清政府预备立宪、四川保路运动、武昌起义及各省响应四个部分,计 20 余万字。第二辑《南京临时政府》于 1981 年由江苏人民出版社出版,共收录文献资料 439 件,分为政治(包括南京临时政府的成立及其政策法令、南北议和、临时总统改选和临时约法公布、临时政府的北迁与南京留守府的设置)、军事(包括章程法令、军事组织和人事任免、奖恤)、财政金融(包括经费、内外债、赋税、货币、银行)、教育四个方面,共 40 万字。在编辑《南京临时政府》的同时,编者根据馆藏《南京临时政府公报》比较齐全且史料价值高的实际情况,在南京图书馆等相关部门支持下,于 1981 年由江苏人民出版社影印出版了《南京临时政府公报》。该公报创刊于 1912 年 1 月 29 日,同年 4 月 5 日停刊,共出版 58 号。

2008 年二史馆在整理出版《北洋政府档案》时,在北洋政府外交部档案中发现了一批南京临时政府的档案,共有 8 卷 700 余件约 3 000 页。其内容分为三大类:一是孙中山临时大总统令共 6 件,其中有 2 件为首次发现,其余 4 件也与现已公布之令文字略有不同。二是临时大总统府电报房收文档案。其中 1912 年 1 月 1 日—4 月 7 日收文 1 号至 554 号保存完好,连号不断,十分完整。比较系统地记录了孙中山先生 1912 年元旦在南京宣誓就任临时大总统到同年 4 月 1 日宣布解职这 92 天时间内,其所与闻及处理的政治、军事、外交、内政、经济等方面的大事。另有 1911 年 12 月电报 6 份,最早的为 12 月 14 日胡汉民为请王宠惠等任粤省组织临时政府代表致上海都督陈其美转王宠惠等电,反映了临时政府筹备、成立过程中的一些情况。三是临时政府外交部档案。大致可分 5 个方面:有关各方办理荷兰虐待印尼华侨事件的电文;外交部办理上海、厦门会审公堂案的电文;外交部办理禁烟事务与海关交涉的电文;外交部交涉海关税收的往来函文;外交部办理军火等项货运事务与英日等国的来往文书。为隆重纪念辛亥革命暨南京临时政府成立 100 周年,经国家档案局批准,二史馆将这批新近发现的南京临时政府档案进行精心编排,以《南京临时政府遗存珍档》为书名,分为八册,彩色影印,于 2011 年 7 月由江苏凤凰出版社正式出版。该书出版后,受到国内外的广泛关注,国内各大主流媒体均做了报道。

在二史馆编辑出版的一些专题档案汇编和图片集中,也选用了南京临时政府的部分专题档案和照片。如 1994 年香港商务印书馆出版的《中国近代珍藏图片库》之《孙中山与国民革命》,2002 年团结出版社出版的《中华民国历史图片档案》第一卷"辛亥革命前的中国""辛亥革命""南京临时政府"各章中,大量选用了二史馆馆藏反映辛亥革命和南京临时政府的照片和档案。

二史馆还有其主办的刊物上公布了部分辛亥革命和南京临时政府的档案,如 1983 年在一史馆、二史馆主办的《历史档案》上公布了《南京临时政府拟以招商局产抵借日债史料》一组,收录档案史料 30 件;1988 年在二史馆主办的《民国档案》第 4 期上公布了辛亥革命史料七篇;1989 年在《民国档案》第 2 期上公布了时任汉口中国海关江汉关税务司的英国人苏古敦目睹武汉三镇辛亥起义后给海关总署所写《辛亥革命在汉口》报告的译文；2011年在《民国档案》第 2 期上公布了南京临时政府大总统府电报房所收电报104 件及南京临时政府外交部等处理印尼华侨遭虐待事件来往电 56 件。

（二）展览

　　档案资料汇编的主要读者为史学研究人员，受众面较窄。而利用馆藏档案文献举办各种展览，其观众则为普通群众，受众面较广，影响更广泛，档案发挥的效用也就更大。二史馆十分重视利用馆藏档案举办展览，除在馆内宫殿楼长期举办有基本展和专题展外，还与社会各界合作，举办过多次重要展览，通过展览的形式向社会公布档案，宣传档案史料的作用。有关以辛亥革命和南京临时政府为主题的展览主要有以下几个：

　　1. 为纪念辛亥革命 70 周年，1981 年二史馆与南京博物馆联合举办《孙中山在南京事迹》展览。

　　2. 为纪念孙中山诞辰 120 周年，1986 年二史馆与南京博物院联合主办《孙中山生平事迹展览》。

　　3. 为纪念辛亥革命 80 周年，1991 年二史馆在馆内宫殿楼二楼主办《纪念辛亥革命 80 周年档案史料展览》，并向社会各界开放。

　　4. 2011 年 5 月，二史馆与南京市档案馆、中山陵园管理局孙中山纪念馆在台北"国父纪念馆"联合主办《辛亥革命与南京》图片展，共展出 336 张珍贵历史图片。此次展出共 15 天，受到了台湾民众及海内外人士的欢迎。

　　5. 2011 年 9 月，为纪念辛亥革命 100 周年，在江苏省政协的统一领导下，南京中国近代史遗址博物馆（即"总统府"）与二史馆合作，在总统府内南京临时政府旧址联合举办《孙中山与南京临时政府》史料展。

　　此外，二史馆还先后为广东博物馆、南浔张静江故居、湖州陈英士故居、上海市档案馆等单位，复制提供了不少有关辛亥革命与南京临时政府的档案文献和照片，供他们对外主办各种展览之用。

　　二史馆所藏南京临时政府档案虽然数量不多，但极为珍贵，是研究南京临时政府不可多得的最直接的第一手资料。二史馆以编辑出版档案资料集和图片集、展览等形式公布、宣传馆藏南京临时政府档案,推动了学界对南京临时政府的研究,扩大了档案在社会的影响。

（原载《档案与建设》2011 年第 12 期）

中国第二历史档案馆典藏
民国时期留学生资料简介

杨　斌

中国人赴海外留学活动自晚清兴起以来，一直绵延不绝，到民国时期更是一波接着一波。他们较早地接受了欧风美雨的洗礼，承担了西学东渐和宣传中华文化的任务，在吸收外来文化和构建中国新文化方面，他们是前驱和先导者。他们的所作所为，对中国社会近代化的进程产生了巨大影响。应该说，近代中国留学生与中国近代历史的发展，有着密不可分的关系。

中国第二历史档案馆（以下简称"二史馆"）是集中收藏中华民国时期历届中央政权及其所属机构档案的国家级档案馆，截至 2002 年年底，共收藏档案 900 余个全宗、180 多万卷。其中有关中国人赴海外留学的资料，据初步统计，分布于 130 多个全宗，有 1 500 余卷宗。这些档案，按政权来分，有民国北京政府时期、广州国民政府时期、南京国民政府时期等档案，以及汪伪政权等伪政权档案，时间跨度为 1912～1948 年。但主要分布在南京国民政府时期，北京政府时期及广州政府、伪政权的档案较少。南京政府时期档案主要收藏在教育部、交通部、铁道部、中央大学等全宗；从内容上来分，有属于国家留学政策档案、招考留学生档案、留学生在海外学习情况、留学生留学经费及有关留学生概况统计等档案；从派遣方式与类别来分，有公派与自费两种，有政府各机关如教育部、陆军部（南京政府时期为军委会等）、海军部、交通部、经济部等，也有各省政府及各种教会学校所派。下面就二史馆所藏档案资料情况，简介如下。

一、留学政策资料

北洋政府时期,教育部与陆军部及其他军事单位均订有派人出国留学政策,如教育部制定选派留学外国学生各项管理规程(1913～1920年)、陆军自费留学规则与考试条例(1927年)、参谋本部颁行派遣陆军测量留学生章程(1912年)、陆军部办理陆海军官留学日、美、德、比、法等国文件(1912～1920年)等。

南京国民政府成立后,对海外留学相继制定了一些政策,如中央大学区制定的各项派遣留学生章则(1929年)、国民党中央执行委员会派遣留学生章则(1929～1931年)、教育部国外留学规程(1933年)、浙江省派遣留学生办法大纲及其施行细则(1928～1930年)、陆海空军留学条例、资源委员会派遣助理研究员实习员出国留学办法、管理中英庚款董事会考选第五届留英公费生章程等。

抗日战争爆发后,为适应战时需要,国民政府对其留学政策做了较大调整,先后颁行了《限制留学暂行办法》(1937～1939年)、《抗战期间回国留学生登记办法》(1939年)、《抗战期间国外留学生救济办法》(1939年)、《教育部国外留学生奖助金设置办法》(1942年)、《教育部第一届国外自费留学生考试章程》(1943年)、《教育部国外留学自费生派遣办法》(1943年)、交通部选用出国留学生暂行办法等。1943年蒋介石发表《中国之命运》后,为准备战后重建工作,他指示教育部:"以后对于留学生之派遣,应照十年计划,估计理工各部门高中低各级干部所需之数目,拟具整个方案"。教育部、经济部、交通部接到指示后,分别制定出新的留学政策,如教育部的《留学教育方案》、《选派公费出国研究实习员生办法》,经济部的《选派国外工矿实习人员办法》,交通部的《派遣国外学习生办法》等。教育部的留学方案,以五年为期,自1943年起分年实施。每年选派公费生1 000名分赴英美留学。其中,250名留英,750名留美;250名学习文法商教,750名学习理工农医。留学期限定为二年。出国时由教育部统一派遣,回国后由教育部统筹分配。同时大力提倡自费留学,每年亦以1 000名计,五年共派5 000名。连同公费生,五年可得一万名。派遣方针"以适应实业计划实施之需要,培植高级技术专精人才及业务管理人才为主要方针,同时顾及国家各项建设需要,并造就高等教育师资"。经济部、交通部的计划也是分别派遣 500 名与 300 名留学生。上述计划与方案从理论上说，不仅宏伟，派遣规模空前，而且目标具体、重点突出，在中国近代留学史上可谓前所未有。但因战时财政紧绌，交通梗阻，战后国内政局动荡，此计划大多没有实施。

抗战期间，汪精卫等伪政权成立后，为讨得日本侵略者的欢心，继续派遣学生赴日本留学，先后颁行了一些留学政策，档案案卷中既有留学方面的各项措施、规定，也有商讨留学问题的各种会议记录。如伪汉口市政府呈送考选国外留学公费生办法、伪教育部修正赴国外留学规程、修正选送日本内务省警察讲习所留学规则、选送日本内务省警察讲习所留学学员各项规定、（汪伪）外交部办理选送赴日警官及自费留学生出国手续、伪维新政府教育部留学规程草案、（汪伪）教育总署中国留学生选拔委员会会议记录等。

二、留学生选拔考试资料

在馆藏档案中，关于选拔中国学生出国留学方面的资料比较多，既有为选拔学生而成立的教育部留学生考选委员会及相关会议记录，又有教育部公费出国考试报名书及体格检查表，留学考试章程，还有各种公费、自费等出国留学考试试卷。这方面的档案约有 80 余卷。会议记录有：教育部留学生考选委员会成立经过及其组织概况、留学生考选工作谈话会纪录、留学生考选委员会历次会议记录及决议案、教育部选派出国留学生会议记录、教育部译员考试委员会第一、二、三次会议记录等；考试章程有：青年军公费留学考试章程及实施办法、教育部公费自费留学生考试章程、教育部翻译官留学考试章程及会议记录等。试卷有：公费留学生试卷、自费留学生试卷，并分为南京、上海、重庆、北平、西安、广州等地区试卷。

留学生具体考试情况略述如下：1943 年 12 月，国民政府举办了首届自费留学考试。考试分文科和实科两大类，文科包括文、法、商、教，实科包括理、工、农、医。文科中又细分为 25 个专业，实科中细分为 36 个专业，考生可根据自己的特长和兴趣，选择一门报考。此届应考学生共有 751 人，除生理、天文、兽医、水产和公民训育等 5 个专业无人报考外，其他 56 个专业均有人应试。这 751 人中,录取 327 人,均于 1944 年秋陆续赴美。抗战胜利后,教育部还举行了第二次全国自费留学考试和公费考试,因战后交通不便,教育部即在全国分设九个考区,其中公费应考人数为 3 296 人,录取 148 人,留学国别为美、英、法、瑞士、丹麦、荷兰、加拿大、意大利、澳大利亚等 10 国。自费考生有 2 774 人,录取 1 226 人,另加 718 名在公费考试中落选而成绩符合自费录取标准者,共计录取 1 934 人。这些自费生大多赴美。上述考选情况,在教育部全宗档案中均有记载。

三、留学生经费资料

馆藏档案中有不少档案是关于如何支付留学生费用的材料。当时中国留学生的经费来源,一是来自国家机关和各省政府的拨款,二是各国退还庚款所设立的基金,三是各高等学校的资助,以及自筹经费。关于国家经费档案有:教育部主管留学经费概算,关于核发留学英、美、法、日学生补助费,有关留学、考察研究及国际科教文事业经费开支预算、概算、外汇结存数,教育部出国考察研究留学实习经费分配预算及追加预算,资助考选留学欧美学习自然科学学生经费办法草案,出国留学生请求补助,教育部请发出国留学生补助费及回国旅费等。抗日战争爆发后,由于国民政府一改战前外汇自由兑换政策,实行外汇审核,关于留学生外汇供给及自费学生的申购问题,档案资料就多了起来。这方面资料有:行政院规定留学生结购外汇规则,教育部自费留学生呈请结购外汇案,财政、教育两部会拟自费留学生结购外汇办法草案及有关文稿,留学生申请外汇章则,各类留学生申请外汇各种名册等。此外,还有对一些个人的学费补助档案,如著名科学家严济慈补助学费案、水利专家严恺留学荷兰案,等等。

四、留学中的个案资料

1. 关于中国学生留学苏联情况。中国学生赴苏留学,在国民党时代,主要集中在第一次国共合作时期。由于孙中山先生实行联俄、联共、扶助农工三大政策,国民党、广州国民政府与苏俄关系良好,曾分两批选派约 800 人赴苏留学。苏联为培养这些学生,还专门成立了莫斯科中山大学。但到了 1927 年蒋介石叛变革命后,因政治立场的改变,国民党立即下令不得选派学生赴莫斯科留学。对留俄归国学生,国民党中常会于 1928 年 12 月,通过了《处理留俄归国学生暂行办法》,对留苏归国学生统一收容审查,经审查确无共产党嫌疑的发给证书,并分配到国民党各个派系和机关中。有关这些情况,档案中都有一些记载。

2. 关于国民党党员留学的情况。1927 年国民党实行清党政策后,从中央到地方的一些原来由共产党人担当的职务,由于共产党人的被迫退出,出现了许多空缺,尤其是清党过后,国民党本身也遭受到了重创,三民主义的信念在许多国民党党员中开始动摇。为巩固政权,培养具有专门知识的国民党干部,国民党中央决定对具有"革命"历史的青年党员,给予资助派往国外留学。1929 年 5 月,国民党中央正式制定《保送出国留学党员办法》,规定每年选派党员留学生一次,每次 20 名,其中 8 名留日,9 名留欧,3 名留美。但在实际派遣时,并未受此办法限制。如 1929 年 3 月第一批就派出 27 人,1930 年 2 月第二批派出 46 人,1931 年第三批派出 54 人。这些党员学生出国后,国民党中央训练部对他们在海外的学习管理得比较严,专门成立了中央派遣学生管理委员会,派人专门检查。党员留学生学成回国后,由国民党中央统一指派工作。有关这部分内容的档案,主要收藏在国民党中央民众训练部档案全宗中。

本文介绍的有关民国时期留学生档案资料,基本属于开放档案,其中已有部分公布过,也有许多被专家学者利用过。如果再有机会系统整理刊布,或是专家学者们充分查阅利用这些档案资料,对深入开展留学生专题研究,将会起到促进作用。

(原载《徐州师范大学学报·哲学社会科学版》2004 年第 3 期)

英国所藏中国海关档案述要

蒋　耘

中国海关经历了 96 年的外籍税务司制度(1854～1950 年)。在这一制度下,中国海关变成了英国对华关系的基石和英国控制下各国共管的国际官厅。英国人在海关中占据优势地位,在 1943 年美国人李度担任总税务司之前,占坐第一把交椅的都是英国人;而且海关高级官员中英国人也比比皆是。他们回国时将在海关活动中形成的一些文件、信件和照片等带了回去。后来这些文件和信件或被捐赠或被出售给档案馆和图书馆,成为档案。兹将大致情况简介如下。

一、赫德文件

赫德(Robert Hart)1835 年出生,北爱尔兰人。1853 年以优异成绩获得贝尔法斯特皇后大学的硕士学位后即在香港、宁波、广东等地的领事馆工作。1859 年 5 月间辞去领事馆职务,进入粤海关工作,开始海关生涯。1861 年 4 月经总税务司李泰国推荐为署理总税务司,同年 6 月与费士来(George H. Fitzroy)共同署理总税务司职务。1863 年总理衙门任命赫德为"江海关税务司兼管长江各口和宁波关",同年 11 月起担任总税务司几达半个世纪。其间 1885 年他拒绝出任英国驻中国和朝鲜公使。1901 年他写成中国论文集《这些从秦国来》(These from the Land of Sinim),向各国公使提供处理义和团事件的建议。1911 年 9 月 20 日去世。

伦敦大学亚非学院图书馆保存有赫德和他的私人代表金登干(J. D.

Campbell)的往来书信原件和抄件,形成时间为 1868～1907 年间,共有原件 7 盒以及抄件 2 卷。金登干从 1874 年至 1907 年去世前一直执掌总税务司署驻伦敦办事处,而该伦敦办事处又是英籍总税务司大搞业余外交的特派机构,是总税务司和英国外交部密谋对华政策的渠道。所以,这些信件对于研究早期中英关系史、海关史以及赫德本人都有着重要的价值。

伦敦大学亚非图书馆还保存有赫德致安格联(Francis Arthur Aglen)的书信抄件,形成时间为 1888 年 11 月 26 日～1911 年 9 月 14 日。安格联接替赫德担任海关总税务司,他在任内指示将赫德书信(1868～1907)制成抄件两件。其中一件留于中国,后藏于中国第二历史档案馆,一件被李度带往美国,藏于哈佛东亚研究中心。

二、包罗/包腊文件

包腊(Edward Charles Macintosh Bowra)1863 年进入中国海关,担任税务员。1864 年在北京任学生翻译(student interpreter)。1865 年成为粤海关翻译。1872 年他升任粤海关副税务司。但于 1874 年 10 月病逝,年仅 32 岁。因其早逝,其儿子包罗(Cecil Arthur Verner Bowra)在 1885 年他16 岁那年就经赫德推荐求职于中国海关。1886 年他来到中国,先是作为语言学生在北京,然后到了天津。1888～1890 年在烟台山东关工作,1890 年在粤海关工作,1891 年在厦门关工作。1899 年他在牛庄和南满洲里担任帮办。1900 年义和团攻打牛庄时,他曾担任联合防卫军司令。之后曾在苏州和厦门工作。1910～1923 年他担任北京海关总署总务科税务司,在 1911年和 1917 年总税务司安格联度假时实际代行总税务司职务。1923 年退休。1947 年去世。

英国的包罗/包腊文件主要藏于伦敦大学亚非学院图书馆,文件制造者为上述父子俩,形成时间为 1840～1966 年,共有 4 盒及 7 卷。内容为父子日记、信函、家谱、照片及有关新闻剪报。魏尔特(Stanley F. Wright)在撰写《赫德与中国海关》时曾借用过包腊在海关工作时遗留下来的日记。

三、梅乐和文件

梅乐和(Frederick Maze)生于贝尔发斯特。1891 年进入中国海关工作。1899 年担任北京海关总署稽核科署理税务司。1900 年担任宜昌关署理税务司。1901 年担任闽海关副税务司。1901～1904 年在粤海关担任副税务司。1904 年他开辟了江门关,任该关税务司。1906～1908 年担任腾越关税务司。1911～1915 年担任粤海关税务司。1915～1920 年担任天津海关税务司。1921～1925 年担任江汉关税务司。1925～1929 年任江海关税务司。1928 年 10 月他被任命为海关总署副总税务司。1929～1943 年任总税务司。1937 年全面抗战爆发后,总税务司署仍留驻上海公共租界内办公。1941 年 12 月 8 日太平洋战争爆发后,占领上海的日军立即开进公共租界,日伪接管总税务司署,总税务司梅乐和被俘。梅乐和于 1941 年 12 月 11 日发出第 5769 号通令,内称:"本总税务司已被解除总税务司职务,总理文案岸本广吉先生已被南京当局委派为总税务司,我已停止行使被占领的中国的职务。"同年 12 月 28 日,国民政府在重庆另立总税务司署。1942 年 1 月 8 日,周骊就任总税务司。同月,梅乐和由沪脱险到渝,周骊呈请退休返国,财政部照准,并令梅乐和复职。1943 年 3 月 1 日梅乐和"复职视事",但不久也呈请退休返国。1959 年 3 月 25 日去世。

伦顿大学亚非学院图书馆藏有大量的梅乐和文件,形成年代为 1882～1943 年。其中绝大部分的档案文件的形成年代是在 1922～1943 年间,有个人信件、半公函、书信集、报告和通令等。这些档案不仅藏量大,而且价值高,内容涉及海关政务、英国对华政策、滇缅路、日本对香港九龙等地的入侵、贷款、国债等中国政治、经济、军事、外交的各个方面,有极大的参考和研究价值。

亚非学院所藏梅乐和文件分为三个全宗。第一全宗的主要内容有:密函及报告(1900～1943 年),22 卷,主要涉及年代为 1926～1943 年;密函(1882～1923 年)及(1940～1941 年),3 卷;杂函(1929～1930 年),1 卷;书信集(1900～1905 年),2 卷。第二全宗的主要内容有:半公函(1904～1928

年),9 卷;半官性通令(1911～1913 年),1 卷;公文,4 卷。第三全宗的主要内容有:总税务司个人信函(1937～1941 年),10 卷;总税务司与驻伦敦办事处主任的来往信函(1939～1940 年),3 卷;总税务司与英国大使馆来往信函(1938～1940 年),7 卷。

此外,英国海关博物馆手迹部藏有梅乐和回忆录,伦敦科学博物馆图书馆藏有梅乐和书信集(1929～1941)。

四、费士来文件

费士来(George H. Fitzroy)1860～1863 年间,曾任江海关税务司、宁波关税务司,并曾一度与赫德一起署理总税务司。他的书信手稿(1860 年 11 月 16 日至 1863 年 5 月 25 日)共 104 页,藏于伦敦大学亚非学院图书馆。

五、安格联文件

安格联(Francis Arthur Aglen)1911 年接替赫德任总税务司,组织夺得了中国税款保管权。他虽于 1927 年初被革去总税务司职务,但税款保管权丧失的影响很大,中国国民政府直到 1942 年 10 月才最后将税款保管权全部收回。亚非学院图书馆藏有安格联 1921 年 1 月 2 日至 1926 年 6 月 7 日间与阿其荪(G. F. H. Acheson)和包罗的密函,1 卷。1926 年 7 月 3 日至 8 月 28 日间易纨士(A. H. F. Edwards)致安格联函 5 封。

六、其 他

剑桥大学图书馆和亚非学院图书馆都藏有魏尔特(Stanley F. Wright)编撰的 7 卷本的中国海关历史资料汇编《中国海关的起源发展及其活动文件汇编》(Documents Ilustrative of the Origin, Development and Activities of the Chinese Customs Service)，简译为《中国近代海关历史文件汇编》。此书 1940 年由总税务司署统计科出版，其中大部分内容是从几千个总税务司通令和机要通令选择出来的具有代表性的通令，也有英、美国会的有关海关问题的档案、报刊、日记、书信等，是研究中国近代海关史的一部系统的原始资料。

英国国家档案馆也藏有一些零星的海关资料，如外交部全宗 FO371/31625 中就有关于 1940 年中国海关的资料。

（原载《民国档案》2002 年第 2 期）

隐私权与个人档案信息的保护

张开森

一、隐私和隐私权

早在远古时代人类祖先因萌生羞耻感而开始用兽皮树叶遮拦自己的隐私部位时,人的隐私意识就产生了。以后随着社会的发展和社会观念的变化,隐私的概念不断发展。在现代,隐私概念有了严格的界定。严格按照法律的要求解释隐私,就是一种与公共利益、群体利益无关的,当事人不愿他人知道或他人不便知道的个人信息,当事人不愿他人干涉或他人不便干涉的私事,当事人不愿他人侵入或他人不便侵入的个人领域。这三个方面又可以表述为无形隐私、动态隐私和有形隐私。总之,隐私是文明人的精神性人身要素,私密性是隐私最突出的表征。

随着社会文明程度的提高,特别是当人类步入资本主义社会,实行法治之后,公民个人的权利意识日益增强,人们要求支配的私有空间日益扩大,从而自觉不自觉地意识到应尊重他人的私生活方式,维护自己的私人生活秘密不受侵犯。这种要求法律保护公民个人生活安宁的愿望经过法学家们的提炼升华,便发展成为公民人格权的一项重要权利——隐私权。立法上确认隐私权为公民的一项民事权利,才刚刚经历了一百多年的时间。1890年,美国私法学家萨缪尔·沃伦(Samuel D. Warren)因不堪忍受当地报纸对自己的家居生活以及女儿的婚事加以详尽的报道,遂和路易斯·布兰戴斯(Louis D. Brandis)共同在《哈佛法律评论》上发表了《论隐私权》(The

Right to Privacy)一文,主张应承认受侵权行为法保护的隐私权,以不受他人干扰为主要内容。该文的发表引起了广泛关注,逐渐得到各国立法的认可。从此以后,公民隐私权的保护便成为一个重要的理论和司法实践问题。

　　隐私权是旨在维护权利主体人格尊严的权利,是自然人就个人私事、个人信息等个人生活领域内的情事不为他人知悉、禁止他人干涉的权利,是公民保持其人格尊严和从事社会活动不可缺少的条件。由于隐私权保护对象及其内容的特殊性,因而成为一种独立的人格权。它包括这样四项权能:(1)隐瞒权,公民对自己的隐私有权隐瞒,使其不为人所知;(2)利用权,权利人可以利用自己的隐私,满足自己精神上和物质上的需要;(3)支配权,支配自己的隐私,准许或者不准许他人知悉或者利用自己的隐私;(4)维护权,当自己的隐私被泄漏或者被侵害的时候,有权寻求司法保护。

　　这项权能的核心,是对隐私及其利益的支配。当一个人不愿意让别人知道自己的隐私时,他人若恶意进行探听,即为一种侵害隐私权的行为;而一个人自愿将自己的隐私告知某人,则是正当地行使隐私权。但必须注意的是,只要权利人没有授权,得知该隐私的人就不得将其擅自公布、恶意宣扬或者泄漏,否则即构成侵权。

　　隐私是文明人的精神性人身要素,隐私权不受侵犯是文明人的基本需要,注重保护公民个人隐私权,有助于维护公民人格尊严,倡导文明健康的社会风气,从而促进人类文明进步。加强隐私权保护也有利于个人与社会的和谐发展,有助于实现全社会的安定团结,还有利于树立良好的社会道德风尚,促进精神文明建设。

　　在中国,对隐私权的真正保护始于20世纪80年代初。我国宪法第38条规定了公民的人格尊严不受侵犯,这为我国人格权立法提供了依据。第39条规定了公民的住宅不受侵犯,第40条规定了通讯自由和通讯秘密受国家法律保护。《民法通则》中第107条对公民人格权保护做出规定。1988年,最高人民法院在《关于贯彻执行＜民法通则＞若干问题的意见(试行)》中,规定对侵害他人隐私权,造成名誉权损害的,认定为侵害名誉权,追究民事责任。1993年,最高人民法院在《关于审理名誉权案件若干问题的解答》中,重申这一原则。按照这样的司法解释,司法实践对隐私权有了一定的法律保护。《刑法》设有专门的罪名,如第245条的"非法搜查罪","非法侵入住宅罪"，第 252 条"侵犯通讯自由罪"，第 253 条"私自开拆隐匿毁弃邮件电报罪"等均是对隐私权保护的专门性的规定。其他法律，如《行政诉讼法》《民事诉讼法》《刑事诉讼法》都有在涉及个人信息的情况下应当保密和不公开开庭的规定，这些规定均涉及个人隐私权的法律保护。对于社会特殊人群的隐私权保护，法律也做出专门的规定。如《预防未成年人犯罪法》不但规定在工读学校就读的未成年人的人格权应受到尊重（第 36 条），而且专门设有保护犯罪的未成年人隐私的条款（第 45 条），《未成年人保护法》对于未成年人的个人隐私也做了专门规定（第 42 条）。其他法律，如《商业银行法》《律师法》《监狱法》等均有涉及公民个人隐私问题的条款。

二、档案部门的新机遇和新挑战

众所周知，档案是各社会组织、职能机构以及个人在其从事的各项活动中自然形成的原始记录，在一些档案文件上面有意无意地、或多或少地载录有事关当事人隐私的信息，诸如个人履历、住址、家庭成员、社会关系、婚姻状况、工资待遇、健康状况、个人财产、奖惩记录、业务考绩、操行评语、人事甄别、信用等级，等等。必须指出的是，这些个人隐私信息不仅仅是较集中地记录在人事档案上，在其他事务性文件上亦难免有所载录。因此，在公众法律意识和自我维权意识逐渐增强的社会背景下，档案机构在对外接待利用过程中如何既确保档案的正常开放、又确保档案中的个人隐私信息不致泄漏，从而避免侵权行为的不慎发生，确实是一个值得研究的问题。

事实上，国家有关行政主管部门早已关注到上述问题，并在制定相关政策法规时有所体现。1997 年 9 月 27 日，国家档案局、国家保密局联合颁发了《各级国家档案馆馆藏档案解密和划分控制使用范围的暂行规定》。该文件明确规定，对于 1949 年前后形成满 30 年的已经解密的档案和未定密的其他档案，原则上应该开放利用。但出于保护个人隐私权的考虑，在该暂行规定的第七条中，将与公民隐私权、名誉权有关的文件，以及个人移交、捐赠、寄存档案时明确提出不能开放的档案，均列为开放利用时的"例外"，也就是均列入应当控制和限制使用的范围。实践证明,这项规定对于有效预防在档案开放利用工作中产生对个人隐私的侵权,确实起到了重要作用。各级各类档案部门以此项规定作为政策指导和保障,结合各自实际馆藏状况,纷纷制定了相关的规章制度,收效显著。因此,尽管目前社会上有关隐私侵权的纠纷诉讼时时见诸报端,但因开放利用档案而引发的侵权大案尚未有所耳闻。

随着我国社会经济文化建设的全面发展,特别是伴随着信息传播手段和技术的迅猛发展,社会的信息化程度不断提高,档案事业的发展空间得到了前所未见的拓宽:档案已开始由纸质向数字形式转化;档案的存储场所已不再局限于库房,因为因特网对于数字档案来说是一个更恰当的存放空间。同时,由于我国入世后政府职能进一步转变,公共事务管理机构的许多运作对于个人档案数据的依赖已经达到了空前的程度,如建立社会信用体系,银行、保险公司、电信公司考查客户资信,咨询公司做市场分析,教育科研机构做教学研究等。为了应因这一新的社会需求,使档案更紧密地渗透进人们的经济和社会生活之中,档案学界已开始探讨在传统的公共档案馆之外,成立一些新型的档案信息服务机构的可能性,如个人信用档案系统[1]、国家人事档案中心[2]、数字文件中心[3]、文献信息资源中心[4],等等。

应该肯定,这些前瞻性构想具有相当大的可行性,因为它们不仅迎合了社会各界对档案信息的新需求,而且得到了成熟的电脑网络技术的强有力支持。不过,目前对于档案界来说,不仅要以乐观的心态来展望这些新型档案信息服务机构的积极作用和正面意义,而且还应该未雨绸缪、防微杜渐,提前准确预测这些新型档案信息服务机构正式诞生以后可能遇到的新问题,因为任何新生事物均有其两面性。档案事业在面临着历史性发展契机

---

〔1〕 高峰:《关于建立我国个人信用档案制度的若干思考》,载《档案学通讯》2002年第5期。

〔2〕 吕元智:《构建国家人事档案中心的设想》,载《中国档案》2003年第4期。

〔3〕 何嘉荪:《现行文件阅览中心、文件中心与数字档案馆》,载《档案学研究》2003年第1期。

〔4〕 聂曼影、魏伶俐:《建立"中国档案系统文献信息中心"的构想》,载《中国档案》2003年第6期。

的同时,也面临着新的挑战。由于新型档案信息服务机构几乎无一例外地以数据库和电脑网络为基本运作要素,而且将个人档案数据的集中收集作为一项主要工作目标,因而也将难以回避如何确保个人隐私信息不被侵权这一问题。这是由于在高度信息化的社会背景下,大量的个人数据被各类计算机信息系统收集和存储,并可经由网络方便快捷地传输和调阅,技术的进步使得侵入个人空间变得更加容易,客观上对公民的隐私权构成极大的威胁。这正如信息产业的巨头之一、太阳微系统公司的总经理斯科特·麦克尼利(S. McNealy)所断言的那样:"必须承认这一事实:私生活已不复存在。"〔1〕套用另一个美国学者的话说:"我们正生活在一个透明的社会里","社会中每个人所拥有的个人隐私正在消失"。〔2〕

实际上,信息网络社会中个人隐私权的保护问题,已成为一个世界性难题。在信息化程度较高的西方发达国家,隐私权越来越受到人的重视,受到各国立法的普遍承认和保护。美国华盛顿电子隐私信息中心(Electronic Privacy Information Center in Washington D. C)主任 Rotenberg 曾指出:"隐私之于 21 世纪的信息经济,如同消费者保护问题和环境问题之于 20 世纪的工业社会。相信道德自律,就像相信强盗可以由和尚点化一样。真正有用的,还是应该有相应的法规。"可以说,加强隐私权的立法及司法保护,已成为大多数文明国家的共识。许多国家陆续颁布了数据保护法,规定数据用户必须履行登记手续,明确数据来源和使用目的,并保证数据的安全可靠与正当使用;数据主体为了保护自己的个人隐私不被侵犯,依法享有知悉权、修改权以及因数据用户的数据不准确或不当使用给其造成损失时要求赔偿的权利。

相比之下,由于我国的社会信息化起步较晚,各地区间发展又不均衡,尤其是上述各类新型档案信息服务机构尚处于理论探讨阶段,因而对于如何预防网络环境下对个人隐私的侵权,无论在立法上还是在制度上,均为全新课题。他人之石,可以攻玉。各国际组织和发达国家在此领域的立法理

---

〔1〕 〔法〕吉尔贝·夏尔(G. Charles)、让-塞巴斯蒂安·斯泰利(J. -S. Stehli):《高科技威胁私生活》,载《国外社会科学文摘》2001 年第 4 期,第 24 页。

〔2〕 〔美〕理查德·A·斯皮内洛:《世纪道德:信息技术的伦理方面》,刘钢译,中央编译出版社 1999 年版,第 163 - 164 页。

论和实践,确实有值得有关部门和研究者借鉴之处,因而本文下面将着重介绍一下相关情况。

三、发达国家和地区对个人档案数据的保护

在 20 世纪 80 年代之前,保护个人档案信息的呼声主要出自许多个人对自己的私人秘密被扩散的担心;而进入 80 年代之后,要求立法的呼声主要来自许多大公司。这些公司都希望其他的竞争对手在收集、存储和使用个人信息的过程中,能够恪守公平竞争的商业原则,并期望有一部法律给予规范和保证。因此,在 80 年代前后,英美法系和大陆法系各国相继开始以特别立法的形式,对隐私权与个人数据保护进行规制。据统计,目前已有近 20 个国家制定了个人数据保护方面的法律。

这些法律尽管具体的条款内容各有差异,它们对个人数据及其他相关术语下的定义却基本相同,体现了高度的国际通用性:数据——指的是可依既定指定、由设备自动处理的信息的记载形式;个人数据——指的是有关一个被识别或可识别的自然人(数据主体)的任何信息;数据主体——其个人信息被作为个人数据收集存储起来的自然人;数据使用人——指持有数据、控制并使用这些数据的人。通过这些定义可以看出,所谓个人数据,实质就是被储存于电脑网络之中的个人档案信息。

在美国,目前已经形成较为系统、完备的隐私权法律保护体系。其中,1974 年制定的《隐私权法》是一部全面保护个人隐私权的专门立法。该法就不同的数据用户对属于隐私权范围的个人数据的收集、保存及取用都做了较为详尽的规定。依照该法,联邦政府在收集有关资料时,凡对个人有害或不利的资料必须向有关的个人直接收集。在取得资料的过程中,应向被收集者表明其收集资料所依据的权利、收集资料的性质、资料的用途以及不提供资料的法律后果等。任何联邦机构只能收集与其本身职责有关的,或者与现行法律所赋予的任务有关的资料。各机构所保存的数据记录必须做到"精确、相关、完整和公平"。未经与资料有关的本人同意,不得任意公开资料。允许公民查对和更正与本人有关的资料。1976 年的《公平信用报告

法》规定,任何人向客户报告代理机构提出请求时,该机构都有义务将自己的文档中有关该个人的数据信息(涉及该人的医疗情况信息除外)披露给该人。如果被存储了档案的个人认为代理机构所存储的信息不准确,该代理机构即有义务重新调整并修改所存储的文档。该法还要求一切客户报告代理机构采取有效措施,确保所持有的数据安全可靠。

1984 年 7 月,英国颁布了《数据保护法》,规定了对个人档案信息加以保护的八项原则:(1) 必须公平合法地取得供个人数据存储用的信息,不允许以欺骗手段从数据主体那里取得信息,取得个人信息必须经过有关的个人同意;(2) 只为特定的和合法的目的,才能持有个人数据;(3) 使用或透露个人数据不得与持有数据的目的相冲突;(4) 持有个人数据的目的本身,也必须适当、中肯;(5) 个人数据必须准确、不陈旧、不过时;(6) 如果持有某些个人数据要达到的目的是有期限的,则持有时间不得超过该期限;(7) 任何个人在支付了合理费用后,均有权向数据使用人了解有关自己的信息是否已被存储,并有权对已存储的个人数据在适当的情况下加以更改或销毁;(8) 必须采取实全措施,以防止个人数据未经许可而被扩散、更改、透露或销毁。该项法令还规定,对于用户遗失、毁坏有关数据,或者未经许可而透露有关数据的,数据主体有权请求赔偿。

瑞典在 1973 年制定了《数据库法》,规定建立瑞典数据监督局,未经该局批准,任何人不得非法拥有他人的个人数据,并对有关数据库资料的收集、利用和保管等方面进行了规范。联邦德国于 1976 年制定了《联邦数据保护法》,规定了何种数据得以储存、处理和传送。并规定,在储存、传递、修改和删除个人资料时,禁止对这些资料加以滥用;数据须经本人同意或法律上的授权方可处理;个人可以请求获取数据库中关于本人的资料,除非这对数据库的功能有所妨害;个人有权查询、更正本人的有关资料;个人有权清除有关自己的某些资料。《加拿大人权法案》规定,政府每年须公布其数据库的名称、资料内容和使用情况,个人有权查询并更正本人资料中不正确的部分。

在个人档案信息的保护方面,早已存在一些地区性国际公约。除了较早的经济合作及发展组织(OECD)1980 年 9 月通过《隐私个人保护基准》(Guidelines on the Protection of Privacy and Transborder Flows of Personal Data),及欧洲议会 1981 年签署的《个人数据保护协定》(Council of Europe Convention For the Protection of Individuals with Regard to Automatic Processing of Personal Data)等规范外,欧盟于 1995 年通过《个人数据保护指令》(European Union's Directive 95/46/EC on the protection of individuals with regard to the processing of personal data and on the free movement of such data),此保护指令于 1998 年 10 月 25 日已经正式生效,该指令要求 15 个成员国都要立法去管理个人资料,并且特别规定第三国若未符合"适当"标准(adequacy standard),则为保护其人民个人数据隐私起见,欧盟将采取必要措施防止其个人数据转移至该具有疑义的第三国。保护指令的基本原则大致如下:用途上的限制、数据的品质、安全性的原则、透明化的原则、同意权的原则、个人救济的原则。2001 年 9 月及 2002 年 6 月,欧盟进一步通过了向第三国传输个人信息决定及电子传输中个人信息及隐私保护指令,以适应网络时代的个人信息保护。

结　论

随着社会的信息化程度不断提高,个人档案信息在公共事务管理机构运行过程中的价值和意义已日益彰显,确实为政府部门的管理、社会事业的发展起到了相当积极的作用。应运而生的各类新型档案信息服务机构对个人数据运用所产生的影响与结果不仅关系到老百姓方方面面的利益,同时也关系到老百姓个人隐私的保护。如何使花费巨额成本收集的个人档案数据发挥出最大的经济效益自然是档案管理机构努力探求达到的目标,但是在收集、加工、使用这些个人数据的过程中如何保护数据提供者个人隐私不受侵害,也应该引起高度的重视,否则势必引发诸多棘手的法律问题。如何在这个人档案信息开发和个人隐私保护二者之间寻到一个利益平衡点,一方面使得各类新型档案信息服务机构的现代化手段得以充分利用,另一方面又能使作为其管理和服务对象的个人隐私得到切实的保护,已是我们将要必须面对并妥善解决的一个问题。

(原载《档案》2004 年第 1 期)

知识经济时代档案信息资源的管理与利用

虞亚梅

在新世纪到来之际,知识将视同物质和能源成为未来社会的最主要资源之一,它决定着一个国家的盛衰和民族的存亡。档案馆是信息资源的聚集地,在知识经济的格局中占有重要的地位。本文试图前瞻知识经济的大致趋势,研讨建立适应知识经济时代要求的档案信息资源管理和服务的新模式。

一、对档案馆现状的理性审视

知识经济以及"衍生"的知识管理,对档案管理工作提出了全新的命题。要有效地将知识管理的观念和方法贯穿于档案管理工作,首先必须理性地审视档案管理工作的现状,因为这是一个历史的基点。

档案工作古老而又年轻。尽管"档案"一词的出现尚有争论,但据史料载,宋代已有叫作"千文架阁法"的档案管理方法。明代已有"文档"一词。中华人民共和国成立 50 年来,我国的档案事业蓬勃发展,现代意义的档案馆从无到有、从少到多、从小到大,从初期只有单一门类的国家综合档案馆,发展到今天拥有以国家综合档案馆为主,兼有国家专门专业档案馆、部门档案馆、企事业单位档案馆等多门类的档案馆,初步形成了档案馆体系。然而,我国档案馆的现状与知识管理的要求乃至与迎接知识经济时代到来的要求相距甚远。这种不相适应性集中表现在下列方面:

1. 档案馆仍未走出封闭状态。大多数档案馆的工作方式基本上是接收移交的档案，编目立卷、存储入库、查阅调卷几步曲，档案馆类似于资料仓库，"活"信息被束之高阁，变成了"死"档案。

2. 基层档案馆的馆藏结构雷同单一。由于历史的因素，我国档案馆的工作对象偏重于机关单位，馆藏档案主要为文书档案和少量财务档案，科技档案、特色档案、名人档案、声像档案、实物档案寥寥无几。这种馆藏结构无法充分全面地反映丰富的社会发展过程。

3. 档案馆独立而为的单体性。档案具有唯一性，独立藏于各档案馆是全世界通用的档案存储方式。但是，由于我国档案基础工作薄弱和现代技术手段运用较少，使各个档案馆形成独立的单体，尚未形成真正意义上的档案网络体系。

4. 档案介质的传统性。目前档案绝大多数仍为纸质档案，光盘技术和机读方式虽已运用，但十分有限。数据库的建设与当今信息传输技术的要求相去甚远。

5. 资源共享观念淡薄。档案馆藏一直是衡量档案馆规模和地位的重要指标，于是，追求自我实体的拥有，成为档案馆工作的重中之重。但如何将自我主体拥有的馆藏置于整个社会档案体系之中，实现档案资源的共享，至今仍然未被重视。

6. 自身技术落后。全国 3 700 多家档案馆中的主体——省级以下档案馆，仅有小型计算机主机和终端十几台，微机 2 700 台。计算机主机和微机平均下来每个档案馆少得可怜。硬件不行，软件也无法使用，当前的档案管理软件也大多没有全文检索的功能，不符合电子文件或档案管理系统的要求。

档案是人类社会活动的真实记录，是各种知识的总汇和人类智慧的结晶。它具有真实性、综合性、积累性。透过档案，我们能够感受到人类历史的延续，触摸到社会延绵不断的脉搏。档案构成了人类社会连续发展的桥梁，关系到社会的持续发展，它是一个民族、一个国家财富的一种象征。在人类从 20 世纪走向 21 世纪的今天，特别是从工业经济向知识经济实现质的飞跃之时，将档案闲置于传统架阁之中是不可想象的浪费。知识经济时代，必然应该有与之相适应的档案事业的新局面。

站在事业的基点，放眼知识经济的未来，我们必须在全面审视的基础上寻求全新的观念,并做出战略性的发展决策。

二、构建全新的档案资源管理模式

根据知识经济时代特征,知识成为最重要的经济要素,知识产业成为主导产业,知识结构高级化,知识扩散全球化。因此,我们必须思索如何构建符合时代特征的适合档案馆档案信息资源管理的方法和手段。

第一,健全现代管理信息系统,让档案信息转变为知识资产。档案馆是信息资源的集聚地,此处的信息可理解为数据、资料、消息、情报。客观存在是反映事物运动的一种状态和变化的方式,而知识是研究事物运动状态和变化方式的规律。一个是现象、资料、数据,一个是通过现象、资料、数据而获得的对规律性的认识。知识经济时代需要的不仅是信息库,而且是更高层面的知识库。知识库与信息库的区别就在于,前者由组织起来的信息构成,信息得到了有序化的加工和整合。

知识库基于信息库,信息数据库属于知识仓库的一部分,而另一部分是激活了的信息。例如中国第二历史档案馆利用邮电部编史的机会,把档案库中沉寂了几十年的按传统方式立卷保存的民国时期的邮电档案,用现代化手段重新进行整理编目,为此专门组织实施了"邮电档案整理工程"。10万余卷民国时期邮电档案得到了系统整理、分类,编制了相关目录,并被扫描、刻录成500余张光盘。在此项工程中,时值《中国邮票史》编撰和中国邮电博物馆发展筹备的时期,许多重要而珍贵的历史档案、照片和邮品被挖掘出来,无疑为邮票史的编写和查档提供了方便,也为中国邮电博物馆布展、迎接第22届国际邮联大会展览提供了史料,产生了巨大的社会效益。这项工程对档案馆和邮电部双方都有着良好的收益。由此得出结论:"知识是组织起来的信息。"知识仓库就是将信息网织成各种关系的模式。当数据串连起来形成信息再依次经过组合和重组并变成有意义的知识簇时,知识仓库的构建便开始了,知识成为最具有价值的商品。

在信息系统管理中,输入建设是一个方面,而输出利用又是另一方面。目前档案管理中的编目立卷也是为了档案的有序化,但这种有序化常常是为形成档案的主体的连续性服务的。缺憾的是,这些档案信息缺乏门类和专题的整合。如城建档案是城市建筑的历史记录,它涉及城市建设近 30 个专业形成的文件材料,仅城市建设的道路档案,就分散于综合部门、规划、建设、市政、供水、排水、电力、电信等各个档案形成主体的全宗之中,要查清一条道路的显性和隐性的情况,需要四处奔走。管理信息系统告诉我们,信息具有可压缩性,可以进行浓缩、集中、概括和综合,而不失去信息的本质。由此观之,档案管理完全应该在保持全宗完整的同时在输出系统的大系统中建立专题检索子系统。以专题为检索途径,是与社会对接的主要服务手段,而建立这一子系统的过程也正是将信息库转化为知识库的过程,是将档案信息资源转化为资产的过程。经过这一过程,档案就不至于在库中"死去",而会在社会快捷方便的使用中实现其应有的价值。

第二,让档案信息资源"流动"起来,实现资源共享。档案专题检索子系统的建立,能使使用者寻找和利用的时间大大减少,这仅是一个方面;另一方面使档案流出"馆界",使各馆的档案"溶为一体",才能符合建立在信息社会基础之上的知识经济时代的要求。档案馆要真正树立社会档案的观念,在"统一领导,分级管理"思想指导下全面实行网络建设,这将涉及大量的权利和义务的利害得失,若不能统一思想,必将举步维艰。目前我国已起步建立的以某中心档案馆为轴心的资源共享共建的目录中心,如以中央档案馆为中心建立革命历史档案资料中心,以中国第二历史档案馆为中心建立民国档案资料目录中心,以省市区档案馆为中心建立本行政区档案资料目录中心等。这项尚属起步阶段的工作在不断取得进展,但其发展速度和覆盖面是不尽人意的。因为仅有目录中心,并不能解决节点间的联络沟通,实质上颇有计算机备份文件的意思,无法从一个节点共享另一节点文件名下的档案信息资源,而要做到这一点,就必须从调整利益关系的角度寻求可操作性的办法。在确立了观念后,再寻找政策、法规和技术方法的实施办法,无疑是启动我国档案信息资源整体化运作工程的前提。

迅速发展的网络技术,为实现这一目标提供了技术保障。在网络环境下,每个单位的档案馆成了一个个"节点"、一个个网站。只有这样,每个单位的档案馆才能在真正意义上融为社会档案馆体系中的一分子。当传统档案馆走向电子档案馆或虚拟档案馆时,任何档案馆不仅能提供本馆馆藏,而且还能提供其客观存在节点的档案或线索。这种共享将改变目前档案信息服务受地域及馆藏类别限制的封闭性、局限性。但是档案上网必须是有条件的,首先必须是在开放范围内的档案,其次是以不损害国家安全、集体利益和个人利益为准则,使分散单一、封闭的档案信息转化为综合开放、类别丰富、跨地区、跨行业乃至跨国界的档案信息,实现档案资源共享和档案信息社会化。

第三,档案、图书、情报一体化建设。档案馆、图书馆以及各类科技情报单位,均是信息资源的集聚地,它们拥有的信息资源往往具有共性,也常常具有互补性。目前的档案利用已在"整体功能大于部分功能之和"的系统论思想指导下,即使在未来档案馆联合网络建成的情况下,这三者之间同样应该联合起来,以最小的投资建设最佳的馆藏,最大化地发挥出信息资源整体效能。

档案工作发展到今天,图书、情报、档案的一体化管理理论的出现标志着档案管理已从传统的档案实体管理向信息管理方向发展。"一体化"理论反映了人们建立高速快捷服务的信息网络的需要。当今信息已成为物质、能源之外又一重要经济、战略资源之时,图书、情报、档案这些知识资源的共建共享势在必行,最终解决一体化的途径是网络化,靠对网络上的信息资源管理来实现。

"一体化管理"的实现将出现的共享状态为,一方面纵向建立同行之间的互通互补档案信息网;另一方面横向建立与各行各业保持联系的网络。单一的信息向综合性信息方面拓展,档案部门与图书、情报、数据中心、公共查询系统等信息部门连接起来,社会各界人士及时、有效地上网查询其所需档案信息以及补充档案信息就有了保障。

档案馆实行信息网络后在管理上须建立的是:1. 信息的多重组织。基于知识和信息管理,网上信息资源应深入到档案所包含的知识单元和信息单元。2. 信息安全与保密技术。必须从进口、传输、使用三方面采取筛选措施,实现从行政管理、技术管理以及立法上对国家机密、知识产权等予以保证,以维护国家利益和个人应有的权益。3. 必须研制、制作新的适合联机检索的检索工具与研究工具。将人工智能技术和超文本技术应用得更普遍。

第四，实行节点有偿访问。目前档案馆通行档案的有偿使用制度。它是对档案信息资源实行行政配制和市场配置方式相结合的管理方式。在档案信息资源转化为知识资产以及使用网络技术建立电子档案馆后，不能不考虑有偿使用这一现实。因为无偿使用不能体现每一节点在将信息库转化为知识库，将信息资源转化为知识资产过程中的劳动价值。毫无疑问，在网上购物，电子商务已经逐渐发展起来的今天，实行节点有偿访问的远程结算不会有多少技术障碍。

具体地操作还可分义务的和有偿的两种。一般性的查询、检索无论是传统服务还是远程服务均可无偿义务提供，对于网上深入查询或特殊专题检索、下载等应为有偿服务，对于科技档案还应收取所含科技成果的转让费。

对节点的管理还应该设置预防触犯《档案法》《著作权法》《专利权法》等的"防火墙"，防止进入受控系统。档案的所有者是国家、集体和个人三种。对国家所有的档案，档案部门可代其享有"产权"，有权进行开发利用。对于集体和个人所有档案，档案部门提供利用时，必须征得所有者的同意，必要时还要有相关协议甚至合同。总之节点有偿性访问要建立在规范控制的基础之上。

知识管理的核心是人，知识管理的工具是信息技术，知识管理的灵魂是知识创新。我们应运用知识管理的基本原理，提高从业人员的思想素养和技术能力，发挥出人的主观能动性、创造出最佳经济社会效益，这也是面对知识经济到来时的最好对策。

"档案事业既是遍及全球的世界性事业，又是与人类文明共同发展的永恒性事业"（国家档案局局长王刚在第十三届国际档案大会开幕式上的讲话）。档案信息在网络环境下的共享对档案实体是一种保护，它符合"可持续发展"观。图书、情报、档案的一体化共建共享正是"全面发展、平等发展"理论的体现，是"可持续发展"的战略性对策。

面对知识经济浪潮的冲击，档案馆作为信息的前沿阵地，只有确立全新的管理观和服务观，发挥出聚集信息源、构建知识库的全新作用，才能在知识经济浪潮中迎头而上，抓住机遇获得发展，成为知识经济时代中不可或缺的有机组成部分，成为知识经济体系的一块重要基石。

（原载《档案学通讯》2002 年第 1 期）

《民国档案》与抗日战争研究

胡震亚

　　《民国档案》自创刊迄今已历 30 年,在编辑部同仁与学界的精心呵护下,成长为一家知名学术刊物,连续被评为"中文社会科学引文数据库(CSSCI)来源期刊""中国人文社会科学综合评价 AMI 核心期刊""北大中文核心期刊"。温故而知新,本文虽仍属回顾、展望与总结,然其主旨并不是要对《民国档案》创刊以来所发表的史料、论文做全面评估,而是依托中国期刊全文数据库(CNKI)的具体数据,撷取抗战史这个点为样本,分析期刊呈现出的面相,为今后办刊之鉴,冀望这本学术期刊能够拒绝平庸,远离虚妄。

一、抗战史料的刊布及影响

　　史料是历史研究的基石,现代史家无不重视史料的发掘。王国维就认为"古来新学问之起,大都由于新发见之赐"。傅斯年更是直言"史学便是史料学",认为"史学的对象是史料,不是文辞,不是伦理,不是神学,并且不是社会学。史学的工作是整理史料,不是做艺术的建设,不是做疏通的事业,不是去扶持或推倒这个运动,或那个主义",喊出了"上穷碧落下黄泉,动手动脚找东西"的口号,开创了一代学术新风。季羡林将学术变动的原因归结为两点:"一是新材料的发现,一是新观点、新方法的萌生。"
　　作为一家档案馆创办的以"档案"命名的期刊,自然十分重视新史料的发掘与刊布。1985 年创刊号简短的"发刊词"便开宗明义:"海内外民国史的研究现正方兴未艾。本刊的宗旨正是为民国史研究提供档案史料,以发表民国档案史料为主,兼为民国史研究论文提供发表园地,并且联系海内外学者,沟通学术交流,繁荣民国史研究。"

回首 30 年来,《民国档案》始终秉持这一宗旨,不敢稍有懈怠。CNKI 数据库有关《民国档案》120 期的载文数据为 2 679 条(含研究动态、会讯、书讯等信息类文章),总字数在 2 800 余万字。刊布的史料达 1 200 万字,占总字数的 42.9%。其中有关抗战史料 290 篇,约 500 余万字,为总篇数的 10.82%,总字数的 17.86%,占史料总字数的 41.67%,抗战史料在本刊中占据重要地位。

《民国档案》所刊抗战史料的影响,首先,是为抗日战争研究提供了大量的一手史料。如侵华日军南京大屠杀作为抗战史的一个重要课题,其研究的深度与学术影响,与档案资料开放的程度关系甚大。中国第二历史档案馆在推进该课题研究方面所付出的努力一直向为学界称誉,《民国档案》在公布相关档案资料、引导学者关注这一课题方面应该说也有一定贡献。其中《满铁档案中有关南京大屠杀的一组史料》刊发后,不仅受到学界的重视,在学界之外也引起强烈反响,《人民日报》、新华社、《解放日报》《文汇报》《新华日报》《南京日报》《扬子晚报》及美国《侨报》、德国《新闻周刊》等海内外媒体均做了报道。

其次,表现为对史事谬误的纠正。如华北事变后,日本"华北驻屯军"为谋求独占华北的经济利益,试图压迫冀察行政当局签订"华北经济开放协定"(即"中日经济提携八项原则")。传统观点认为,该协定已由宋哲元与田代皖八郎于 1936 年 10 月正式签字。而《民国档案》1986 年第 4 期刊载之《国民政府行政院有关"华北经济开发"致实业部函三件》内"宋哲元感电"则称:"南京。行政院院长蒋钧鉴:密。中日经济提携日方提出已久,迄未与议。职上月在津与田代司令面谈关于经济开发互换意见,在平等互惠、共荣共存原则上,曾有彼此谅解,为将来宜办之事项,并无如外传协定等事……"使这一传统观点得以纠正。

我们还可以从下载频次与被引频次统计分析中略见其影响力端倪。

表 1 史料下载频次排名前 30 篇

序号	篇名	刊期	下载次数	被引次数
1	战时儿童保育会史料一组	1996/04	260	22
2	陈诚私人回忆资料(1935～1944 年)	1987/01	258	10
3	英国外交档案有关汪精卫"和平运动"及汪政权的部分历史档案文件(大卫·巴雷特;单富粮)	2000/04	242	2
4	九一八事变后顾维钧等致张学良密电选	1985/02	239	14
5	美国《时代周刊》1937～1941 年有关日军轰炸南京和大屠杀的报道(杨夏鸣)	2006/04	235	7
6	中国红十字会上海国际救济会工作报告(1937 年 8 月～1938 年 2 月)	1998/01	224	8
7	蒋介石、宋子文、俞飞鹏等为滇缅公路相关事宜往来函电	2008/04	224	
8	关于宋子文斯大林莫斯科会谈——美国外交档案选译(吴景平)	1991/02	223	1
9	抗战时期工厂内迁史料选辑	1987/02	221	7
10	李滋罗斯远东之行和 1935～1936 年的中英日关系——英国外交档案选译(吴景平)	1989/03	195	2
11	德国赴华军事顾问关于"八·一三"战役呈德国陆军总司令部报告(傅宝真)	1998/03	186	6
12	关于抗战外交及国民精神总动员——军委会参事室座谈会记录	1995/01	183	5
13	美国外交文件中有关"九一八"事件的一组电报(杨夏鸣)	2012/01	178	1
14	日本海军第一联合航空队对南京的空袭(王卫星)	2010/03	175	1
15	日本在华特务机关调查统计(1935～1936 年)	1996/01	174	2
16	九一八事变后张学良致蒋介石等密电一组	1994/04	171	
17	抗战期间中国政府对苏易货偿债相关史料(1939 年 2 月～1945 年 6 月)	2006/02	170	9

（续　表）

序号	篇名	刊期	下载次数	被引次数
18	中国出席九国公约签字国布鲁塞尔会议代表与外交部等来往文电(1937.10～11)	2008/03	161	
19	蔡元培等有关抗战初期中央研究院内迁诸事与王敬礼来往函	2007/01	159	
20	王世杰关于改进中苏关系意见签呈(1944年7月10日)	2006/02	159	3
21	1937年《纽约时报》关于南京大屠杀的报道(1937年12月18日)(F·蒂尔曼·德丁;高兴祖)	1995/03	158	2
22	有关张群出任南京国民政府外交部长期间中日交涉的一组史料	1988/02	154	2
23	周鲠生等为汇报美国外交走向事致王世杰函(1939年4月～1944年5月)	2010/02	153	
24	有关1937年淞沪抗战、侵华日军南京大屠杀见证人辛德贝格的一组外文史料(戴袁支)	2010/01	152	1
25	宋子文与陈嘉庚为在新、马募集救国捐款事往来电函(1937年12月～1939年7月)	2006/03	150	
26	抗战爆发后南京国民政府国防联席会议记录	1996/01	150	8
27	德国总顾问法肯豪森关于中国抗日战备之两份建议书	1991/02	149	12
28	日本海军航空队空袭南京史料(1937年8月15日～12月13日)——《支那事变战记·海军航空战》节译(高晓星)	2004/04	146	4
29	中国妇女慰劳自卫抗战将士总会八年工作总报告	2007/01	145	8
30	国民党政府经济部关于战时经济建设的工作报告	1989/03	144	4

数据来源:中国期刊全文数据库(CNKI)。

从表 1 可见:下载频次排名前 30 篇中,下载次数最多的为 260 次,最少的也有 144 次,这从一个方面说明《民国档案》刊布的抗战史料有较高的关注度。CNKI 数据库为有偿下载,这一数据当有一定可信度。此外,还可以从被引频次来考量所刊史料的影响力。

表 2　史料被引频次排名前 30 篇

序号	篇名	刊期	被引次数	下载次数
1	战时儿童保育会史料一组	1996/04	22	260
2	九一八事变后顾维钧等致张学良密电选	1985/02	14	239
3	李士珍拟改进中国警政建议计划三种	2004/01	13	141
4	德国总顾问法肯豪森关于中国抗日战备之两份建议书	1991/02	12	149
5	陈诚私人回忆资料(1935~1944 年)	1987/01	10	258
6	孔祥熙关于 1937~1939 年财政实况的密报	1993/01	10	123
7	卢沟桥事变后国民党政府军事机关长官会报第一至十五次会议记录	1987/02	9	125
8	李顿赴华调查中国事件期间致其妻子信件(朱利)	2002/02	9	98
9	抗战期间中国政府对苏易货偿债相关史料(1939 年 2 月~1945 年 6 月)	2006/02	9	170
10	抗战爆发后南京国民政府国防联席会议记录	1996/01	8	150
11	中国红十字会上海国际救济会工作报告(1937 年 8 月~1938 年 2 月)	1998/01	8	224
12	中国妇女慰劳自卫抗战将士总会八年工作总报告	2007/01	8	145
13	美国《时代周刊》1937~1941 年有关日军轰炸南京和大屠杀的报道(杨夏鸣)	2006/04	7	235
14	抗战时期工厂内迁史料选辑	1987/02	7	211
15	抗战胜利前国民党政府接收台湾准备工作档案史料选	1989/03	7	85

（续　表）

序号	篇名	刊期	被引次数	下载次数
16	满铁档案中有关南京大屠杀的一组史料	1994/02	6	136
17	卢沟桥事变后国民党政府军政机关长官谈话会记录	1995/02	6	118
18	抗战爆发后中德易货档案史料选	1995/02	6	138
19	德国赴华军事顾问关于"八·一三"战役呈德国陆军总司令部报告(傅宝真)	1998/03	6	186
20	李复为在英美放映南京大屠杀纪录片致董显光等报告两件	2002/04	6	75
21	国民党政府1937年度国防作战计划(甲案)	1987/04	5	142
22	精神总动员——军委会参事室座谈会记录	1995/01	5	183
23	抗战初期佛教徒参加抗日救亡活动史料选	1996/03	5	139
24	南京国际救济委员会史料一组	1997/04	5	102
25	李滋罗斯远东之行和1935～1936年的中英日关系——英国外交档案选译(吴景平)	1989/04	5	164
26	董显光汇报国际宣传处派员赴日揭露南京大屠杀真相致蒋介石密呈	2000/04	5	93
27	英国外交档案中有关侵华日军南京大屠杀史料一组(杨夏鸣;王卫星)	2002/01	5	99
28	王世杰关于改进中苏关系意见签呈(1944年7月10日)	2006/02	5	159
29	中外慈善团体援助欧洲来沪犹太难民史料	1999/04	5	134
30	1944年中原会战中美空军联合作战史料选	2004/02	5	96

数据来源：中国期刊全文数据库（CNKI）。

　　从表2可见：被引频次排名前30篇中，被引次数最多的为22次，最少的为5次，表明《民国档案》所刊史料在学者的研究中被大量征引，也从另一个方面说明了《民国档案》的影响力。

"译文资料"在下载频次排名前 30 篇中有 8 篇,占 27%;在被引频次排名前 30 篇中有 5 篇,占 17%。因此,本刊所刊译文资料也受到学界的关注。

在下载频次前 30 篇中有 22 篇、在被引频次前 30 篇中有 24 篇为本馆提供的馆藏档案,分别占 73%、80%。说明《民国档案》始终秉持创刊宗旨,不断为抗日战争研究提供新的档案史料。

二、抗战史学术论文综合分析

《民国档案》除刊布档案史料外,另一个重要方面就是"为民国史研究论文提供发表园地"。《民国档案》与其他档案馆所办刊物的最显著的区别,就是更加关注档案界与史学界的合作,反复强调"本刊将在档案界和史学界之间起桥梁作用,沟通和促进档案工作者和史学工作者的紧密结合,共同开发档案信息资源,探索研究档案史料,交流学术成果"。

对 30 年来所刊史论梳理统计,有关抗战史的文章有 422 篇,占总篇数的 15.75%。为了更加清晰直观地呈现刊物的面相,拟采用表格的形式,从以下几个方面进行数据汇总分析:

(一) 作者数与发文篇数分析

为便于统计,避免重复,本文均以第一作者为统计数值,422 篇按照第一作者统计出的作者数为 320 人。表 3 可以清晰反映:本刊作者发文最多的为 8 篇,且仅有 1 人,而发表 1 篇文章的作者人数为 258 人,占全部作者的 80.63%,占总篇数的 61.14%,如加上发表 2 篇的作者,人数达 300 人,占比竟然高达 93.76% 与 81.05%,说明本刊作者比较分散,文章来源广泛,因而无同人期刊之嫌。

表 3　作者数与发文篇数汇总分析表

发文数	作者数	占全部作者%	占总篇数%
1	258	80.63	61.14
2	42	13.13	19.91
3	13	4.06	9.24
4	2	0.63	1.90
5	1	0.31	1.18
6	1	0.31	1.42
7	2	0.63	3.32
8	1	0.31	1.90
合计	320	100	100

数据来源:根据《民国档案》文章整理统计。

（二）作者所属机构类型分析

根据整理统计,320 名作者中的 273 人分属 129 家机构。另有 47 人、50 篇文章未注明机构名称,占全部作者的 14.69%、总篇数的 11.85%。从表 4 可知,有 190 名作者来自 100 家高校,发文篇数达 244 篇,分别占59.38%、57.82%,占据绝对多数,表明本刊的作者主要是高校学者。

表 4　作者所属机构类型统计表

机构类型	机构数	作者数	发文篇数	占全部作者%	占总篇数%
大陆地区高校	94	184	236	57.5	55.92
非大陆地区高校	6	6	8	1.88	1.90
党校、党史	4	5	6	1.56	1.42
社科院系统	7	21	33	6.56	7.82
档案系统	9	47	75	14.69	17.77
其他机构	9	10	14	3.13	3.32
未注明机构者		47	50	14.69	11.85
合计	129	320	422	100	100

数据来源:根据《民国档案》文章信息整理。

从表 5 可以看出,发文最多的机构是中国第二历史档案馆,32 人 55 篇文章,其次是南京大学,29 人 38 篇。此外,还有一个明显特征,排名前 5 的 9 家机构中有 5 家是南京地区的机构。这表明地域因素对本刊有重要影响。9 家机构的作者有 113 人,发文 137 篇,分别占总人数与总篇数的 35.31%、32.46%,表明作者所属机构对本刊也有较大影响。需要特别说明的,分析二史馆的 55 篇文章,也有一个明显的特征,大部分文章是依据馆藏档案资料而成的学界首次关注的课题与部分机构、人物介绍等。

表 5　发文机构汇总表

发文数（篇）	机构数（所）	机构名称
55	1	中国第二历史档案馆
38	1	南京大学
14	2	武汉大学、江苏省社会科学院
12	3	复旦大学、南京师范大学、中国社会科学院
8	2	南京医科大学、重庆市档案馆
6	1	同济大学
5	3	南开大学、暨南大学、海军大连舰艇学院
4	6	北京师范大学、湖南科技大学、杭州师范大学、哈尔滨师范大学、解放军南京政治学院、广东省档案馆
3	10	北京大学、华中师范大学、上海师范大学、上海交通大学、苏州大学、湖南文理学院、华南师范大学、香港中文大学、中央党校、湖北教育出版社、
2	24	浙江大学、浙江师范大学、吉林大学、湖北大学、湖北师范大学、四川大学、四川师范大学、华东师范大学、国防大学、山东大学、扬州大学、江苏省教育学院、中山大学、广东惠州学院、宝鸡文理学院、海军指挥学院、黑龙江省社会科学院、洛阳师范学院、河北省社会科学院、江苏省档案馆、南京市档案馆、中国近代史博物馆、山西省史志研究院、江苏省常熟市博物馆
1	76	中国人民大学、中国计量学院、南京理工大学、江苏大学、南京人口学院、南京晓庄学院、徐州师范大学、苏州市职业大学、镇江师范专科学校、南通师范学院、黑龙江大学、深圳大学、广州大学、广东商学院、广州星海音乐学院、哈尔滨商业大学、吉林省教育学院、长春师范学院、辽宁大学、大连大学、北京体育大学、湘潭大学、中南财经大学、华中科技大学、孝感学院、

(续　表)

发文数（篇）	机构数（所）	机构名称
		四川农业大学、重庆工学院、西南大学、陕西师范大学、井冈山大学、河北经贸大学、河北师范大学、河北医科大学、河南大学、郑州大学、解放军军事经济学院、解放军南京陆军指挥学院、解放军南京海军电子工程学院、海军航空工程学院、武警成都指挥学院、山东师范大学、山东滨州教育学院、聊城师范学院、内蒙古师范大学、广西师范大学、广西民族学院、广西生态工程职业技术学院、河北医科大学、河南省政法管理干部学院、安徽大学、安徽财贸学院、安徽教育学院、皖西学院、芜湖师专、天津师范大学、厦门大学、澳门大学、澳门理工学院、日本敬爱大学、韩国新罗大学、英国林肯大学、上海市社会科学院、湖北省社会科学院、青岛市社会科学院、辽宁省档案馆、内蒙古自治区档案馆、天津市档案局、山东潍坊市档案馆、中央文献研究室、江苏古籍出版社、侵华日军南京大屠杀遇难同胞纪念馆、吉林省伪皇宫陈列馆、长春伪满皇宫管理局、南京图书馆、中共广东省委宣传部理论处、启东市委党校

数据来源：根据《民国档案》文章信息整理。

（三）作者学术身份类型分析

从表6可以看出，作者的学术身份与人数、发文篇数成正比。教授级作者有102人，占比为31.86%，发文178篇，占比为42.18%，体现了本刊学术期刊的特质。本刊也非常注重发现新人，提携青年学者不遗余力，有不少当今知名学者都是从《民国档案》起步的。从下表可知，讲师以下作者达90人，发文数达92篇，占比分别为28.13%、21.8%。

表6　作者学术身份类型分析统计表

作者身份类型	人数	发文篇数	占全部作者%	占总篇数%
教授及相同级别	102	178	31.86	42.18
副教授及相同级别	56	71	17.5	16.82
讲师及相同级别	55	56	17.19	13.27
博士研究生	23	24	7.19	5.69
硕士研究生	12	12	3.75	2.84

作者身份类型	人数	发文篇数	占全部作者%	占总篇数%
未注明身份者	72	81	22.5	19.19
合计	320	422	100	100

数据来源：根据《民国档案》文章信息整理。

（四）重点作者分析

发文篇数前 20 位的作者中发文最多的是 8 篇，最少的是 3 篇，发文总篇数为 61 篇，占作者数的 6.25%，占发文篇数的 14.45%。从数据看，重点作者都为高级职称学者，人数与发文数占比都不高，没有形成固定的作者群，作者来源具有广泛性。20 位作者中，有 12 人来自高校，4 人来自档案馆，3 人来自社科院，绝大多数为公认的高频作者。

表 7 发文篇数前 20 位作者分析表

序号	姓名	篇数	学术身份	所属机构
1	孙宅巍	8	研究员	江苏省社会科学院
2	孟国祥	7	教授	南京医科大学
3	马振犊	7	研究馆员	中国第二历史档案馆
4	戚厚杰	6	研究馆员	中国第二历史档案馆
5	王真	5	教授	海军大连舰艇学院
6	彭敦文	4	教授	武汉大学
7	经盛鸿	4	教授	南京师范大学
8	张宪文	3	教授	南京大学
9	吴景平	3	教授	复旦大学
10	魏宏运	3	教授	南开大学
11	臧运祜	3	教授	北京大学
12	张连红	3	教授	南京师范大学
13	袁成毅	3	教授	杭州师范大学
14	刘大禹	3	教授	湖南科技大学

（续　表）

序号	姓名	篇数	学术身份	所属机构
15	郑会欣	3	研究员	香港中文大学
16	居之芬	3	研究员	中国社会科学院
17	王卫星	3	研究员	江苏省社会科学院
18	戴雄	3	研究馆员	中国第二历史档案馆
19	文俊雄	3	副研究馆员	中国第二历史档案馆
20	孙艳魁	3	副编审	湖北教育出版社

数据来源：根据《民国档案》文章信息整理。

（五）影响力分析

《民国档案》所刊文章的影响力，可以通过下载频次与被引频次来反映。本文分别撷取前 50 篇作为样本，进行统计分析。从表 8、表 9 可以看出，下载频次最多的文章达 908 次，最少的也有 311 次；被引频次最多的有 50 次，最少的为 10 次。因此，本刊发表的文章受到学界的高度关注并被大量引用。需特别说明的是，下载频次与被引频次并不一致，不能简单用下载量和被引量来评判文章的学术价值，期刊评价不能替代学术评价。

表 8　史论下载频次排名前 50 篇

序号	篇　名	作者	刊期	下载次数	被引次数
1	近 10 年来中国抗日战争的地位和作用研究述评	李东朗	2008/01	908	3
2	从蒋介石日记看抗战后期的中英美关系	王建朗	2008/04	896	11
3	抗战时期汉奸形成原因探析	付启元	2002/04	721	13
4	1938 年国民党对日和战态度述评——以蒋介石日记为中心的考察	吴景平	2010/03	685	4
5	30 年代蒋介石对日思维——以《敌乎？友乎？——中日关系的检讨》一文为中心的考察	彭敦文	2009/02	648	6

（续　表）

序号	篇　名	作者	刊期	下载次数	被引次数
6	蒋介石与战时外交制度	陈雁	2002/01	627	13
7	第二次国共合作史研究综述	何仲山	1998/02	581	2
8	第二次世界大战全局中的中国远征军入缅作战	方世凤	2004/01	531	4
9	《盛京时报》与九一八事变	齐辉	2009/03	530	12
10	汪精卫叛国投敌原因再探	苏宗辙	1993/03	528	4
11	试析汪精卫沦为汉奸的个性因素	肖书椿	1998/03	486	1
12	宋美龄与抗战初期庐山妇女谈话会	夏蓉	2004/01	481	24
13	太平洋战争爆发前中德军事和经贸合作关系的若干史事述评	吴景平	2006/04	468	10
14	从《蒋介石日记》解读 1937 年 12 月的南京形势	家近亮子；王雪萍	2009/02	423	1
15	南京大屠杀前夕南京人口的变化	张连红	2004/03	420	16
16	论战时教育思潮与战时教育的发展	熊贤君	2007/03	418	14
17	外交斡旋、非官方出访和舆论策应——国民政府抗战外交的特殊运作	刘会军	2005/03	418	7
18	抗战时期国民党的土地政策	金德群	1988/04	416	13
19	1927～1937 年蒋介石抗日思想的形成及其特点	肖桦	1995/02	406	10
20	蒋介石与中日三原则谈判	臧运祜	2010/04	405	4
21	《申报》与一·二八事变	徐煜；向开斌	2006/03	403	6
22	"道义外交"与国民政府对日外交策略	彭敦文	2004/03	400	3
23	日本秘档中的"汪精卫工作"考论	臧运祜	2007/02	395	1
24	汪精卫叛国投敌心理探究	蔡双全；杨秀林	2000/04	390	1
25	抗战时期难童救济教养工作概述	冯敏	1995/03	381	47
26	留学与救国——30 年代留学生的抗日救亡活动	王奇生	1989/03	376	6

（续　表）

序号	篇　名	作者	刊期	下载次数	被引次数
27	国民党战时对外宣传与南京大屠杀真相传播研究	文俊雄	2008/01	373	5
28	略论抗战后期的知识青年从军运动	侯德础	2006/02	373	18
29	论南京大屠杀中的性暴力问题	孙宅巍	2000/04	368	6
30	论国民政府迁都重庆的意义与作用	黄立人；郑洪泉	1996/02	363	5
31	简述抗战时期国民政府的兵役制度	黄安余	1998/03	362	25
32	试析中国史学界南京大屠杀史研究的范式转移	朱继光；姜良芹	2008/02	358	4
33	抗战时期国统区的粮食问题及国民党政府的战时粮食政策	陆大钺	1989/04	355	29
34	抗战爆发后国民党的组织危机及其应对措施	彭敦文	2008/02	353	4
35	抗战期间日本对华中沦陷区经济的掠夺与统制	李占才	2005/03	350	6
36	民国"开发西北"中一次未竣的移民计划——1942年至1944年的新疆移民	阎东凯；张莉	2006/03	346	7
37	美援外交中的胡适与宋子文	陈永祥	2003/03	344	5
38	日本利用宗教侵华之剖析	孟国祥	1996/01	343	18
39	宋子文与战时西藏问题交涉	蒋耘	2008/01	340	5
40	略论抗战中国民党军队与民众的关系	戚厚杰	2010/01	339	5
41	抗战前后英国对西藏门隅地区的领土扩张	陈谦平	2003/02	332	4
42	南京国民政府迁都洛阳述评	谢晓鹏	2002/01	328	1
43	从南京大屠杀看中国抗战前途——南京西方人士的观察和预判	张生	2006/04	327	3
44	论抗日战争时期的国家资本	丁日初；沈祖炜	1986/04	326	33
45	战祸、自然灾害与难民迁移——抗战时期安徽省个案研究	张根福	2004/04	323	17

（续　表）

序号	篇　　名	作者	刊期	下载次数	被引次数
46	抗日战争时期难民垦荒问题述略	孙艳魁	1995/02	322	39
47	日伪统治下的日语教育	夏军	2005/02	321	11
48	惩治汉奸工作概述	孟国祥；程堂发	1994/02	320	11
49	抗战期间国民政府对中国大国地位的寻求	王真	2003/02	314	12
50	东北沦陷时期日本的殖民宣传——以《滨江时报》为中心	曲广华；于海波	2010/03	311	6

数据来源：中国期刊全文数据库（CNKI）。

史论被引频次排名前 50 篇

序号	篇　　名	作者	刊期	被引次数	下载次数
1	日本在中国占领区内使用麻醉毒品戕害中国人民的罪行	王德溥；郦玉明	1994/01	50	132
2	抗战时期难童救济教养工作概述	冯敏	1995/03	47	381
3	抗日战争时期难民垦荒问题述略	孙艳魁	1995/02	39	324
4	论抗日战争时期的国家资本	丁日初；沈祖炜	1986/04	33	332
5	抗战时期国统区的粮食问题及国民党政府的战时粮食政策	陆大钺	1989/04	29	355
6	简述抗战时期国民政府的兵役制度	黄安余	1998/03	25	364
7	抗战时期难民群体初探	孙彦魁	1991/02	25	232
8	宋美龄与抗战初期庐山妇女谈话会	夏蓉	2004/01	24	485
9	抗战时期西部农垦事业的发展	陆和健	2005/02	22	286
10	试析蒋介石成立三青团的原始动机	马烈	1996/04	22	247
11	抗战时期的《兵役法》和兵役署	方秋苇	1996/01	22	245
12	略论抗战后期的知识青年从军运动	侯德础	2006/02	19	373
13	日本利用宗教侵华之剖析	孟国祥	1996/01	18	344

序号	篇　名	作者	刊期	被引次数	下载次数
14	试论抗战时期国民政府的劳工福利政策及其缺陷	陈竹君	2003/01	18	294
15	抗战时期难童的异常心理问题	苏华	1995/03	18	179
16	战祸、自然灾害与难民迁移——抗战时期安徽省个案研究	张根福	2004/04	17	324
17	抗战初期全国各界捐资救国概述	金功辉	2002/03	17	145
18	南京大屠杀前夕南京人口的变化	张连红	2004/03	16	421
19	抗战时期国统区与沦陷区间走私贸易述论	齐春风	1999/01	16	231
20	《独立评论》与抗日救亡	田海林；马树华	2000/04	15	270
21	抗战时期国民政府驿运事业	杨斌	1995/04	15	177
22	伪河北省公署对河北沦陷区的统治述评	田苏苏；王潮	1998/03	15	130
23	论战时教育思潮与战时教育的发展	熊贤君	2007/03	14	419
24	美国记者与中国抗战	刘景修；张钊	1989/01	14	263
25	日本在中国的化学战及战后遗弃化学武器问题	步平	2003/04	14	253
26	试论国民党抗日游击战场	韩信夫	1990/03	14	247
27	抗战时期汉奸形成原因探析	付启元	2002/04	13	723
28	蒋介石与战时外交制度	陈雁	2002/01	13	637
29	抗战时期国民党的土地政策	金德群	1988/04	13	418
30	抗战时期中国文物损失概况	戴雄	2003/02	13	270
31	抗战前国民政府经济备战的军事价值初探	张燕萍	2003/04	13	211
32	抗战时期日本对国统区毒品走私活动述评	齐春风	2003/01	13	208
33	《盛京时报》与九一八事变	齐辉	2009/03	12	531

（续　表）

序号	篇　名	作者	刊期	被引次数	下载次数
34	抗战期间国民政府对中国大国地位的寻求	王真	2003/02	12	319
35	抗战时期中国图书损失概况	戴雄	2004/03	12	226
36	亨利·卢斯与抗战期间中国新形象的创造	郭洵澈	1999/04	12	214
37	从蒋介石日记看抗战后期的中英美关系	王建朗	2008/04	11	899
38	日伪统治下的日语教育	夏军	2005/02	11	321
39	惩治汉奸工作概述	孟国祥；程堂发	1994/02	11	320
40	汪伪奴化教育政策述论	曹必宏	2005/02	11	294
41	抗战时期平教会的农民抗战教育	蒋伟国	1996/01	11	175
42	资金来源结构与合作金库的发展——基于抗战时期农村金融的考察	李顺毅	2010/02	11	154
43	侵华日军对中国古建筑的毁损	戴雄	2000/03	11	150
44	太平洋战争爆发前中德军事和经贸合作关系的若干史事述评	吴景平	2006/04	10	468
45	1927～1937年蒋介石抗日思想的形成及其特点	肖桦	1995/02	10	406
46	汪伪政权的"奴化教育"	黄骏	2003/01	10	296
47	试析战时贸易统制实施的阶段及其特点	郑会欣	2005/03	10	246
48	中央训练团	张有高	1994/02	10	185
49	论我国抗战"国防中心区"的选择与形成	王德中	1995/01	10	116
50	陶德曼"调停"初探	蔡德金；杨立宪	1987/01	10	91

数据来源：中国期刊全文数据库（CNKI）。

三、结　语

以上仅仅是是以抗战史为样本的分析,并不能全面反映本刊的面相,但在今后办刊中有几点应引起注意:

一、对史料的刊布要突出前瞻性,要关注学界动态,预见研究热点,深入发掘档案史料,为史学研究提供最新资料。

二、要有全球视野,加强与境外学者的联系,关注境外学者的研究成果。

三、要注意地域、学术机构等因素的影响,使刊物作者具有更广泛性,同时加强对一线学者学术成果的发表力度。

（原载《民国档案与抗日战争研究学术研讨会文集》,2015 年）

王可风与民国档案的编研工作

蒋　梅

王可风是新中国民国档案事业的开拓者、中国第二历史档案馆主要创建人。他为创建、发展和繁荣中国第二历史档案馆（以下简称二史馆）的档案事业艰苦奋斗，锐意进取，在民国档案的收集、整理、保管和研究等方面都作出重要贡献。本文仅就王可风与民国档案的编研工作做一论述。

一

王可风 1911 年 8 月 27 日出生于安徽萧县。1938 年 5 月参加革命，1947 年 8 月加入中国共产党。曾任萧县、萧宿铜灵、邳睢铜抗日民主政府教育科长，晋冀鲁豫边区北方大学历史研究室、华北大学研究部研究员等职。新中国成立后，王可风于 1950 年 5 月调任中国科学院近代史研究所研究员。

1950 年年底，遵照党中央和政务院的指示，受中科院近代史研究所所长、著名历史学家范文澜的委派，王可风到南京接收原国民党政府国史馆和政务院接收指导委员会南京临时办事处档案组，筹建了二史馆的前身——中国科学院近代史研究所南京史料整理处，并担任史料整理处主任。

刚调到新的岗位，又担负着领导业务工作的责任，当时已经集中的档案就有几十万卷，而全处工作人员仅有几十人，很多人又没有做档案的经验，如何开展业务工作成为王可风面临的一大挑战。王可风不以领导自居，把自己当成档案战线的普通一员，开始了一位史学工作者对档案馆管理工作的探索之路。首先,他向熟悉业务的同志学习,虚心向他们求教,通过开会和商讨工作倾听他们的意见。其次,他到实际工作中去学习,有机会就到各工作室去了解工作的实际情况,从而吸取经验、发现问题、分析研究解决方案。最后,他通过看书学习、查阅资料,及时解决工作遇到的实际问题。通过不懈地刻苦学习和钻研,王可风积累了丰富的档案馆管理工作经验,带领全处职工顺利开展各项工作,赢得了上级的支持和认可。

南京史料整理处成立后的主要任务是:"将民国时期北洋政府的档案和国民党政府遗弃的档案收集集中起来,加以整理,除提供现在的人民政府各部门调用外,进一步将其中有用的历史资料整理出来,作为研究中国近代历史之用",即承担民国档案的收集整理和编纂利用双重任务。南京史料整理处成立后,王可风即全力以赴开展民国档案的收集工作,亲自率领一部分工作人员从东南海疆到西南云贵山区,接收了国民党政府散弃于广州、重庆、昆明等地的大批档案资料,将流散在全国各地的民国历届中央政府及其直属机构的档案接收进馆,为中国第二历史档案馆丰富的馆藏奠定了深厚的基础。

在将档案接收进馆的同时,王可风带领全处人员大力开展民国档案的整理工作,制定了整理工作的原则,创造性提出整理工作采取两步走的战略。经过全处干部职工的共同努力,至 1964 年南京史料整理处更名为中国第二历史档案馆止,已基本完成馆藏的初步整理工作,并编有案卷目录。整理工作两步走的战略,加快了档案整理工作的步伐,为民国档案的开放利用打下了坚实的基础,实践证明这是一项适时的、正确的、有战略意义的科学决策。

二

王可风致力于党和国家民国档案事业建设和发展,坚持与时俱进,强调要充分发挥档案史料的学术价值,变"死档案"为"活资料",使档案工作更好地适应形势发展的需要,王可风在工作实践中认识到:发挥档案资料的作用,不能仅限调阅档案原件,为保护档案安全又能更好发挥档案资料的作用,做好档案资料的编辑工作,是非常必要的。

王可风早年在北方大学、华北大学和人民大学从事历史教学和研究工作,1950 年 5 月调中科院近代史研究所继续从事历史研究,曾与荣孟源、刘桂五、彭明等合编《中国近代史》。作为一名历史学家,王可风深知档案史料在历史研究中的作用,他认为,"历史研究必须以史料作基础,有丰富的史料,经过认真的分析研究,才能使研究取得很好的成果,否则,只能说空话,就不能有什么好的成就","档案是最好的史料,写历史必须注意利用档案"。

1956 年 3 月,王可风提出的《关于南京史料整理处 12 年远景规划的意见》,即将开展文献公布工作和编纂出版业务书籍列入了工作计划之中,计划从三个方面公布所藏民国历史文献:(1) 出版定期的文献丛刊,试办期间内部发行;(2) 不定期的专题长编,即关于一个问题的大型的历史文献汇集,可公开发行;(3) 不定期的史料丛书,即许多个较小问题的史料单册,汇成丛书,可公开发行。

1956 年 6 月,中央政治研究室为了为中共中央编中共党史提供国民党及其旧政权方面活动的资料,指示南京史料整理处根据所藏旧政权档案编辑中国现代政治史档案资料汇编,并提出了编选的原则和方法。据此,在王可风的领导下,南京史料整理处专门成立了现代政治史资料组,下设资料汇编组和大事月表组两个小组,分别负责《中国现代政治史档案资料汇编》和《中国现代史大事月表》的编纂。

为了做好《汇编》工作,王可风等制定了详细的编辑方案,确定其内容包括:"(1) 总的政策法令、规章制度等;(2) 经济财政的措施;(3) 军事斗争的变化;(4) 帝国主义对中国的侵略;(5) 中外关系;(6) 群众运动;(7) 文化教育;(8) 革命力量的发展。"选辑资料的原则是:"(1) 揭露旧政权的反动、黑暗、腐败和帝国主义勾结卖国的资料;(2) 揭露反动统治者内部的派系斗争和互相攻击的资料;(3) 揭露反动统治者和帝国主义勾结卖国的资料;(4) 揭露反动统治者压榨人民以发展官僚资本的资料;(5) 反映人民革命力量的生长与反革命斗争的资料。"

1956 年 7 月,《中国现代政治史档案资料汇编》的选编工作开始。经过 3 年半的努力,至 1960 年年底,《中国现代政治史档案资料汇编》全部编选完毕,并打印成油印本。该《汇编》共分四辑:1919～1927 年为第一辑,共选编文件 1 400 篇,计 300 万字;1927~1937 年为第二辑,共选编文件 1 500 篇,计 600 万字;1937~1945 年第三辑,共选编文件 3 200 余篇,计 900 多万字;1945~1949 年为第四辑,共选编档案文件 1 000 余篇,计 400 万字,四辑共收录档案文件 7 000 余篇,计约 2 100 万字。

《中国现代史大事月表》也是从 1956 年 7 月开始编写,至 1959 年 9 月,完成了报刊资料的编写,计约 520 万字。其后,编写组又花费了半年时间,对已编写的大事月表补充档案资料 200 余万字,共计 800 万字。

上述《汇编》《大事月表》编辑成油印本后,即送中央政治研究室、中宣部科学处、国家档案局审阅,并赠送给部分综合性高校历史系,作为中国现代史教学和研究的内部参考,受到上级部门的重视和学术界的关注,为 20 世纪 50~80 年代的学术界提供了第一手最直接的档案资料,其规模宏大、政治性强、史料价值高,发挥了重要的史证作用与资政功能。其中《汇编》还成为毛泽东藏书之一,并为后来修订扩编《中华民国史档案资料汇编》奠定了基础。

此外,王可风还组织人员编选辛亥革命以来专题史料丛书,以每个历史事件为中心,系统地整理编选有关的档案史料,为专家研究提供更多资料而编辑的,计划有 100—150 个专题,从 1960 年开始编选,陆续编选成辛亥革命、白朗起义、五四运动、北洋军阀混战等 30 多个专题。

为使民国档案史料发挥更多的作用,让近代历史研究工作者得到这些资料,南京史料整理处计划陆续修订铅印出版。王可风带领史料整理处制定了详细的修订原则和出版步骤。修订出版的政治原则是:"1. 揭露反动统治祸国殃民的罪行;2. 揭露帝国主义对中国侵略的种种罪行;3. 反映革命人民不屈不挠的英勇斗争;4. 反映重大历史事件的真实情况;5. 反映近代中国社会政治斗争和生产斗争的发展变化。"根据上述原则对油印本的资料进行增补和删除,并对涉及当前政治斗争、统战人士、国际外交而需要保密不宜公开的资料,慎重妥善处理,避免造成政治上的损失。出版的步骤和方法则是先出版北洋军阀政府统治时期的资料,后出版国民党统治时期的资料;一般史料公开出版,政治上需要保密的资料内部发行;先出版专题史料,后出版资料汇编。这项民国档案史料出版工程,因"文化大革命"而陷于停顿。

在档案史料编纂工作进程中,王可风深入探索各个环节,确定选题、查阅资料、挑选档案文件、编写说明和序言、校对,等等。经多年的实践和研究,他概括总结出编辑工作的十个步骤和六个注意事项,积累了宝贵的编辑经验。具体而言,十个步骤是:1.确定题目;2.阅读有关书籍和文件;3.确定中心问题、拟定编辑提纲;4.查阅档案文件,进行选材;5.对选定史料进行加工工作;6.分类编排,将选定之史料做系统化的组织工作;7.写序言、说明;8.审材;9.校对;10.总结经验,改进工作。六个注意事项是:1.正确认识整理史料的重要性;2.观点统帅史料问题;3.史料工作为政治斗争服务的问题;4.史料工作的科学性与应有的作风问题;5.史料工作与历史研究的关系问题;6.史料学的研究问题。这些编辑经验凝结了王可风的心血和汗水,是王可风锐意进取、不断探索的结晶,不仅对推动当时史料编辑工作进展发挥了重要作用,成为指导编辑档案史料工作的基本原则和方法,对今天的史料编辑工作依然有很强的指导意义。

三

作为一个历史学家,王可风认为档案工作者和史料工作者应进行历史学研究,既有丰富的资料、易出成果,又便于改进工作;档案工作者和史学研究者应加强合作,促使档案事业和历史研究共同发展。他以一个史学研究者所具有的丰富的历史知识,从事民国档案的收集、整理工作,深知民国档案的史料价值。他强调,"档案文件是第一手材料,是历史的真实记录,有些重大的历史事件,一般公开报刊上的记载往往有错误,根据档案资料才能予以订正;有的一般不知真实情况,根据档案资料才能发现秘密","研究历史必须掌握丰富的历史资料,只有有了丰富的史料,才能弄清历史事实,才能发现社会发展规律,才能对重大的历史事件得出正确的结合"。他从档案史料入手研究历史,撰写并发表《从孙中山的遗墨中看他辛亥革命后反帝反封建的斗争》《瞿秋白烈士被俘的日期和地点问题》《辛亥革命史料七篇笺介》《〈陈天华绝命辞〉校记》《关于曲阜衍圣公府档案》等文章。

另外,王可风还对档案史料学进行了积极的探索,提出了独到的见解。

他熟读刘知几的《史通》和章学诚的《文史通义》等著作,在整理民国档案的同时,深入探索档案史料的特殊规律,不断总结、概况,写出了多篇论文,如《史料学概论》《史料学应成为一门科学》等。他认为,首先,建立档案史料学是客观需要。其次,档案史料学有独立的研究对象和研究范围,即档案文字史料。第三,史料学有明确的任务:研究史料的一般规律和特殊规律;研究史料工作的规律。档案史料学的任务就是如何将过去遗留下来的史料进行收集、整理、论证、鉴定,为历史学家提供全面、可靠的史料,使其进行研究,发现社会历史发展情况过程和规律。另一方面,档案史料学又必须在历史学的指导和帮助下才能发展。第四,史料学和历史学的关系极为密切,它既是历史学的辅助科目,又是历史学中一门独立的学科。这是王可风多年从事档案史料整理、编目、编辑研究后探索结果,体现了史料工作者从工作和研究需要角度对史料学的看法。

他不仅自己刻苦钻研,勤于探索,还结合自己亲身体会鼓励全馆档案工作者进行科研活动,将自己的研究成果毫无保留地传授给全体人员,相互交流,共同提高。他强调档案工作者要埋头苦干,刻苦钻研,"需要熟习历史和科学知识",做好档案工作并发展档案科学,推动新中国档案事业的稳步发展。他让大家以实际行动响应周恩来总理关于档案工作者争当司马迁的号召,把档案工作和史学研究结合起来。为此,写了《档案工作在历史科学中的地位》《历史研究和档案工作》《谈谈学习历史的目的和意义》等文章,阐明档史结合的重要性,督促全体职工加强学习,形成了钻研业务的好风气。

四

作为二史馆的主要创建人,王可风主持的民国档案编研工作及经验总结,奠定了民国档案史料编辑工作方针与规划的基础,锻炼了新中国第一代民国档案史料编辑队伍,培育了档案史料编辑者科学的治学方法、正确的政治态度、优良的史学传统。王可风提倡档案工作与历史研究相结合,推动了全馆档案工作者的学术研究活动。

改革开放以后,二史馆档案工作者继承和发扬王可风档史结合、严谨治学的作风,形成了具有一定影响的民国史研究群体,依靠馆藏数量浩大的民国档案史料进行出版及研究,编研工作取得丰硕成果。其中在《中国现代政治史档案资料汇编》基础上出版的《中华民国史档案资料汇编(1912~1949)》,成为迄今为止在民国档案史料出版方面最为全面的一套综合性资料汇编。2007年,由中共中央、国务院台湾事务办公室负责,中共中央政治局常委、全国政协主席贾庆林为总顾问的《馆藏民国台湾档案汇编》300册出版,把二史馆大量民国时期祖国大陆与台湾关系的馆藏档案编辑影印成书,在海峡两岸产生了重要影响,被有关专家誉为"建国以来最大规模的台湾文献整理成果之一"。2011年,二史馆又先后推出《北洋政府档案》《南京临时政府遗存珍档》两套大型影印史料出版工程,为研究北洋政府、南京临时政府活动提供了珍贵的第一手资料。目前,二史馆已出版140多种民国档案汇编、丛刊、图片集等,并出版多部史学论著,在中国近代史、民国史以及民国史料学领域占有特殊的地位,在海外有着重要的影响,也在两岸关系和祖国统一事业中发挥了重要而积极的作用。

参考文献

[1] 施宣岑、华明:《王可风档案史料工作文集》,档案出版社1989年出版。

[2] 曹必宏:《光辉历程——中国第二历史档案馆60年》,九州出版社2011年出版。

(原载《中国档案》2013年第7期)

民国时期欧美档案管理知识的传播

何　玲

民国时期,中国档案管理逐步由传统模式向现代化转型。在这一过程中,民国学者以开放的姿态将视野投向海外,以期从欧美档案管理理论与方法中寻求借鉴,他们或直接译介欧美档案管理文章,或转述欧美档案管理理论,将欧美档案管理知识传播到中国,对中国档案管理的改革以及档案学理论的诞生产生了初步影响。

一、传播途径

(一)《行政效率》杂志

1934 年,国民政府行政院成立行政效率研究会,发起行政效率运动,以机关文书档案管理改革为重点内容。该会创办了《行政效率》杂志,集中发表文书档案管理改革的实证性研究文章,同时也零星刊载介绍欧洲国家档案管理知识的文章。这是欧美档案管理知识引进中国的开端。

《行政效率》杂志直接介绍欧洲国家档案管理知识的文章有:《英国整理档案简史》[1],叙述英国档案整理的历史过程与方法,文末附有英、法、荷文档案参考书和档案杂志名录;《法国国立档案学校沿革》[2],介绍法国档案

---

〔1〕《行政效率》,1934 年第 1 卷第 11 期。
〔2〕《行政效率》,1935 年第 2 卷第 7 期。

学校的历史沿革与办学成就；《英国外务部之组织与其运用》[1]，内容涉及英国外务部文书运转、档案管理以及档案利用等情况。

《行政效率》杂志间接介绍欧洲国家档案管理知识的文章，主要是滕固《行政院及所属各部会档案整理处的任务及其初步工作》[2]一文。滕固早年留学德国，时任行政院及所属各部会档案整理处副处长，参与文书档案改革运动，这篇文章依据德文文献及欧洲的档案学与档案整理情况而成。

（二）"文华图专"

私立武昌文华图书馆学专科学校，简称"文华图专"，是美国圣公会传教士韦棣华女士（Mary Elizabeth Wood）创办的。受美国图书馆学校开设档案课程的影响，"文华图专"于 1934 年设立档案特种教席，后又相继开办档案管理专科和档案培训班。"文华图专"与美国图书馆协会有着密切的关系，经常收到美国图书馆协会赠送的图书馆学和档案学专业书籍。"文华图专"的教师利用这些资料，编写教学讲义，撰写学术论文。

"文华图专"教师毛坤在引进欧美档案管理知识方面最富成就。毛坤撰写的论文《档案序说》[3]《档案处理中之重要问题》[4]，以及教学讲义《档案经营法》，大量引述欧美档案管理理论与方法。其中，《档案经营法》引述的欧美档案书目有英国金肯生（Hilary Jenkinson）著《档案管理手册》（A Manual of Archive Administration），英国约翰生（C. Johnson）著《档案保管法》（The Care of Documents and Management of Archives），美国斯铁氏（C. C. Stiles）著《伊阿华州公档论》（Public Document of Iowa），以及《美国历史学会档案委员会十三、十四各次报告》《大英百科全书》《大美百科全书》《韦氏字典》、美国《联邦政府档案指南》《英国官档局保存档案法规》、英国贾士比著《官档局藏档指南》等。

毛坤还翻译了《欧美各国档案之大概情形》《美国档案管理员之训练》

---

〔1〕《行政效率》，1935 年第 2 卷第 3 期。

〔2〕《行政效率》，1935 年 5 月第 2 卷第 9、10 期合刊"档案专号"。

〔3〕《文华图书馆学专科学校季刊》，1935 年第 7 卷第 1 期。

〔4〕《中华图书馆协会季刊》，1936 年第 10 卷第 3 期。

《英国官档局用档规程》《欧洲训练档案管理者之经验》《法国大革命后之档案管理》《国家档案分类中之三个步骤》《苏联档案馆决定档案群（范档）之规则》等文章，作为补充讲义，给学生讲授。

（三）国史馆筹备委员会

1940 年 2 月，国民政府成立国史馆筹备委员会，初期的工作是征集档案史料并研究相应的档案管理办法。国民政府驻美国大使胡适从美国中央档案馆搜集了一批欧美档案管理资料，寄送国史馆筹备委员会，由时任国史馆筹备委员会干事的傅振伦译成中文，定名为《欧美档案馆学论文译丛》[1]，共计 10 篇，分别是：《德奥瑞档案馆考察报告书》《美国中央档案馆概况》《美国中央档案馆法案》《美国移交中央档案馆之档案管理条例》《美国中央档案馆中档案之修整及保藏》《欧洲档案之编目》《普鲁士档案学教育之养成》《柏林普鲁士史学专科及档案学学院规程》《普鲁士国家档案馆档案学术服务人员录用法》《关于苏联之档案机关》。

（四）历史学者

欧美档案管理也引起了中国历史学者的关注。1934 年，蒋廷黻对英国和苏联国家档案馆进行考察，撰有《欧洲几个档案库》[2]，做了较为详细的介绍。1935 年，傅振伦参观英国公文馆（The Public Record Office）和法国档案馆（Archives Nationals），撰有《游英法档案馆小记》[3]。1939 年，傅振伦访问苏联，获苏联对外文化协会赠送档案工作资料，后撰成《苏联档案管理制度述略》一文[4]。1942 年，傅振伦翻译了美国仁金逊著《档案历史与

---

〔1〕 原稿现存中国第二历史档案馆"国史馆"全宗。
〔2〕 《文献特刊》，1935 年 10 月。
〔3〕 《文献论丛》，1936 年。
〔4〕 《中苏文化》，1947 年第 18 卷第 12 期。

档案管理》一文。[1] 历史学家的文章还有王绳祖的《伦敦档案局印象记》[2]，王重民的《美国国立档案馆印象记》[3]和《美国的电影档案馆》[4]。

二、主要内容

民国学者译介的欧美档案管理知识，内容较为分散，主要涉及档案管理体制、来源原则、全宗原则、档案保护技术以及档案人才培养等方面。

（一）档案管理体制

毛坤的《档案经营法》，直接引述原始资料，较为详细地介绍了美国、英国、法国、德国档案管理体制，尤其对欧美国家设立"官档局"（即国家档案馆）极为推崇。傅振伦译《美国中央档案馆概况》《美国中央档案馆法案》《美国移交中央档案馆之档案管理条例》，集中介绍了美国的国家档案管理体制。

（二）来源原则

欧美档案管理的核心思想经历了从事由原则到来源原则的转变，而来源原则主张将一个社会实体形成的档案看成一个整体来集中保管，是现代档案管理的灵魂。民国学者注意到了这一转变，对来源原则的含义与演变过程做了重点介绍。

滕固在述及欧洲档案整理原则时提道："因为旧档案的整理，虽然试过了好几种方法，现在的趋势仍然以来源的原则（Prinzip der Proveniez）为上乘（参看 K. R. Erslev: Historische Technik 第十二面）。不然，将来又要费

〔1〕《说文月刊》，1942 年第 3 卷第 8 期。
〔2〕《斯文》，1940 年第 11 期。
〔3〕《世界月刊》，1948 年第 3 卷第 4 期。
〔4〕《世界月刊》，1948 年第 3 卷第 5 期。

一番手续了。"〔1〕这是迄今见到的民国时期提到欧洲来源原则的最早文献。

蒋廷黻甚至对事由原则与来源原则进行了比较:"欧洲各国对于档案的编目约分二派:(1)主张档案入档案库后,应保存原来之机关面目,即以原来之行政系统为编目系统。(2)主张档案入档案库后,不管原来之文件机关,只以每一文件为单位,依其内容性质,为编目分类。""第一法依原来行政系统编目,手续简单得多,而且有时行政系统亦能与内容相合,虽未按照性质来分,然也可以照顾着性质。"显然,蒋廷黻对后来大行其道的来源原则持肯定态度。

傅振伦译《欧洲档案之编目》,详细介绍了来源原则在欧洲的发展演变,他将"Provenienz Prinzip"译为"由来原则":"1874 年,普鲁士史学家西伯尔为国家档案馆馆长,于保管档案方法,多所改革。他纳档案学者雷曼之建议,采取由来原则。公文编目,一依其出处而类别之。……由来原则之编目,均一仍其原来登记之方法,故又曰登记原则。""普鲁士之由来原则,不久即为荷兰所采引。1897 年 7 月 10 日,荷兰内政部即明定条例。其后荷兰档案家穆勒、费斯、富鲁因合撰档案学指南〔2〕,又阐明由来原则之理论,而其说大行"。"1903 年,丹麦档案家索奇尔参诺氏之说,而撰'公文之搜集登记及编目方法',而丹麦亦采由来编制矣。1903 年 5 月 22 日,瑞典明令档案馆采用由来原则。1922 年英人仁金逊撰档案管理便览,亦主此说。即威布尔亦难否认其说之优点。盖由来原则,有其学术之根据,英美两国,皆采之也。"〔3〕

(三) 全宗原则

在欧洲近代档案管理中,全宗原则与来源原则是相伴而生的,较有代表性的形态有法国的尊重全宗原则、德国的登记室原则、荷兰的全宗原则和苏联的全宗原则。

─────────────

〔1〕 《行政效率》,1935 年 5 月第 2 卷第 9、10 期合刊"档案专号"。
〔2〕 即《档案整理与编目手册》。
〔3〕 傅振伦译《欧洲档案之编目》,见《欧美档案馆学论文译丛》,原件存中国第二历史档案馆,提要见傅振伦著《公文档案管理法》之附录。

"文华图专"教师毛坤最先将全宗概念引进中国,他将"Fonds"一词译为"档案群",或按发音译为"范档"。

毛坤译《法国大革命后之档案管理》一文,述及全宗的含义及其广泛应用情形:"所谓'尊重档案原形之原则'(the Principle of Respect Pour Les Fonds)之产生,乃以为档案之体应与从前或现行之行政单位相应,保存之法亦应如此。此乃初由(1840 年)比、法两国人士之主张,而流行于其后之数十年中者。此意、荷、普三国行之最力,凡一范档(fonds)必维持原来状态,而保有其原来之符号。荷档案家之《档案排述通论》[1]名著,曾给此原则以最后审定。"[2]

毛坤还在《档案处理中之重要问题》一文中,转述欧美学者对全宗原则的理解:"约翰逊(C. Johnson)所著的《档案保管法》(The Care of Documents and Management of Archives)说:'档案分类最重要之点(1)档案之原群,务须保存勿变;(2)在档案之全群未检验以前,原来关系未了解以前,不能遽然确定其分类的系统。'金肯生(H. Jenkinson)《档案管理法》(A Manual of Archive Administration)亦主张:'档案排列之基础,须足以表明原用此档案机关在行政上的目的。换言之即每一足以独立的档案群(respect de Fonds)不可任意分离。'他们所说多就老档而言,现档的分类在原则上也不能离开这条规则。美国斯铁氏(C C. Stiles)《衣阿华州公档论》(Public Document of Iowa)也说:'档案分类的要点在于不失原来行政之组织及合乎行政上之应用,总之以不可离 respect de fonds 为是。'respect de fonds 一词来自 1841 年法人德卫勒氏(De Wailly),原意即"尊重原形"。[3]

毛坤在《档案行政学》讲义中,依据欧美档案学著作,对"范档"和"档案群"作了较为准确的解释:"某一机关、某一企业、某一军事单位、某一公共组织在其活动运行过程中所产生遗下档案之整体,谓之范档。""档案群"是:"一个独立的政府机关、公共团体、企业组合在其事务处理过程中产生的全

---

〔1〕 即《档案整理与编目手册》。

〔2〕《法国大革命后之档案管理》,载《毛坤图书馆学档案学文选》,四川大学出版社 2000 年出版。

〔3〕《毛坤图书馆学档案学文选》,四川大学出版社 2000 年出版,第 306 页。

部档案的整体之谓也。"〔1〕

（四）档案保护技术

民国学者普遍注意到欧美国家较为先进的档案保管与保护技术。傅振伦译《美国中央档案馆中档案之修整及保藏》最为详尽,涉及档案馆建筑以及档案薰蒸消毒、清洁、平熨、修理、调节空气等。王重民撰《美国国立档案馆印象记》,也介绍了美国的档案保护技术,如档案消毒、修复、吹尘、翻拍、档案馆建筑等内容。

（五）档案人才培养

毛坤译《欧洲训练档案管理者之经验》〔2〕一文,述及档案管理人员应在任前或受任后受相当之职业训练的必要性,介绍了德、奥、意、葡等国档案学校课程。

蒋崑译《法国国立档案学校沿革》一文,原作者是时任法国国立档案学校校长普鲁,文中阐述了档案人员应具备的知识:"我们要用批评的态度,研究一切的档案,要知道档案的来源、档案的样式,及每份档案的特质。同时还有私法与公法的课程,用以辅助学生研究档案的内容。"〔3〕

傅振伦译《欧美档案馆学论文译丛》,对档案人才培养涉及较多:《德奥瑞档案馆考察报告书》第四章,详述档案员的训练方法、考试制度、见习期限,福利待遇等;《普鲁士档案学教育之养成》,介绍普鲁士史学专科及档案学学院课程;《柏林普鲁士史学专科及档案学学院规程》,介绍了学院宗旨、入院资格、课程、考试办法;《普鲁士国家档案馆档案学术服务人员录用法》,介绍了人员考试办法及应试科目。

---

〔1〕 梁建洲:《中国档案管理专业教育的开拓者——记文华图书馆学专科学校》(下),载《档案与史学》1998 年第 4 期,第 76－77 页。

〔2〕 《毛坤图书馆学档案学文选》,四川大学出版社 2000 年出版。第 331 页。

〔3〕 《行政效率》,1935 年第 2 卷第 7 期。

三、简要的评述

（一）启发与借鉴

总体而言,民国学者对欧美档案管理知识的引进带有很大的随机性,内容也较为分散,虽然如此,引进的积极作用仍是值得肯定的。

20世纪30年代以前,中国档案界对欧美档案管理理论与方法一无所知。30年代的行政效率运动,是由一群留学归国人士所发起的,引进包括档案管理知识在内的国外行政管理知识,借鉴国外先进经验,成为势所必然。《行政效率》杂志所刊发的相关文章,有助于致力文书档案改革的中国档案工作者开阔视野、启发思维。

20世纪二三十年代学术界大规模整理明清档案时,同样也面临寻找科学方法的问题。傅振伦深感:"吾国案牍,其古者如汉晋木简,近代者如明清档案,皆有多人整理。惟如何类别? 如何比次? 如何纂定? 如何保管? 时感困难。"因此,他在1935年出访欧洲时说:"游程所至,曾经英法德意瑞比等国,每欲涉足其文书馆舍,心资借镜。"[1]蒋廷黻曾说:"前几年常到故宫文献馆来参阅军机处档案,清华大学也收了若干档案,然对于如何编目,时有问题发生,因而很想到外国去看看人家对于档案之保管编目究竟如何。"[2]可见,中国的历史学者也是抱着学习借鉴的目的去考察的,他们在《文献特刊》《文献论丛》所发表的参观记,同样具有参考作用。

民国时期,中国档案工作缺乏统一的行政管理体制,也没有设立各级国家档案馆。民国学者对欧美档案管理体制尤为推崇。毛坤借鉴欧美建立国家档案馆的理论与实践,在《档案行政学》讲义中,明确提出建立国家档案馆的主张。毛坤草拟了《国家档案馆规程》,包括创建规程、组织规程、工作规程、人事规程、征录规程、分类编目规程、藏护规程、应用规程、编印规程、销

---

〔1〕《文献特刊》,1935年10月。

〔2〕 蒋廷黻:《欧洲几个档案库》,载《文献特刊》,1935年10月。

毁规程十章。傅振伦也草拟了《全国档案馆组织条例》。虽然都只是处于设想阶段,但是这些显然是受欧美档案管理影响的结果。

中国档案管理方法长期处于父子相传、师徒相授的状况,对档案人才的培养向不重视。民国学者大量译介欧美档案人才教育的文章,促进了中国近代档案学教育的兴起。

(二)吸纳与糅合

通过各种途径引进的欧美档案管理知识,得到了中国近代档案学者的普遍重视,他们选择性地吸取了其中的合理成分,充实在自己的著作中。何鲁成著《档案管理与整理》,设专门章节介绍欧美档案工作与档案学概况,直接引述国外档案学著作关于档案定义、性质、作用的表述。傅振伦著《公文档案管理法》,关于档案馆建筑及档案保管与保护的内容,直接引自美国中央档案馆的做法。殷仲麒著《中国档案管理新论》,是吸收国外档案学内容最多的专著,书中除辟有专章介绍各国档案学情况外,还在档案的定义、作用、组织体系、档案教育、人事等方面,述及国外档案理论与方法。

民国学者对欧美档案管理知识的吸纳与糅合,丰富了中国近代档案学的内容,也是对欧美档案管理知识的再传播。

(三)局限性

应当看到,欧美档案管理理论与方法对当时中国档案管理的影响仍然是有限的。民国时期,中国档案工作以机关档案室为主体,欧美档案管理的核心理论"来源原则"和"全宗原则"是以档案馆为基础产生的,在中国尚缺乏实践基础。毛坤在《档案经营法》"弁言"中明确指出:"外国人所著关于档案之书较多,但与我国国情多不相合,今欲研究档案管理比较适当之方法,一方面宜采取外国方法之原理、原则,一方面宜调查国内各地档案管理实际情况以出之。"[1]这是民国学者在引进欧美档案管理知识时的清醒认识。

(2018 年全国档案工作者年会获奖论文)

---

〔1〕 毛坤:《档案经营法》,武汉大学出版社 2013 年 10 月,第 1 页。

浅谈如何做好档案馆的保密与利用工作

宋庆阳

现在,各级各类档案馆对档案的管理和利用都十分重视,都会有一套比较完善的规章制度。开放和利用是档案馆的基本职能之一,如果没有利用,档案就失去了其本身的价值,同时也就不能为社会服务、为社会创造财富。但如果对涉密档案不加控制,随便调阅利用,那同样也会影响国家和集体的利益。本文就如何做好档案的保密与利用工作谈几点粗浅的看法。

一、档案开放的前提是确定好文件的密级标识

做好档案的密级标识工作,是档案开放和利用的首要前提。国家保密局 1990 年 9 月发布的《国家秘密保密期限的规定》中规定:"国家秘密的保管期限,除有特殊规定外,绝密级事项不超过三十年,机密级事项不超过二十年,秘密级事项不超过十年"。这与《中华人民共和国档案法》公布的档案自形成之日起满 30 年基本可以开放的规定相一致。只是这些进入档案馆已满 30 年准备向社会开放的档案是否保密,还具有多长期限的保密,已不再由原文件产生单位来做,而由档案部门来做了。在国家综合档案馆内,因保存档案数量多、内容丰富、人员缺乏等原因,他们大多笼统地将档案分为控制和开放两部分,这种过于笼统的划分,使档案在开放利用的具体操作中难以把握。为避免信息的泄密,好多档案馆便严格了鉴定标准,可开可不开的就不开放已成为一条基本原则,开放标准的不确定使得一些档案不再向公众开放,剥夺了公众获取信息的权利,限制了信息价值的充分发挥。反

之,如不加控制,对档案无限制地利用,也会造成对本单位、本国经济利益、政治利益的损失,所以根据现实需要,根据现有国情,应将档案分不同密级划分,同时也要将使用范围分为世界范围、国内范围、某个群体组织内部、组织内部某人以及某些特定的人等。只有这样,才能确定使用范围,使不该看的人看不到不该看的档案,从而防止发生泄密事件,所以说保管和利用档案的第一步应该是定密划分等级。

二、正确处理好利用与保密的关系,不但体现了档案信息价值,而且确保了涉密档案的安全

提供利用是促使档案信息与利用者的接触、满足利用者要求、实现档案价值的环节,是档案系统开放性的体现,其主要任务就是完成了档案信息与社会需求的结合。现在有的档案部门往往存在两种错误倾向:一种是重保密,轻利用。凡是涉密档案一律不开放,这样虽然确保了涉密档案的安全,但许多有价值的档案被长期束之高阁,无法发挥其应有的社会价值,背离了档案管理的宗旨和目的。另一种是不理解保密的重要性。认为既然要利用,就没有必要用"保密"二字束缚手脚,甚至感到无密可保。这种淡化保密意识的做法,终将导致泄密事件的发生。

档案有了密级标识、保密期限、使用范围,利用过程中还需要履行一定的审查手续。在提供利用中,档案馆与公共图书馆不同,它向社会提供的档案有时不全是完全公开的部分,常常会根据不同的单位组织、用途来提供一些开放、秘密、机密,甚至绝密的档案,这就需要档案馆的管理人员要有一定的政治素质和业务水平。工作人员应认真审核利用者的身份,明确其查档目的、相关背景,确认用户的查阅内容,再明确其可以使用的范围,这样才可以提供相关的检索目录及档案资料。遇到涉密档案,我们的接待利用部门应准确掌握利用中的"适度"及其条件,所谓"适度"就是在一定范围内可以对特定的利用者公开。涉密档案并不是完全不公开,而是可以根据其密级,使用范围相应地开放,其关键就是要把握好利用对象和使用范围,确保知密范围的有效控制。

三、提高档案人员的业务水平，增强服务意识、
保密意识是做好档案保密工作的关键

因为工作的需要，往往在接待利用部门的档案人员都是业务骨干，但除了有熟练的业务水平以外，还要有在新形势下处理新问题，新情况的应变能力，要有一定的保密意识，要有高度的警惕性，能慧眼识人。在新的国际国内形势下，有的利用者以个人的名义来查阅档案、搜集资料，但其背后有着一些复杂的社会背景，利用者手段翻新，用意叵测，这就要求我们工作人员的素质要高、责任心要强。一般有几种容易涉密的情况：

（1）涉密档案与非涉密档案混乱组卷、存放、管理，不仅不利于堵塞泄密漏洞，也不方便日后档案密级的变更和利用。当查找一个非密档案时，同一卷中的涉密文件也暴露无遗，或一卷档案中只有一份文件涉密，整卷档案都按涉密档案管理，利用范围就受到了限制。这就要求档案馆在整理和接收档案时，对于涉密和非密档案不要混合组卷，应该分开立卷，单独编制保密档案目录，建立涉密档案统计台账，这样既可以防泄密，又可方便日后解密利用。

（2）亲情、友情超越了组织纪律。有的利用者凭着和工作人员的私人关系，不办理必要查档手续，而工作人员也来者不拒，反正是自己熟悉又信任的人，想看什么档案就给看什么档案，无组织，无纪律。其结果是利用者往往利用这种信任干一些损害国家和人民的事。

（3）看似正常的查档，实际上背后有着其他的阴谋诡计。例如，前段时间，一名日本学者到一国家级档案馆查阅档案，经工作人员的认真审核，发现其是有目的和背景的，便断然拒绝了他的查档要求。在这种情况下，尽管他要查阅的是公开、开放的档案，但对他来说，我们应该严加保密，不予开放。几年前，曾有一位台湾学者来中国第二历史档案馆查档，因为手续齐备，又是开放档案，工作人员开始并未觉得有异常，但发现其查阅的内容、范围十分广泛，数量又十分庞大，经领导研究，认为其有大量复制大陆档案充实其档案馆藏的嫌疑，故终止其利用。

（4）有的档案馆还曾出现过利用者偷盗档案原件及邮品等事件，这就要求档案部门加强管理，完善应有的监控设备，做到疏而不漏。

（5）随着科学的进步，计算机技术、网络技术在档案部门应用也越来越多，计算机已成为档案部门必不可少的检索、阅读工具。目前许多档案馆都在忙着将各自的档案信息上网，这使一些利用者免去了路途的不便。但与此同时，依然不要淡化保密意识，涉密档案如果没有相应的技术手段进行保密控制，可暂不上网，如确需上网，也应通过加密或权限限制等技术防止泄密。

在人类进入 21 世纪的新形势下，档案的开放与保密工作，是一个事物的两方面，将随着档案事业永久地存在下去，我们既不能强调保密而放慢档案开放的进程，也不能促进开放利用而忽视保密要求。要用科学的态度处理各种实际问题，在保好密的前提下，最大限度地发挥、挖掘档案的价值。

（原载《南京档案》2002 年第 2 期）

档案信息安全政策研究
——基于多源流理论的分析视角

王建恒

一、多源流分析框架

美国公共政策学家约翰·W·金登在借鉴垃圾桶模型的基础上建立了多源流理论,并出版《议程、备选方案与公共政策》一书进行了系统阐释。多源流理论是基于美国政治体制提出的,对美国的政策过程解释力很强。近年来,多源流理论也被越来越多地应用于我国政策研究,其适用性也在一定程度上得到了验证。如关于我国的校车安全、异地高考、水污染防治、大学生创业等问题的研究,均证实了多源流理论在我国的适用性。多源流理论在我国研究政策问题时越来越被重视。

多源流理论系统解释了为什么一些问题被决策者关注,而另一些却被忽视;问题解决方案是如何形成的;决策者如何影响政策议程建立的;政策又是通过什么样的过程被最终制定出来的。约翰·W·金登认为,存在三条源流——问题源流、政策源流、政治源流,它们彼此独立,互不影响,在特定的时机汇合在一起,从而启动决策议程。

问题源流,是社会环境里漂浮的各种形形色色需要政府解决的问题集合。一些迫切需要解决的问题会通过指标数字、焦点事件及政策执行情况反馈等途径引起决策者的注意,从而得到优先提上政策议程的机会。

政策源流,是社会环境里漂浮的各种政策建议、主张、提案等问题解决方案的集合。这些解决方案是政策共同体围绕问题讨论提出的。政策共同体包括政府官员、政策研究者、相关领域代表及其他利益相关者。在他们提出的众多方案里,只有具备实践可行性、理念易被接受性、预算合理性,并符合主流价值取向,在恰当的时机才会被认可和采纳。

政治源流,主要包括国民情绪、公众舆论、执政党意识形态等因素。这些因素可以使政治家在决策时调整侧重点,从而影响议程设置。这种影响可能是促进的,也可能是阻碍的。

在特定时间点上,问题源流、政策源流、政治源流三流汇合,政策之窗开启,政策议程被启动。政策之窗的开启,可能是问题源流促成的,也可能是政治源流促成的。问题源流促成政策之窗开启的情况大致有三种:国家统计的社会指标相较之前发生了很大变化,出现了非常态情况,引起了决策者的高度重视;出现了广受关注的焦点事件;现有政策执行的情况不理想,反馈回来的信息很负面。政治源流促成政策之窗开启的情况大致有:公众舆论发生了明显转变;新政府的当选,使执政理念发生了变化;国家政治稳定发生明显波动等。政策之窗开启的机会很少,时间也很短暂,开启之后如果条件不成熟又会关闭,条件成熟时会再次开启,有时需要往往复复好几次,三源流汇合、政策之窗开启同时具备时,还需要政治家积极介入推动,才能最终促使一项政策的出台。多源流理论模型如图1所示。

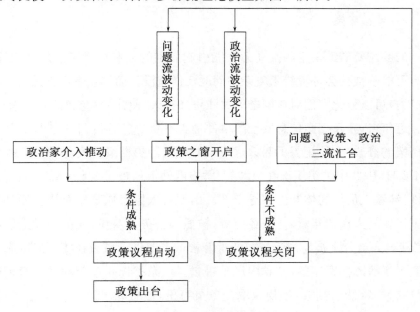

图1 多源流理论模型

二、档案信息安全的问题源流

1. 指标数据

目前,市场竞争越来越激烈,发展经济成为各个国家的重中之重。而经济的发展很大程度上取决于对信息的获取,档案(尤其是涉密的有经济利用价值的档案)随之成为各个竞争者的觊觎之物。然而,档案管理者业务素质不精、责任心不强,档案利用者法制观念淡薄、利益驱使等原因,对档案信息安全造成了极大的威胁,造成了很多盗窃档案、伪造档案、改动档案事件的发生。据统计,全国经济、技术秘密侵权纠纷案件呈逐年上升的趋势,其中很多都涉及档案信息的保存与利用,有些案件档案涉及的规模大得令人吃惊。如 2004 年 11 月,某大学附属医院的档案库房被不法分子撬开,里面存放的 11.19 吨档案(包括 40 年的 30 余万份病历档案和 10 年的会计档案)被不法分子全部盗走,造成了严重的档案信息泄露,影响十分恶劣。这些惊人的数据在一定程度上反映了档案信息安全问题。

2. 焦点事件

问题需要借助一定的推动力才能引起周围的人和决策者的广泛关注,才有可能不被社会环境纷繁复杂的问题汪洋淹没。而焦点事件正是这样的推动力,可以强化人们对该问题的关注更加持久,使该问题流的存在更加持久。近年来,涉及档案信息安全的事件种类不断增多、领域不断扩展。如人事档案的修改、会议记录的篡改、学历的造假、历史档案的改动等。2014 年 7 月 8 日,中共中央组织部在"12380"举报网站上通报了 3 起干部档案造假案件,涉案人员均为体制内领导干部。山西省太原市质量检验协会原秘书长王××托人伪造年龄、任职经历等,被撤销公务员身份,相关协助造假的 9 名涉案人员分别被党内警告或严重警告。山西省运城市经济开发区副主任黄××涂改档案年龄,被党内严重警告。广东省梅州市劳动教养管理所原政委钟×,伪造档案,违规获取公务员身份,被撤职。2015 年 7 月 6 日,中央纪委首次通报省部级官员档案造假,新疆维吾尔自治区人大常委会原副主任、党组成员栗×成为首个被指伪造档案年龄的落马省部级官员。同时，也不乏存在涉及境外敌对势力窃取档案信息的焦点事件。20 世纪 90 年代，世界上疟疾还没有根治，还有 107 个国家 2 亿多人遭受疟疾的痛苦折磨，而 1994 年面世的一种新药可挽救无数人的生命，同时也可带来丰厚的利润报酬。就是这种新药，原是我国科学家呕心沥血从中药中提出的，是我国的研究成果。但由于当时我国知识产权保护制度还不完善，这项研究成果轻易被国外不法分子窃取。

三、档案信息安全的政策源流

1. 管理者

为使档案工作进一步适应时代发展需求，中央档案馆、国家档案局在全国推行了档案数字化工程。将原有纸质档案通过整理、扫描、缩微等流程转换成电子档案，不仅有利于档案利用，而且对档案信息安全发挥着重要作用。纸质档案通过数字化后，对外提供利用时就提供电子版档案，不再提供原纸质版档案。这样可以防止人为篡改原件内容，原件的原始凭证性得到有效保障。要不断加强人员管理，参与档案工作的管理人员必须为正式职工，制作加工等外聘人员必须由公安机关提供无犯罪记录证明并签订保密协议方可上岗。同时，要严格做好电子档案的保管工作。对电子档案要进行备份，重要的档案要进行异地备份，防止档案信息丢失。加大对电子档案记录载体和设备的安全监测，确保档案信息不会被窃取或篡改。无论是对外提供利用的档案，还是要在网上进行信息公开的档案，都要严把安全关，确保档案信息安全。

此外，地方执政者也积极探索，出台了一系列档案信息安全规定，为中央、国家层面完善或出台档案信息安全政策提供了素材，具有一定的借鉴意义。2014 年 11 月 9 日，江苏省泰州市出台了《泰州市档案管理办法》，对档案的资源体系建设、安全体系建设、信息化建设等内容进行了系统规定。山东省聊城市阳谷县推行了档案违法"三追究"制度，针对档案违法案件，不仅要追究当事人的责任，还要追究主管领导或分管领导的责任，同时还要深入追究目前管理制度中的漏洞,用严苛的制度为档案信息安全保驾护航。

2. 政策研究者

在档案信息网络系统安全保障方面,米士刚提出了针对物理安全、访问安全和信息加密的安全防范措施;王黎明提出了要加强网络安全实时监测工作;马仁杰提出了要通过信息备份与恢复来弥补信息丢失事故的损失。在档案数字化建设方面,孙洪鲁设计了一套科学的工作流程;杨崇对外包的数字化档案提出了相应的控制措施;杨福平对涉密档案的数字化工作设计了一个离线档案管理系统。在档案信息安全技术方面,潘世敏对远程查询提出了安全控制措施;赵晖探讨了服务器安全保障技术等。可见,我国有一大批档案政策研究者致力于档案信息安全的研究,从不同角度、不同层面对档案信息安全进行了深入探讨,为档案信息安全问题的解决及相关政策的出台提供了丰富的基础资源。

3. 利益相关者

档案利用者是最重要的利益相关者之一。1997 年 3 月发生的"陈寅恪的最后二十年"案引起了档案利用者的广泛关注,他们纷纷提出了自己的利益诉求和政策建议。作家陆键东利用档案进行学术研究,所有的档案查阅利用手续均为合法合规的,却被原中山大学副校长、党委书记龙潜的女儿告上了法庭,状告陆键东侵犯龙潜的名誉权,在书中丑化、诽谤其父。虽然提供档案的档案馆没有惹上麻烦,但对以后档案的开放却多了诸多顾虑。为了维护档案信息安全,很多档案馆本着"多公布无功,不公布无过"的想法,对外公布档案畏首畏尾,拖沓延迟,给档案利用者利用档案造成了很多不便。因此,档案利用者呼吁各档案馆要完善档案公开审核制度,做好档案信息安全鉴别,审核通过的不涉密档案要及时向社会公布,充分发挥档案信息的利用价值。

四、档案信息安全的政治源流

近几年，中央对档案信息安全工作十分重视，印发了相关文件，领导做了重要批示和重要讲话。2015 年 4 月，中央和国家机关档案工作会议提出，要把档案安全和保密工作落到实处，切实保障档案信息安全。2014 年 2 月，中共中央办公厅、国务院办公厅印发了《关于加强和改进新形势下档案工作的意见》，对档案信息安全提出了明确要求，逐步建立档案信息管理系统安全保密防护体系。2010 年 5 月，中央档案馆、国家档案局组织召开了全国档案安全体系建设工作大会，详细地提出了 7 项档案安全体系建设任务。2009 年 10 月，在人民大会堂举办了档案工作者刘义权的先进事迹报告会，刘义权收集整理的档案史料价值和文物价值之高难以估量。在全国树立档案工作典型，号召全国档案工作者从点滴工作中维护档案信息安全。2007 年 3 月 5 日，在第十届全国人民代表大会第五次会议所做的政府工作报告中专门提出要做好档案保护工作的要求。温家宝等历任国家领导人对档案的信息安全问题也多次做出重要批示、发表重要讲话，对档案信息安全工作精心指导、提出要求。

五、三源合流和政策之窗

档案信息安全问题已引起领导层的高度重视，2014 年 12 月 23 日，时任中央档案馆馆长、国家档案局局长杨冬权在全国档案局长馆长会议上明确提出，要继续修改《档案法》，形成《档案法》修订草案。由于政治流的波动，即执政党执政理念的变化和影响，敲开了政策之窗，问题源流、政策源流、政治源流得以在此时汇合。同时政治家介入、积极推动，将修订《档案法》工作提上了议事日程，修订完善后的《档案法》的出台将指日可待。现行的《档案法》是 1987 年颁布的，1988 年 1 月 1 日起施行，1996 年修正过一次。然而，关于档案信息安全的条款少之又少，尚未形成档案安全法律体系。政策共同体建议新修订的《档案法》应将档案安全列为专章,从档案实体安全和信息安全两个方面做出修订,确保档案安全。

六、结语和讨论

综上,档案信息安全政策分析过程基本上符合多源流模型理论解释,《档案法》的修订是问题源流、政策源流、政治源流在政策之窗耦合,经过政治家的推动,从而最终完成的。多源流理论在我国的适用性是显而易见的。但是,由于西方和我国的政治体制、意识形态等方面存在差异,在我国运用时要加以区别。应重点关注问题源流、政策源流和政治源流三者之间的关系。我国的实际情况致使三源流之间是相互影响的,如图2所示。

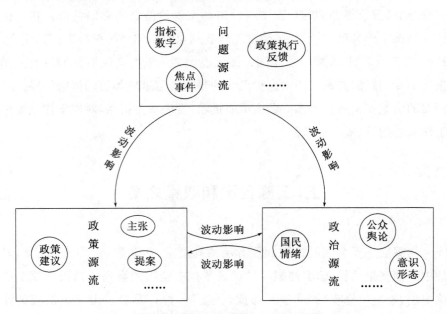

图2 我国问题源流、政策源流、政治源流关系图

多源流理论是发源于西方,该理论的预测能力、三个源流是否独立、在中国的适用性等问题一直受到各界人士的质疑和讨论。多源流理论可以解释我国很多领域的政策议程。改革开放以来,中国经济水平高速发展,经济

环境、发展程度和西方很多国家相近。经济发展需要相关政策配套,中国的政策很多都是根据快速发展的经济需求出台的,出台政策的大环境相似,所以西方的多源流理论在中国也具备一定的适用性。

　　然而,每个国家的发展历程、实际情况不同,不能生搬硬套其他国家的理论,西方的多源流理论也有值得商榷的地方。多源流理论认为问题源流、政策源流、政治源流三条源流是相互独立、互不影响的,在中国的社会环境下,这三条源流很多情况下都是有交叉的,问题源流的波动会引起政策决定者的关注,从而影响政治源流的流向;政府换届、特定社会背景等造成执政理念的更新,促使政治源流发生波动,又会影响政策共同体政策的提出,进而影响政策源流的流向;政策源流是受问题源流的波动而产生相应变化的,具体的社会问题产生后,进而才会提出有针对性的政策建议。我国采取的政治协商制度,每年两会政协委员建言献策,对政治源流的流向势必会产生很大影响。所以,在中国社会环境下,问题源流、政策源流、政治源流这三条源流的流向不是绝对相互独立的,是互相影响的。

参考文献

[1] 约翰·W·金登:《议程、备选方案与公共政策》,丁煌等译,中国人民大学出版社2004年版。

[2] 朱倩、周耀林:《我国档案信息安全研究述评》,《理论研究》2013年第2期。

（原载《中国档案》2016年第5期）

浅议档案馆接收赠书管理工作

罗　娟

　　档案馆是党和国家的科学文化事业机构,是永久保管档案的基地,是科学研究和各方面工作利用档案史料的中心[1]。在现实中,各级档案馆都存有不等数量的图书资料,这是人类进行科学研究和生产实践所必需的参考工具,也是档案工作的一个重要组成部分[2]。

　　接收赠书,是档案馆获得珍贵书刊、丰富馆藏的重要途径之一。笔者结合个人的工作实践,就赠书的概念、来源、类型及特点,档案馆接收赠书的意义,接收赠书及其管理中存在的问题等方面做一探讨,并就档案馆如何加强赠书管理提出一些粗浅的建议。

一、赠书的基本概念

1. 赠书与受赠图书的概念

　　赠书是指个人、单位组织和社会团体等不以营利为目的,无偿或半无偿捐赠其著述、收藏、编撰的纸质文献和非纸质文献的行为[3]。赠书可以通

　　〔1〕　国家档案局:《档案馆工作细则(国档发〔1983〕14 号)》(2013 - 07 - 10),http://www.zjj.gov.cn/govmach/daj/2011112461803.shtml.

　　〔2〕　李洪荣:《走出深闺由人识——提高档案馆图书资料利用率之我见》,《档案天地》1994 年第 5 期,第 16 页。

　　〔3〕　周贺立:《完善高校图书馆赠书管理的几点探讨》,《才智》2011 年第 10 期,第 342 页。

过实地到馆捐赠、委托他人移交、邮寄等方式完成。赠书者的目的是通过捐赠,将曾经让自己受益的著作、珍藏等书刊,通过档案馆传递给渴求知识的用户,以求物尽其用,并起到宣传著者、传承文化的作用。

对接收捐赠的档案馆而言,受赠图书是其馆藏文献资源建设的一部分,是与本馆保存或收藏的各历史时期图书(如明清图书、民国图书及其他古籍文献等)和档案馆自行采购的现行图书资料相对而言的。从外观上看,受赠图书一般在扉页会有赠书人或赠书单位的钤章,有"请惠存""请指正""请交换"等字样。受赠图书可以是正式出版物,也可以是非正式出版物或内部资料。

2. 赠书的来源

档案馆可以通过个人、社会组织或团体等途径接收赠书。

个人赠书来源主要包括:国内广大的专家学者、知识分子、知名人士以及社会群众的个人著作和个人藏书;档案馆内部职工将自己的著述或藏书捐赠给本馆;港澳台胞、海外华人华侨赠送的珍贵图书文献资料,等等。另外,有的查档者在著书过程中,得到了档案馆的帮助,为感谢档案馆提供素材,主动将编著或收藏的图书、资料赠送给档案馆。

社会组织或团体赠书来源主要包括:海内外各类型单位、社会团体,如高等院校、科研机构、兄弟档案馆单位、各级各类出版社、机关及企事业单位、民间团体等。许多高等院校、研究所、研究中心向有业务联系的档案馆赠送本单位编著出版的图书,以加强学术沟通交流;出版机构主动将出版物捐赠给图书馆,以扩大出版物及出版社自身的社会影响;兄弟档案馆将馆内出版的图书、汇编资料友情赠送,以便加强馆际合作与交流。

不论是个人赠书还是社会组织或团体赠书,通常都是赠予者的自主行为,因此档案馆多长时间能够获赠一本、一套或一批,都没有明确的规律。

3. 赠书的类型与特点

档案馆受赠图书主要有学术著作、专业书刊、文史资料以及文学、史学、地方志、图片集、思想政治类等各方面文献。文献载体类型有纸质文献、视听文献(如光盘、磁带等)、实物文献(如碑帖、字帖等)。有些受赠图书是专家、学者的个人学术著作,是理论与实践相结合的产物,不但珍贵而且具有很高的学术和科研价值。有些图书资料纸质精良,装帧精美,图文并茂,极具收藏价值。

二、接收赠书对档案馆建设的意义

1. 接收赠书是丰富馆藏资源的重要渠道

接收赠书是一种无须档案馆直接出资购买文献资料而充实馆藏的特殊方式,是档案馆加强馆藏资源建设、通过个人或社会征集资料的一种有效手段。档案馆接收有研究价值或未出版的捐赠资料,加以整理从而为查档者提供利用资源,起到补充馆藏档案资料的作用,进而提升档案资源的利用服务水平,提升档案馆的社会影响力和知名度。

2. 接收赠书是扩大社会影响的有效手段

作为公共文化事业机构,公共服务是档案馆的基本职能,档案馆要利用多种途径加强全社会对其公共服务的认知度和认同感。档案馆利用"国际档案日"等契机,依托平面、视听、网络等媒体,发出赠书倡议,开展赠书工作,在互动中加强宣传引导,鼓励赠书行为,使更多人士关注档案馆、了解档案馆,进而支持档案馆建设。同时,赠书利用的过程也是让档案资料走进社会的过程,而可利用资源的日益广泛,最终也能达到"档案馆成为广大民众求知、寻史、教育、休闲的必去场所"[1]的目的。

3. 接收赠书是加强社会关系的桥梁纽带

接收赠书是档案馆加强学术、文化、业务交流的重要途径,是拓展和保持社会关系的重要媒介。一方面,与国内外各界交换和赠送书刊,有利于进一步密切与兄弟档案馆、高校、企事业单位等业已建立的合作关系,发展与外国驻华使馆、外国驻华机构、跨国公司、国际组织等友好关系。另一方面,

---

〔1〕 龙立旭:《论加强档案馆的公共服务能力建设》,《北京档案》2010 年第 6 期,第 14 - 15 页。

通过与已有捐赠者保持长期的友好联系,有利于保障捐赠工作的持续开展,进而使更多赠书者参与到档案馆建设事业中来。

三、档案馆接收赠书管理工作中存在的问题与不足

1. 接收赠书被动,赠书质量参差不齐

社会各界的赠书对档案馆建设并非都是有益的。赠书中有许多图书资料学术价值高、质量好,且符合档案馆建设需要,这些图书资料是要保存并加以整理、利用的。但由于很多捐赠者文化背景、职业身份、赠书动机等各不相同,且对档案馆的规模、性质、服务对象、馆藏现状等缺乏了解,致使他们在赠书的对象、数量、品种等方面有很大的不确定性,因而会出现赠书与档案馆定位不符、资源重复或赠书本身没有收藏价值、过于残旧破损等问题。笔者所在的中国第二历史档案馆曾接收过多批与馆藏需求不符的图书,如中药、健身、养生等类别的书籍。

2. 赠书管理投入不足,缺乏专人专职

由于赠书来源的不确定性,档案馆无法确定赠书管理工作量的大小,又鉴于图书资料在档案馆中的弱势地位,大多数档案馆并没有设置赠书管理的专职岗位,往往作为临时性工作指派某部门或某位工作人员办理,或由馆办公室和图书资料管理的归口部门联合管理。通常由馆办公室负责接收和发放赠送证书事宜,同时出具图书资料清单,连同图书资料移交至图书资料管理的归口部门或处室,并办理移交手续。图书资料管理部门接管后再进行逐一登记,并进行分类、编目、著录,再根据不同的文献类型、来源、用途等及时典藏。这种跨部门的工作方式易造成权责不明确,也容易造成处理不及时导致后续工作无法展开。如受赠图书的筛选应归谁管理?筛选应在哪个程序?是在第一道关口办公室还是第二道关口图书管理部门?受赠图书移交如果不及时,也就无法进行编目、加工、典藏等工作。没有专人专职,还会导致工作交接不清、管理工作不连续等问题。

3. 缺乏具体的管理制度或操作规范

对受赠图书如何科学管理,很多档案馆并没有制定具体的管理制度。精细管理,制度先行。缺乏具体的管理制度或操作规范,工作开展起来就容易弄成一笔糊涂账。很多档案馆对照单全收的"问题书籍",不便向赠书者反映赠书中存在的问题,对有问题的赠书也不便随意处理;有的档案馆干脆将其长期堆放,既影响办公场所的整洁卫生,且有碍观瞻;有的档案馆不经筛选便将其悉数登记入库,这样一来,既占用了库房,影响了馆藏质量,同时也增加了管理上的压力。

四、加强接收赠书管理工作的建议和对策

针对接收赠书及赠书管理过程中存在的问题与不足,档案馆应采取必要措施,通过完善规章制度、实施过程控制,不断提高赠书管理科学化水平。

1. 完善规章制度是档案馆开展赠书管理工作的基础工程

搞好接收赠书及其全过程管理,首先要有一套比较完善的、规范的和符合标准的规章制度作保障。在我国,捐赠图书虽然有较长的历史,但还没有成文的管理工作细则。档案馆可根据实际情况,制定《档案馆接收文献捐赠管理办法》《接收捐赠图书管理工作细则》,使赠书工作的各个环节有章可循。一套完善的赠书管理制度应该包括:建立合理的工作流程,以减少重复劳动;制定统一的赠书、赠刊表单,完善基础性工作;制定包括接收、登记、筛选、分类、编目、典藏、利用等各个环节的工作细则。

2. 专职专人管理是档案馆赠书管理工作持续健康发展的根本所在

赠书工作要持续、有效地开展下去,必须设专职、由专人来管理。赠书管理岗位的工作职责包括:组织赠书价值评估和筛选,确定"拟入藏"和"拟剔除"的图书;对赠书进行登记造册,如实登记赠书及赠书者的信息,形成原始目录;及时对赠书进行加工,使赠书得到利用;向捐赠者发送赠书回执或

捐赠证书,等等。

3. 实施过程控制是提高赠书管理质量的重要保证

笔者结合工作实践,将档案馆接收赠书管理工作概括为以下几个连续的过程(见下图):

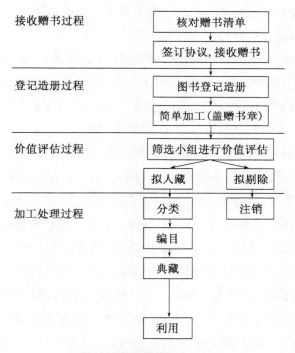

接收赠书及其管理全过程

笔者从接收赠书及其管理全过程出发,就加强和改进赠书管理工作提出如下建议:

首先,接收赠书过程——明确赠书权限,以便档案馆后期管理。受主客观因素制约,档案馆可能无法在受赠同时或者较短时间内完成对受赠图书的价值评估,这将给随后的图书甄选取舍及后期管理带来问题。为便于档案馆接收赠书后的管理及具体工作的展开,必须明确规定,图书资料一经接收并办妥有关捐赠交接手续,受赠图书作为档案馆固定资产,其所有权和处理权归档案馆所有。档案馆在接受捐赠前,应与捐赠者签订具有法律效应的合同,如"捐赠协议书",规定捐赠者所捐赠图书资料的所有权和处理权自协议书签字之日起转移至档案馆。

其次，登记造册过程——如实全面登记，使赠书有据可查。所有接收的赠送图书应如实登记相关信息，形成一份完整的原始目录，包括捐赠时间、捐赠人情况、受赠图书名称、数量、价格、出版社等详细信息。在图书的价值评估、筛选环节结束后，应根据评估结果在原始目录中注明关于每一本图书的筛选意见及处理的具体时间。所有受赠图书均应在规定位置上加盖"赠书"章，以示来源并与自购图书区别。

第三，评估筛选过程——科学评估筛选，确保馆藏质量。赠书本身是免费的，但接收赠书管理需要档案馆付出一定的时间成本及劳务支出，同时，客观上占用档案馆馆藏范围和书库空间，如果不加选择地全部接收入藏，一些利用价值不高的图书和资料会成为"呆书""滞书""死书"。档案馆要根据本馆馆藏建设的方针和原则，就筛选的水平标准、层次标准、出版年代、复本情况等，制定可操作的具体筛选细则。同时，从档案馆内抽调水平高、资格老、阅历深的专家、学者型人员成立"受赠图书筛选小组"，对图书进行价值评估，拿出具体筛选意见。工作人员在原始目录上做好筛选标注。

第四，加工处理过程——实施分类处理，对赠书进行有选择入藏。筛选意见为"拟入藏"的受赠图书资料，与馆内自行采购图书资料一样，按照图书管理具体办法执行，依次进入分类、编目、典藏等工序，并和馆藏档案及其他资料一起向查档者提供参考、利用。对筛选意见为"拟剔除"的无关或价值不大书刊资料按照馆内部规定统一处理。同时，考虑到库房空间有限和管理的实际需要，对馆内一些年代久远、多年积压的受赠图书，以及具有特定时代性和时效性且已出现更新或再版的图书资料，应根据馆内部有关规定处理。每年度图书资料管理部门可以邀请本馆"受赠图书筛选小组"对以往的受赠图书进行重新鉴定。对于有使用价值的图书资料继续保留原著录信息并提供利用，而对于内容陈旧、失去时效的书籍（如过期的科技书刊）应进行清理。

总之，档案馆要以积极热情的态度对待捐赠图书，控制赠书质量，严格流程程序，科学有效管理。在赠书的接收、筛选处理和藏书管理上采取规范的措施，并在实践中不断探索，持续改进管理办法，使赠书得到充分开发以供利用，实现赠书的价值最大化。

（原载《档案与建设》2014 年第 1 期）

论档案安全保障工作

刘楠楠

2010 年 5 月 12 日,国家档案局局长杨冬权同志在全国档案安全体系建设工作会议上提出"建设确保档案安全保密的档案安全体系,全面提升档案部门的安全保障能力"的号召,把档案安全的重要性提升到一个新的高度。档案安全体系关系着档案的存亡,是国家档案可持续发展的重要基础和条件。保证档案安全不仅是档案工作人员的第一要责,更是档案工作的重中之重。虽然档案工作者付出了一定的努力,并取得了显著的成果,但是,档案安全的形势依然严峻,这就要求档案工作者要时刻保持清醒头脑,强化档案安全意识,消除隐患,保证档案信息及实体安全,为国家的文化遗产完好无损保驾护航。

一、档案安全是一个古老而崭新的命题

档案和档案工作的特性和作用决定了档案安全的不可忽视性。档案信息最常见的载体是纸质的。纸质介质是非常脆弱的,既不防火,也不防水,易撕坏,易折损,对于保存时间已经很长的档案,甚至稍一用力就会破碎。而档案的最大特性就是唯一性,每一份档案从某种意义上说都是无价的,档案一旦损毁,损失将不可挽回。

自古以来都强调档案的安全保管和安全利用。从周代的天府、宋代的架阁库到明清的皇史宬,无不追求库房建筑的坚固耐久、防水防潮和防火防盗。据史书载,在我国古代的周王朝时期就有了保管档案的官员和机构。

《左传》中记载了鲁国宫廷大火中抢救档案的故事。其中有一个情节令人难忘：指挥救火的官员命令，迅速搬出档案典章制度文献，不得有误；假如使档案有损失，那就是死罪，将处严刑。在长期的历史积淀中，发展出一系列先进、实用的纸质档案保护和利用保管制度，如档案用纸要求、副本匿藏制度、虫害防治技术、装裱修复工艺、晾晒防潮方法、分库保护体系、库房构建技术等。这些档案保护思想和保护技术无不体现古代档案人对档案安全的重视，凝结着先贤们的思想智慧，对今天的档案工作仍有重要的指导、借鉴作用。

新中国成立后，档案安全更被看作有效利用档案文件、实现档案工作目标的前提。我国现有的档案法规对档案安全有明确的主张。以 1996 年修订的《中华人民共和国档案法》为例，该法律将"有效地保护和利用档案"作为立法目标（第一条），明确规定"一切国家机关、武装力量、政党、社会团体、企业事业单位和公民都有保护档案的义务"（第三条），并将"维护档案完整与安全"作为档案工作的原则要求（第五条）。事实上，在《中华人民共和国档案法》的 25 条实例中，涉及档案保护与安全的条款就多达 13 条。据不完全统计，近十年内，国家档案局针对档案安全专门办法的通知、文令就有近20 条之多，内容涉及汛期档案安全、灾后档案防护、档案防火、馆藏档案和档案目录数据的安全管理、重点档案抢救等方面。

二、维护档案安全的必要性

档案安全保护之所以受到高度重视，源自档案文件所具有的以下特质：

1. 档案具有不同于其他信息资源的"唯一性"及由此产生的法律证据价值。档案文件的"唯一性"首先体现在其内容上的"排他"。一份档案如果存在两件内容不一、记录事实相左的版本，那么只有一件是真实的，另一件必然存在差缪。档案内容上的这种"排他性"，源自其所记录事实的客观性，发生过的历史不可能再改变，作为某一时刻、某一方面真实记录的原始文件，在内容上只能是唯一的。因此，剔除芜杂，鉴定真伪，防止篡改，采取一切措施保护档案内容的原始真实性，维护历史的本来面目，成为档案工作者最重要的职守。档案文件的"唯一性"还表现为其复本上的"稀缺性"和效用上的"不可替代性"。受制于保管条件,归档文件的复本数量极其有限,多数情况下是孤本保存,这些馆藏文件受到自然和人为因素的作用,在保管利用过程中不可避免的老化、破损,甚至被破坏、损失,从而使得老龄档案犹如文物那样变得稀缺而珍贵。而档案原件在证史上的权威性,作为法律证据无可替代的证明力,每份档案记录内容上的独特性,以及利用价值的长久性,迫使档案工作者必须竭尽全力地维护档案的寿命、控制其利用,以确保馆藏档案的安全。

2. 档案具有利用上的"直接依赖性"和潜在的利用"负效应"。每一项社会事务活动的开展都具有延续性,档案文件作为直接记录以往活动来龙去脉的"记忆",对该项活动的后续发展具有不可或缺的凭据作用。虽然任何活动的开展都需要继承、吸收人类已有的知识信息,如借鉴参考相关的文献资料,但原生于社会活动中的档案文件,对该活动后续事务的开展提供着必不可少的"直接"信息,失去这些信息,该项活动便无法正常进行,这是图书、情报等"间接性"信息所无法替代的。这种社会活动对档案文件的"直接依赖性"还意味着一旦档案文件的内容有所缺失或失真,那么据此展开的社会事务活动便可能陷入混乱、无序。换言之,如果档案安全得不到保障,对档案的利用便可能造成灾难性的后果。从这个意思上说,档案的安全重于利用。

3. 档案信息具有很强的主题关联性。作为社会活动的伴生物,档案由形成者制作,为利用者使用,在其生命周期中始终与特定的主体相关联。因而,不同主体之间复杂的权益关系必然影响到对档案文件的保管和利用。例如,每份档案文件都有其所有权属,在特定的时期只能限于确定的用户范围。所有权或著作权人失去对其权属档案的控制和利用,档案文件被超范围的主题所利用,都可能造成利益上的冲突,带来社会混乱和法律诉讼。因此,应通过准确的档案划控和严格的用户管理来避免档案利用中的安全风险,防止敏感档案信息的泄密,保守专业机要和个人隐私,实现档案的安全利用。

三、威胁档案安全的各项因素

档案安全体系中任何一个环节出现漏洞，都可能导致整个安全体系的崩溃，带来灾难性的后果。威胁档案安全的因素很多，主要有以下几个方面：

1. 自然灾害对档案实体安全影响较大，保障机制不够健全

自然灾害主要包括：地震、台风、大风、暴雨、泥石流、洪水、雷电、火灾等。随着全球环境的不断变化，自然灾害对我们生活的影响日益频繁，对档案的破坏也日益严重。可是在自然灾害面前档案保护显得很无力，只能采取以防为主，防治结合的方针，尽量减少其对档案的破坏。档案馆作为国家重要文化遗产的保护机构，应该有忧患意识，要对可能存在的安全风险，进行系统的规范的科学的评估，及时查找出各个环节可能存在的疏漏或隐患，有针对性地及时把各种疏漏或隐患消灭在萌芽状态。要重视应急预案的制订与演练，成立专门的指挥机构并制定各部门的职责，各种情况下如何抢救、转移和修复档案，怎样进行灾害损失的评估，怎样预防次生灾害等，通过演练提高执行力，经过演练，提高应急反应的实际能力，从而能够从容应对各种突发事件的发生，避免或减少自然灾害对档案的破坏。

2. 人为因素威胁档案实体安全日益突显，各种措施不够完善

当前环境下，档案部门日趋社会化管理，部分工作施行外包，这就给档案实体及信息的安全构成了隐患。随着人们对档案认识的不断提高，档案的文物价值也日益体现，这就使一部分别有用心的人（包括档案保管人员）对档案进行偷窃，这样的案例已很多。所以应及时采取措施杜绝或避免这类事件的发生，保证档案实体的安全。档案制度建设具有根本性、全局性，是档案能够在收集、整理、鉴定、保管、编研和利用各个环节保持安全运行的根本保障。随着档案商业价值的日益增加，人为攻击、人为窃取、大意疏忽等人为因素影响档案安全日益突出，为了避免这样的事情发生，周密、健全

的档案安全管理制度既是对档案安全的一种保障，也是给档案保管人员的一种约束力和执行力。按制度办事，加强监督检查，就能减少人为因素对档案实体的破坏，减少档案实体的丢失。

3. 信息化条件下档案数据信息安全存在隐患，保证数据的持续可用性难度加大

档案信息化建设是以档案业务为核心，以计算机网络信息技术为手段，以现代管理为理念，以服务社会为宗旨，而开展的一项新型工作模式。随着计算机网络技术的发展和我国信息化进程的推进，网络信息面对的安全威胁也越来越大，安全防御手段越来越复杂。确保数字档案和电子文件内容真实、长久可读和有效利用，将是我们面临的重大问题。信息化建设是建立在硬件基础之上的，硬件主要包括数据库服务器、应用服务器、负载均衡服务器、核心交换机、路由器、终端设备等。信息化过程中，多数档案数据都采用集中存储的方式，随着时间的推移，数字化档案成果成几何级数增长，给后台的数据库带来了数据压力，如在一个巨大数据库中广泛共享，就要求无障碍持续运行时间越来越长，系统故障恢复时间越来越短。计算机病毒、人为的恶意攻击、人为无意失误都有可能造成系统瘫痪，这就要构筑硬件安全防范体系。同时，为了保证信息安全，档案保管部门可根据自己的实际情况选择适当方法，对于使用频率高又具有保存价值的档案信息资源，可采取数字技术和缩微技术并用的混合技术；对于使用频率高、无保存价值的档案信息资源，采用数字技术即可；对于使用频率不高，但具有保存价值的档案信息资源，可采用缩微技术方式；对那些已经进行了缩微的档案信息资源，使用频率又很高的缩微品，可利用数字扫描技术进行转化。采用这些方法，既达到了档案信息资源永久保存的目的，又提高了信息资料的进一步开发和利用，从而保证档案信息数据的持续可用。

四、确保档案实体安全的必要举措

1. 建立严格的管理规章制度

档案管理的所有环节都必须依据规章制度,确保检查、督促、奖惩等措施的落实。档案管理人员的数据安全意识尤为重要。提高人员的安全意识,加强防范措施是最重要的。人员具备了安全意识才能从根本上杜绝威胁数据安全的隐患。档案信息的知悉人员应有严格的限制,档案必须严格控制知悉范围,必须要做到两个方面:第一,无关人员不接触档案数据;第二,重要档案的数据利用必须办理审批,不得随意扩大知悉范围。在具体服务中,档案的利用都应该按照相应的规定做好各种登记、审批工作,做到重要档案在办理审批手续后进行利用。建立各项规章制度,是确保档案安全和建立档案安全体系的首要举措,一定要制定科学规范的制度,做到有章可循。

2. 确保档案实体载体和数据安全

目前我国的档案主要依靠纸质、光盘、硬盘等介质保存。这些物理介质的存在,需要档案部门能够确保档案的载体能够不被损害地存在和保管,不应因为自然灾害和人为因素出现丢失、损害、缺损的现象,同时保管数据的硬盘和光盘也不能受到挤压和毁损。总之,档案实体中的各种载体必须确保完整和安全,这是档案实体安全的基本前提,档案部门只有在这个基本前提下,才能实现对档案实体的安全管理。

目前由于档案现代化管理的需要和现代信息技术的发展,档案部门在档案的管理中需要将大量的档案内容转化为数据形式,但是这些数据的大量存在,就面临着数据安全问题。档案数据安全,就是档案部门必须确保档案数据的完整、真实,这些数据不能被人违法篡改,在技术处理上不能出现数据的丢失、同时还要确保档案数据在具体运用中,必须能够还原和完整复制,这些都是档案数据开发出来以后,必须面对而且必须确保的内容。

档案数据的载体分为计算机、移动硬盘、U 盘、光盘等,载体的具体保管和利用管理起来相当复杂,而且还要确保载体不受到损坏,确保载体内的信息能够被安全、真实还原出来。这就要求必须做到:① 配备中间计算机,中间计算机不处理档案数据,杀毒软件要升级、接入移动介质的病毒杀毒及检测功能。② 及时更新、升级杀毒软件,打好各种软件补丁,确保计算机的运行安全。③ 档案信息的网上发布必须严格管理,建立各种审批、登记手续。④ 配备专用的移动硬盘、U 盘等必要设备,不得随意外出携带,必须严格控制保管和使用范围。⑤ 配备一些不上外网的工作计算机。

3. 对档案实体进行等级划分提高应急能力

档案等级分类是指将国家所有的档案和非国家所有的档案按照一定的判定标准划分为相应的等级。这种等级划分不同于档案的密级档案保管期限的划分,而仅从档案的本身来划分相应的等级,例如假设可以将所有的档案(不论国家所有的档案还是非国家所有的档案)划分为1—9级,其中7—9级的非国家所有的档案可以在指定的档案中介机构或档案馆内进行拍卖;4—6级可以在国家部门鉴定和审批的情况下拍卖、出售、出租、转让;1—3级的所有档案(不论国家所有还是非国家所有的档案)均不得拍卖、出售、出租、转让。

档案等级分类法规的制定必须首先明确是基于对全国各种类型的档案所进行等级划分,因此在制定时要充分考虑到各种性质的档案所存在的具体问题,所划分的层次不能过多也不能过少。其中的每一级差都有价值和保管的具体的区别。

4. 提高馆库的安全标准,加强馆舍的选址和硬件投入

在档案馆建设上,一定要采取防震、防火措施。档案馆建筑的抗震烈度一定要高于当地的普通公共建筑,档案库房应尽量采用防火阻燃材料,并安装自动报警和相应灭火装置,或采取其他防火措施。档案装具也要考虑应急情况,应把重要的档案放在密封便携式档案柜中。因为多次灾害告诉我们:抗震性能好的库房,能避免档案因库房震垮而遭受毁灭性损失;使用防火阻燃材料的库房,档案不至于在火灾发生时被烧毁;封闭便携式档案柜在各种灾害来临或紧急情况发生时,对保护和抢救档案有利。在错综复杂、瞬

息万变的现代社会中,各种天灾人祸难以避免,良好的馆舍保管条件在一定程度上确保了档案保管的质量和应急抢救的缓冲时间。因此档案馆在新馆建设和异地保管备份数据时,对于馆舍的选址和各种配备条件、应急抢救通道的设计都应特别重视。

5. 重要档案实体和数据实行异地备份

实施重要档案异地备份制度。我国从古至今,都对重要档案实行多套异地备份,特别在 20 世纪 60 年代,许多档案馆都为备战而建立了后库,但目前很多档案馆的后库都弃置不用了。威海档案安全的突发社会事件提醒我们,在自然灾害频发的今天,必须强化风险防范意识,提高灾害应对能力,采用新的手段,重新实施重要档案异地备份制度,在不同的地方存放重要档案的重份或缩微、复印、数字化等形式的副本。省级以上档案馆凡有后库的都应恢复使用,存放档案副本;没有后库的,应与其他省档案馆互在本馆为对方建立备份档案库房,互为对方存放备份档案。今后,我国的各级档案馆都要把对已有复制件的档案原件进行封存作为确保档案安全的一项制度来执行。凡是已有缩微、复印、数字化等形式副本的档案原件一律封存,无特殊情况的,都不再提供利用,而以复制件提供利用,这样可以最大限度地保护档案实体。

档案数据的不断增加和在系统中进行交换,要及时进行备份。备份可以利用专门计算机的硬盘进行备份,也可以利用移动硬盘进行备份,备份的数据在一定的阶段通过刻录光盘的方式另外保存。对重要档案实行异地备份。特别是安全系数较低的电子文件,一定要普遍实行异地备份。应逐步将电子文件转换成其他载体保存,实行异质备份,以防止若干年后电子文件因阅读设备不配套而无法读取。在不同的地方存放重要档案的重份或缩微品、光盘等复制品。档案数据备份和异地建库保管,往往是与档案实体保管在一起的。

尤其要强调的是,档案实体的备份选择异地备份场所,以相距 300 千米以上,不属同一江河流域、同一电网、同一地震带的地方为宜。实行异质备份,以防止若干年后电子文件因阅读设备不配套而无法读取。

6. 档案部门要制定应急预案

各级档案馆、室都要制定应急预案,对所能设想到的各种突发灾害、突发社会事件到来时怎样抢救、保护档案制定出方案,以便紧急情况发生时按预案办事。每年要按预案进行演练。当紧急情况发生时,档案部门能处置的紧急处置,自身处置不了的要立即报告有关部门请求协助,并采取其他挽救措施。在各种自然灾害面前,档案实体的安全尤其应当放在首位,应急预案应当是首先立足于应对档案实体的安全管理为基础。

五、建立档案安全防护体系

档案的安全保密工作必须从整体出发,着重于体系建设,通过对所有相关因素的分析梳理,建立起系统、高效的档案安全防护体系。

1. 在防护对象上,不仅要着力保护档案实体的安全,而且要保证档案信息的安全和档案文件生存环境的安全;既要维护传统载体档案的安全,也要维护数字档案信息的安全;既要保证档案本体的安全,又要维护档案相关材料及其元数据的安全。

2. 在防护主题上,要全面发动,全员防御。无论档案文件的形成者、管理者还是利用者,都必须提升安全意识,赋予安全责任,明确保密义务,所有相关主体通过"各司其责、各守其则"的联防互动来确保档案文件的安全。

3. 在防护环节上,要对档案文件的生命全程实现"不间断"防护。通过各种措施来严密监控档案文件自形成伊始的存储、处理、传输与利用过程,实现自文件至档案的一体化防护。

4. 在防护手段上,要综合运用技术、管理和法规等各种手段,建立起综合性的安全防护体系。安全技术和安全产品的应用只是档案安全防护的手段之一,而安全风险的评估、安全策略的确立、安全措施的组织实施、安全标准及安全制度的制定等,同样是档案安全防护体系构建的重要内容。有调查显示,90％以上的网络安全案件通过加强管理即可避免。因此,档案信息安全必须技术、管理和法规并重,从系统设计、人员管理、制度规范、技术手段等各个方面进行综合防护。

5. 在防护策略上，要"预防为主、防治结合"。一手抓防范，一手抓治理，在积极实施主动防御的基础上，对由于历史原因或不可抗因素而造成的受损档案、濒危档案开展抢救性的保护与修复，以避免这些档案安全状况的进一步恶化，将损失降低到最小限度。

另外，要加强人才培养。首先，档案部门迫切需要大批计算机方面的专业人才和与国际接轨的高层次管理人员。考虑到引进外来人才的难度，档案部门应集中精力加强档案人员的业务培训，对他们进行信息安全和知识产权方面的培训，帮助他们从国家安全的高度树立电子文件安全意识，减少工作失误。其次，制订相应管理制度、操作程序和操作要领，规范操作人员的职业道德和行为准则，明确安全责任制和监督考核机制，尽可能杜绝人为失误造成的损失。如网络系统和信息安全管理制度、管理人员操作守则、定期备份制度及电子文件使用记录制度等等。最后，建立合理的惩处机制，对少数有意泄露国家、企业秘密的人员，视其情节轻重予以相应处罚。

总之，档案安全管理应遵循严格管理、预防为主、防治结合、确保安全的原则，确实加强对档案安全管理工作的领导。运用现代技术不断改进和完善档案安全管理设施和设备，建立与完善档案安全工作的长效机制，实现档案安全的规范管理、严格管理、现代化管理、应急管理，最大限度延长档案的寿命，确保档案工作万无一失。档案的有效保护及保密管理是整个档案工作在重要组成部分，是贯彻档案法的基本原则、维护档案安全和完整的重要环节。经常开展安全教育工作，把档案安全工作的重要性讲清、讲明，把泄密的危害和后果讲足、讲透，让安全意识真正深入人心。还要做好档案保密创新工作，完善各项管理制度，有力地推动保密工作向依法管理、依法治密迈进，只有这样，才能保障档案安全和保密工作的健康有序发展。

（此文入选了 2012 年在俄罗斯叶卡捷琳堡举办的"21 世纪的档案馆：新技术与传统"青年档案者国际学术研讨会，作者依据此文在会议中做了主题演讲）

挖掘民国档案价值　弘扬档案正能量

刘长秀

党的十九大闭幕后,习近平总书记带领新一届中共中央政治局常委赶赴上海和嘉兴瞻仰中共一大会址和南湖红船,回顾建党历史,重温入党誓词。总书记指出:"建党时的每件文物都十分珍贵,每个情景都耐人寻味,我们要经常回忆、深入思索,从中解读我们党的初心。"总书记一行沿着早期共产党人的足迹,探寻共产党人的初心和使命。革命先辈的足迹,经历了战火,依旧保存在文物和档案里。

档案承载着民族记忆和家国情怀,是人类文明的宝贵财富。它记录着人类文明,也激发人类文明的再创造。因此,档案馆既是资料库,更是思想库。所谓"档案利用",就是档案资源满足社会需求的过程。档案不应该被束之高阁,利用是档案保存的根本目的。新形势下,档案工作面临着前所未有的机遇和挑战。本文试图通过对中国第二历史档案馆近来工作实践的观察和总结,就如何做好新时代的档案工作提出一些思考。

一、中国第二历史档案馆档案利用工作的成果

(一)牢牢把握政治方向,为大局和中心工作服务

一直以来,由于独特的历史渊源,中国第二历史档案馆(以下简称"二史馆")在对台中心工作中发挥着重要作用。台湾"国史馆"于 2016 年 8 月份停止对大陆学者开放,引发一片哗然,而二史馆持续展开两岸档案交流与合

作,一如既往地欢迎各界人士前来查阅档案。仅 2018 年 1 月份,二史馆就接待了近十位台湾学者及民众,并提供了相关档案的复印件。来馆查档的台湾同胞均表示满意和感谢。目前,国际国内形势复杂,历史虚无主义抬头,我们要提高警惕,保持清醒,坚持对党的感情,坚定政治立场,积极为各项中心工作提供档案参考和历史凭证,让档案为史实发声。

2015 年 10 月,南京大屠杀档案被联合国教科文组织评选为"世界记忆遗产",入选《世界记忆名录》。2017 年 12 月,南京大屠杀遇难同胞国家公祭活动之际,《世界记忆名录——南京大屠杀档案》和《拉贝日记》影印本首发仪式在南京举行。中央档案馆馆长、国家档案局局长李明华指出,"《南京大屠杀档案》入选世界记忆名录时,我们曾按照联合国教科文组织的有关规定向国际社会承诺公开相关档案,此次出版便是践诺之举。"南京大屠杀档案申遗成功并影印出版,将之从民族记忆变成了世界记忆,这不仅是对日本右翼势力的有力反击,更是对南京大屠杀罹难同胞和幸存者的告慰,也体现了我国坚决维护世界和平的决心和立场。

(二) 讲好档案故事,为社会公众和民生服务

认真学习和贯彻党的十九大精神是档案馆局在今后一段时期内的首要任务和头等大事。为了学习贯彻和落实党的十九大精神,在馆局领导的关心和指导下,二史馆正在筹办"共产党人的初心和使命"档案文献展。该展览生动而完整地讲述了共产党人筚路蓝缕、披荆斩棘,播撒红色火种的辉煌历程。透过一件件珍贵的档案,我们能够更加深刻地认识到,是历史和人民最终选择了中国共产党,我党以矢志不渝的历史担当和一往无前的巨大勇气,团结带领中国人民,实现了民族独立和解放,谱写了气吞山河的壮丽史诗。

这不是二史馆第一次举办档案文献展览。2017 年 10 月,二史馆与香港孙中山纪念馆共同举办的《字里行间——档案中的孙中山》展览,回顾了孙中山先生在民国时期艰苦奋斗的历程,展现了他不屈不挠的革命意志以及根植于心的爱国精神。该展览在香港孙中山纪念馆展出,吸引了大批香港市民前往参观。之前,二史馆还承办了《锦瑟万里,虹贯东西——"丝绸之路"历史档案文献展》,该展览描述了丝绸之路上的生动场景,给观众提供了

大量珍贵的历史细节,因其图文并茂和生动翔实而广受好评。

通过举办展览,我们深入挖掘档案资源,讲述档案中的人和事,将社会的正能量展示出来,将革命志士的顽强意志体现出来,将中华民族的优秀传统发扬光大。

(三) 深挖档案价值,利用新媒体宣传和传播档案

所谓"欲知大道,史可为鉴",总书记强调,抗战要深入研究,就要通过档案和资料等"人证"和"物证"来说话。为永远铭记抗日殉国人物的不朽功勋,凝聚复兴中华民族的精神力量,二史馆承担了《中国第二历史档案馆馆藏抗战殉国人物》研究课题,力求依托档案,秉笔直书,还原殉国人物的真实面貌,呈现抗日战场上的英雄事迹。透过抗战档案,我们更加全面地了解了中国共产党和中国人民在抗日战争以及世界反法西斯战争中的巨大贡献,更加深刻地体会到中华民族的坚韧品格和爱国精神,更加坚定了中国人民牢记历史、不忘过去、珍爱和平、开创未来的积极姿态。

为了让历史"说话",二史馆开通微信公众号"民国大校场",科普民国知识,讲述民国故事,用档案资料再现民国历史,以奇闻轶事呈现民国日常。公众号上线 8 个月,共推送民国历史文章 44 篇,用户订阅数突破 5 500 人,阅读量近 20 万次,在全国档案微信公众号榜排行中名列前茅,即时互动让民国档案与网友越来越亲密。不仅如此,去年"6·9"国际档案日当天,600余社会民众走进二史馆参观,现代快报 ZAKER 南京、江苏卫视、凤凰网等多家媒体同步直播,吸引了超过 60 万人次观看。这是二史馆历史上的首个公众开放日,其成功举办不仅拉近了民国档案与社会公众的距离,也迈出了档案馆转变角色的重要一步。

二、档案利用工作中存在的问题

档案数字化是档案工作现代化的重要内容,是建设档案强国的迫切任务,更是大数据时代对档案工作的必然要求。数字化档案的开放利用是档

案数字化工程成果的直接体现。目前,二史馆共对外开放了48个档案全宗和10余个专题档案数据库。2017年二史馆接待查档单位2 094个,其中境外单位90个;接待查档登记2 342人,其中境外103人,查档阅卷7 308人次;提供62 754卷电子档案,复印36 907页;处理来信来函近200封。

为了解社会和公众对数字化档案开放利用的满意程度,倾听各方声音,收集意见建议,二史馆在广泛调研的基础上设计了"档案利用服务满意度调查表",并于2017年5月份开始向来馆查档者发放。同时,工作人员经由电话和电子邮件,向来电来函查档者进行档案利用服务满意度调查。截至12月份,二史馆收回有效调查问卷近400份,其中对阅卷环境、方式、平台和服务态度的评价中,选择"满意"和"比较满意"的用户为98%。

调查问卷的结果较为客观地反映了当前查档者对我馆数字化及档案利用服务的感受,电话回访和电子邮件的受访者也大多表示了对二史馆工作效率及服务态度的肯定。有部分查档者提出增加档案复印量并尽早实现远程查档等要求,结合工作实践及查档者的反馈,目前存在的问题主要是:

(一) 档案资源体系建设不到位

民国档案有其特殊性,一是民国时期的机构设置和日常生活与现代社会迥异,因此民国档案与现行档案相去甚远。同时民国离现代不过半个多世纪,在人事等方面与现代社会有着千丝万缕的联系。许多档案利用者往往"只知其一、不知其二",因而不能满足自己的查档需求。这就要求我们在挖掘档案数据时,尽量揭示档案之间的关联性,给用户以启发。

查档者认为档案数字化,一方面能够在最大程度上保护档案原件,另一方面可以提高档案利用效率,因此普遍持肯定态度。在此基础上,希望加快数字化档案开放进程,加大开放力度,以嘉惠更多人。尽快实现存量档案数字化的全文搜索和远程利用,是查档者目前比较迫切的期望。档案数据化是档案全文搜索和远程利用的基础。档案数字化升级到档案数据化,配合数据分析处理和深度挖掘,不但能提升利用效率,也可以在更大程度上发挥档案的价值。

（二）档案资源开发力度不到位

我国档案资源丰富，但与其他文化事业单位相比，档案馆利用率低，而且近几年来没有明显增长。档案资源潜在价值巨大，而人民群众对档案价值的认同有限，二者的矛盾导致档案资源无法得到全面开发，进而社会大众对档案利用的期望降低，档案资源的开发和利用越发受限。

档案事业的建设成果最终要与人民群众共享。实现馆际信息共享和联合开发、更大范围内的资源整合，是档案馆亟须迈出的重要一步。档案馆可以尝试与图书馆、博物馆等单位合作，共享丰富的用户数据库，建设一站式服务中心，在不改变档案现状的前提下实现虚拟共享。同时，档案馆还应考虑如何依据自身特点，对接用户需求。二史馆开展的个人查证，就是基于现有档案资源的个性化服务。精准服务，既可以更好地满足用户需求，还可以节省资源，实现档案价值最大化。

（三）档案资源利用宣传不到位

长期以来，档案系统沿袭着自给自足和内部交流的传统，封闭大于开放。档案馆转变自身角色，并非一朝一夕之事，更不可能一蹴而就。新时代条件下，内外同时发力，要求档案馆顺应潮流，变"管理者"为"服务者"。档案馆要融入社会，实现凝心聚力的目的，首先要过"宣传关"。

大数据时代和随之产生的社会需求促使档案馆转变自身定位和服务理念。社交媒体为档案部门树立新形象、展现新作风提供了机会和平台。用户通过网络和媒体了解到档案馆，产生利用需求，并通过分享用户体验，对其他用户产生影响，引发其他用户的关注，形成新一轮的宣传。档案馆成为数字化大潮和社交网络中的一环，档案馆与用户之间的互动必然增加，用户体验直接关系到档案馆的评价。因此，只有宣传到位，档案馆才能将潜在用户变为现实用户，督促他们走进档案馆，利用档案资源，从而实现档案的价值。

三、加强新时期档案利用工作的思考

总书记要求，新时代要有新气象，更要有新作为。随着数字档案资源崛起，党委、政府对档案工作有新要求，社会各界对档案工作也有新期待。新时代的档案行业之"新"在于大数据、新媒体和人工智能。新气象之"新"在于公众对档案馆服务质量的更高要求，档案馆实现自我功能的渠道越来越多元等等。与之相对应的"新"作为要求我们与时俱进，开拓创新，从而提高档案工作的规范化、科学化和法制化水平。

针对调查问卷中反映出的问题，二史馆将继续探索，加快创新，不断加大档案开放力度，提高档案利用服务水平。

提高认识，守住底线。荷兰著名档案学者埃里克·凯特拉在18届国际档案大会中提出，技术不仅是一种产品，更是人类活动的媒介。档案工作的底线是档案和档案信息的安全无虞，档案安全得不到保障，档案利用无从谈起。新形势下，档案工作者不但要有求是精神，更要有政治担当。档案工作者的底线是清白做事、干净做人。反腐倡廉没有"法外之地"，档案工作者更要耐得住寂寞，守得住清贫。

统一思想，积极作为。当前正是档案工作前所未有的机遇期，面对新形势、新任务，档案工作者要有直面困难、创新工作的勇气和智慧。档案工作者要更加紧密地围绕中心、服务大局，整合红色资源，传播社会正能量。档案馆要明确职责，理顺关系，加快档案数字化和数据化进程，使档案事业的影响范围越来越广、发展成果惠及更多人。

突出特色，加强宣传。随着互联网及自媒体文化的兴起和发展，休闲资源越来越丰富。档案和档案馆要在"百花"中争得一席之地，必须发挥优势、做好宣传。档案馆通过提供服务、举办展览和发布编研成果等形式，走进社会，走近群众。宣传工作要贴近现实，更要以人为本。

档案工作是一项基础性工作，经验得以总结，规律得以认识，历史得以延续，各项事业得以发展，都离不开档案。总之，我们要不断拓宽档案利用的思路，创新工作方法，更好地服务大局和民生，服务社会经济的发展和进步。

（2018 年全国档案工作者年会获奖论文）

移动新媒体视角下历史档案馆
社会价值实现的思考

石　慧

我国的历史档案馆以中国第一历史档案馆、中国第二历史档案馆为代表,随着新媒体的迅速发展,尤其是移动新媒体的兴起,历史档案馆开始改变档案守门人的形象,积极主动地利用新媒体发挥历史档案价值,服务国家大局和社会公众。

一、历史档案馆社会价值呈现递增趋势

公共档案馆主要凭借馆藏档案对现行机构、生产生活、社会经济建设等发挥凭证参考作用实现价值。历史档案馆因其档案的产生机构已不复存在,对当下生活生产的凭证作用较小,因此,历史档案馆长期相对神秘或者冷门。随着人们物质生活不断满足,精神文化需求日益增强,越来越多的人开始把目光转向历史档案。《国家"十二五"时期文化改革发展规划纲要》提出建设社会主义文化强国,把文化产业列为支柱产业。[1]历史档案馆因为典藏了丰富的有关国家历史、革命历史的档案,对唤醒集体记忆、促进教育传承、进行史学研究、推动对外交流有着不可替代的作用,受关注程度逐渐升温,成为文化建设不可或缺的一部分。与现行档案馆发挥凭证参考价值相比,历史档案馆的社会价值呈现递增趋势。

（一）集体记忆：从记忆保管者到记忆构建者

法国社会学家哈布尔赫在其经典著作《集体记忆论》中做出记忆集体性的论断，将关于记忆研究的视角转向了社会学。档案是历史的真实凭证，历史档案作为构建集体记忆重要且不可替代的因素，不仅是我们的组织、民族甚至国家的血缘纽带，更关系到我们共同的心灵归属、文化认同和价值取向。近年来，整个社会面临记忆被遗忘、被删减、被篡改的困境，珍贵文献遗产正遭受破坏、散失甚至濒危，历史虚无主义势力日益猖獗。[2]自1992年联合国教科文组织发起世界记忆项目以来，国家档案局作为牵头单位，先后组织《南京大屠杀档案》《侨批档案》《近现代中国苏州丝绸档案》等13份文献遗产成功申报《世界记忆名录》[3]，这是历史档案工作者积极从被动的文件保管者角色中解脱出来，通过自身业务活动抵制和反击历史虚无主义，主动参与集体记忆的构建、维护与传承的举措和成果。

（二）公共服务：从文件提供者到主动服务者

《国家档案事业发展十三五规划纲要》中提到，档案事业的发展要"坚持以人为本、服务为先。把以人为本作为档案工作的核心，努力满足社会各方面对档案信息的利用需求，更好地为党和国家各项事业发展服务。"[4]这一要求充分肯定了档案在国家公共服务体系中的重要作用。历史档案馆传统服务形式主要以有需求的民众来馆查阅档案、工作者提供档案为主，属于单向式被动服务。这种方式容易造成错检、漏检，档案利用率不高。历史档案馆馆藏档案数字化项目的开展为其积极主动服务社会各界奠定了基础。以中国第二历史档案馆为例，其依托馆藏档案数字化工程于2015年建成20万抗战阵亡将士名录数据库，改变过去使用纸质人名卡"大海捞针"般的检索方式，且利用数据库实现远程个人查证，至2017年，共为300余位抗日阵亡将士的家属提供资料证明，这是历史档案馆主动服务民生的举动之一。

（三）史学研究：从史料中介入到史学研究者

历史档案具有史料价值和文物价值。档案是史学研究的"第一手"资料，以其为依据，能阐明历史事件的真实情况。历史档案馆馆藏的名人字画、印章、瓷器等，具有较高的文物价值。新中国设立历史档案馆伊始，历史档案馆不仅从事档案实体保管、征集和粗整理工作，还开展小规模史料编研工作。1978 年党的十一届三中全会后，开始创办学术期刊，充实编研成果。据统计，1981 年全国档案文献出版物有 20 种 40 册，约 1 339 万字。[5]2016年全国档案编研档案资料出版增为 777 种，30 479.2 万字；内部参考2 606 种，23 198.5 万字。[6]笔者在中国知网上，以"单位""中国第一历史档案馆""中国第二历史档案馆"为检索条件进行文献检索，对检索结果从"发表年度""学科分布"进行分析。1980 年以前，两大历史档案馆每年发布论文数量在 5 篇以下，1980～2018 年，历史档案馆从事史学研究发表论文数量呈现明显递增趋势，学科分布以历史学为主。可见，1980 年起历史档案馆开始转变身份，积极从事史学研究。

（四）对外交流：从尘封档案到会说话的"活历史"

过去，受制于诸多因素，历史档案馆与社会各界交流不多，一度相对封闭，甚至与民众"绝缘"。随着开放历史档案政策的推广、档案管理水平和保护技术的进步，历史档案馆通过举办展览、开展学术交流、举行开放日活动等方式，主动挖掘尘封档案资源，积极"引进来"和"走出去"，在促进对外交流中发挥作用。2017 年，中国第二历史档案馆举办首个公众开放日，通过官方微信公众号预约报名吸引了 600 多名参观者。开放日期间，通过ZAKER App 等平台同步直播馆长介绍馆情馆藏，讲解展览，拉近了与社会各界的距离，受到了一致好评。2014 和 2017 年，中国第二历史档案馆受邀分别首次赴台、赴港举办孙中山文献特展，取得了良好的社会反响。期间，与台湾政治大学互换民国时期政大校史数字化档案，派代表团参访香港政府档案处，开创了海外档案文化交流的新局面。

二、机遇与挑战并存的移动新媒体时代

在数字技术的引领下,以智能手机、智能穿戴设备为代表的移动媒体高速发展,成为最具影响力、引导力的新媒体。早在 1959 年,传播学大师麦克卢汉便指出,谁开发出新媒体,就将赢得话语权。根据数据显示,截至 2017 年 12 月,中国网民规模达 7.72 亿,其中,手机网民规模达 7.53 亿,占比达 97.5%。[7] 手机上网占据主导优势,极大地改变了信息传播方式和用户行为方式,给历史档案馆社会价值实现带来了前所未有的机遇和挑战。

(一) 移动新媒体为档案信息服务提供了新技术

移动新媒体技术的表现形式主要有两种,一种是由传统网站走向移动终端,主要以腾讯等视频类网站,淘宝等购物类网站,微博等部分社交网站为主。这些应用起初以网页用户为主,为顺应移动化潮流,迎合用户需求,由网页转向移动端,将移动端转化为自己的主要阵地。另一种是完全基于移动终端发展起来的社交应用,以微信、陌陌等代表。据资料显示,截至 2016 年 12 月,微信全球共计 8.89 亿月活跃用户,人均月度使用时间达 1967 分钟,公众号超过 1 000 万个。[8] 移动媒体催生的社交应用具有强大的技术优势,通过一台连接网络的移动设备,用户可以实现信息即时发送与获取,还可以在后台自定义功能,与使用者隔着屏幕进行一对一会话。历史档案馆积极使用新技术,便于更好更快了解用户需求,通过对档案利用情况的分析,不断优化利用效果,对提高信息服务水平和能力有积极作用。

(二) 移动新媒体为档案内容传播提供了新方法

移动新媒体作为一项技术,不具备改变世界的能力,有能力改变世界的是新媒体的用户。移动新媒体走红有以下几点原因:一是它满足了用户需求;二是它降低了社交成本,提高了运营效率;三是它潜移默化中改变了用

户的使用习惯,革新了信息传播方式。智能手机人手一部,用户使用行为呈现出明显的移动化、碎片化、交互式特征。基于个人亲友建立起社交圈,对话关系牢固,利于实现精准营销。通过人传人的口碑模式,依靠层出不穷的新渠道和传播工具,容易形成"病毒式传播",使人人都有成为流量中心的可能。历史档案馆拥有强大馆藏优势,利用新媒体进行内容发布、运营,不断推动内容传播的深度和广度,将极大增强内容传播力。

(三)移动新媒体为档案资源挖掘提供了新理念

随着科学技术的发展,信息传播速度加快,以新媒体为平台的内容发布者蜂拥而至,带来了海量信息数据。这里面充斥着大量无价值、无意义、过分娱乐的垃圾信息,优质内容严重稀缺。美国媒体研究者尼尔波兹曼早在其著作《娱乐至死》中警示我们:"一切公众话语日渐以娱乐的方式出现,并成为一种文化精神。"[9]现在,"娱乐至死"现象见怪不怪,甚至引导了舆论导向。历史档案馆在进行档案资源挖掘时,一定要引以为戒,坚持内容为王的理念,以打造用户喜欢的正能量品牌为目标。充分学习借鉴社会各界新媒体运营的成功经验,结合馆情和实践,恰当运用整合营销、跨界营销、包装营销等一系列新理念,利用新媒体的碎片化趋向顺势而上,将优质内容推送到更多用户手中。

(四)历史档案馆社会价值实现面临移动媒体的挑战

移动新媒体是一把双刃剑,历史档案工作者不能被一时热血冲昏了头脑,必须从自身馆情实际出发,认真审视移动新媒体带来的挑战:

第一,对现有管理制度和体系的挑战。现阶段,历史档案馆的移动新媒体应用主要集中在官方微信公众号、微博号,运营人员多为员工兼职,运营方式以简单的发布信息、回复信息为主,缺乏品牌定位和传播规划。而且,没有专门针对新媒体利用,尤其是针对新媒体发布内容的管理制度和规范机制,缺乏档案信息安全管理。一旦面临突发事件,在信息传播速度空前加快、广泛性强、可控性差的情形下,后果将不堪设想。

第二，面临服务能力落后困境。服务能力包括硬实力和软实力，硬实力指馆区的硬件设备、安防能力、基础设施等，软实力指工作人员的素质、理念、知识储备等。历史档案馆受体制和历史因素影响，基础设施落后。加之，在移动化、碎片化的媒介上，以往在史料编研、论文著述中采用的长篇大论已经行不通，因此如何从浩瀚的信息海洋里精选出兼具趣味性和研究性的内容，如何最大化新媒体的优点，快速有效地服务国家大局、服务社会公众，是历史档案工作者面临的问题。

第三，存在人才储备不足风险。历史档案馆相对封闭，与外界的沟通交流较少，对新事物的嗅觉较为迟钝。人员构成多以 50～70 年代的人为主，80 后、90 后少，导致其对新技术、新理念的接受程度较低。加之，从事历史档案工作的历史学研究型人才居多，缺乏针对信息资源管理类型的人才，专业单一且培养培训机制不健全，档案管理类人才的专业性退化严重，将严重制约历史档案馆对新技术的吸收和应用。

三、历史档案社会价值实现路径探析

著名咨询管理公司麦肯锡公司通过对处于高速增长的企业进行研究提出"三层面理论"——从核心业务、新兴业务、候选业务三个层面揭示了这些企业保持高速增长的秘诀。历史档案馆社会价值实现同样适用三层面理论，充分利用移动新媒体优势、模式、方法夯实基础业务、拓展新业务、探索潜在业务。

（一）充分发挥移动媒体优势夯实基础业务

基础业务是历史档案馆的立馆之本，是做好其他工作的前提条件。做好历史档案馆基础业务主要从以下两点开展：一是在确保历史档案实体和信息安全基础上，摸清家底，确保内容著录准确；二是运用馆藏档案服务国家重点工作和满足人民群众查档需求。移动新媒体移动化特点使历史档案馆服务不再受时间、地点限制，服务受众更广；互动性强特点使服务双方交流增多,利于优化服务内容,提高服务满意度;碎片化、多元化则使服务创新有了更多可能性,形式更加多样。

(二)巧妙运用移动新媒体模式拓展新业务

新业务相对于基础业务而言,是历史档案馆在做好档案馆基础业务的前提下开展一系列研究和宣传活动。档案工作者要走出档案学、历史学的大门,融入到互联网大潮中去,加强与高校、业界单位、国内外组织机构的合作,深挖历史档案资源,推动史学研究和编辑出版;既要推出专业性强的史料和研究类著作,更要多出品大众喜闻乐见的作品。认识了解移动新媒体下传播方式和用户习惯的变化,以移动媒体,比如微信等为平台,增强包装意识,适度运用营销,形成对其认可度、忠诚度高的粉丝群,打造流量中心品牌,扩大传播力和影响力。

(三)积极利用新媒体方法探索潜在业务

历史档案馆对潜在业务的探索建立在夯实基础业务、开拓新业务基础上,过硬的基础业务是探索潜在业务的基石,新业务的发展为潜在业务的探索提供资源保障,潜在业务将会反哺核心业务和新业务,三者通过不断的革新和被革新形成良性循环。这时,历史档案馆进入利用移动新媒体"贩卖创意"的新阶段,一是通过对资源的梳理与共享,开创自己的文化创意品牌,开发文化创意产品,完善文化创意营销体系;二是推出符合本馆特色的档案创意服务,通过创意展览、个性化服务,扩大服务受众范围和服务内容;三是进行档案馆"跨界合作",探求历史档案馆在行业外的合作需求、合作机遇和合作机制,实现 $1+1>2$ 系统效益最大化。

参考文献

[1] 郑策:《国家"十二五"时期文化改革发展规划纲要(全文)》,网址:http://www. china. com. cn/policy/txt/2012－02/16/content_24647982. htm.

[2] 徐拥军:《档案记忆观的理论与实践》,中国人民大学出版社 2017 年版,第 6 页。

［3］杨太阳、王春燕:《甲骨文成功入选〈世界记忆名录〉》。网址:http://www. saac. gov. cn/news/2018 – 01/05/content_218601. htm.

［4］国家档案局. 国家档案局印发《全国档案事业"十三五"规划纲要》。网址:http:// www. saac. gov. cn/news/2016 – 04/07/content_136280. htm.

［5］曹喜琛:《历史档案开放与档案史料编研》,《上海档案》1998 年第 12 期,第 14 – 15 页。

［6］国家档案局政策法规研究司. 2016 年度全国档案行政管理部门和档案馆基本情况摘要（三）。 网 址: http://www. saac. gov. cn/xxgk/2017 – 10/17/content_208000. htm.

［7］中国互联网络信息中心. 第 41 次《中国互联网络发展状况统计报告》［EB/OL］. http://www. cnnic. cn/hlwfzyj/hlwxzbg/hlwtjbg/201803/t20180305_70249. htm, 2018 – 03 – 05.

［8］企鹅智库. 微信 2017 用户研究和商业机会洞察［EB/OL］. http://tech. qq. com/a/ 20170424/004233. htm♯p＝6,2017 – 04 – 24.

［9］尼尔·波兹曼著,章艳译:《娱乐至死》,广西师范大学出版社 2004 年版,第 4 页。

（2018 年全国档案工作者年会获奖论文）

六

财务管理

关于公共财政支出预算编制
与执行管理的几点思考

王小林

　　公共财政资金属于公共稀缺资源,用于国家安全、公共设施、社会福利与保障等公共产品或服务,目前我国医疗、教育、住房、环境、基础设施等建设严重缺少资金支持,但在有些部门与地方还存在着过度占用甚至浪费公用资金的现象。公共财政支出预算编制、执行管理还存在许多不足和急需完善的地方,党的十八届三中全会提出:"深化财税体制改革——完善立法、明确事权、改革税制、稳定税负、透明预算、提高效率,建立现代财政制度,发挥中央和地方两个积极性。要改进预算管理制度,完善税收制度,建立事权和支出责任相适应的制度。"[1]因此,建立现代财政制度、改进预算管理制度迫在眉睫,必须加强公共财政预算支出预算编制、执行管理的法规、制度建设,实现财政预算科学化、精细化、法制化管理,进一步推进预算体制改革的进程,提高政府行政效率,深入贯彻落实党的十八大三中全会精神。

---

　　[1]《中共中央关于全面深化改革若干重大问题的决定》,人民出版社 2013 年版,第 19 - 21 页。

一、存在的问题

（一）公共财政支出预算编制制度不够完善

编制合理的预算方案是预算支出管理的重要基础，是预算支出的执行、绩效、监督、问责等的依据。合理的编制预算必须基于科学的编制制度。但我国现行的预算编制制度存在一些不足和有待完善的地方。

1. 财政预算编制方法不够科学

自 2002 年中央部门预算改革以来，实行的是基本支出和项目支出预算[1]。一是目前预算编制方法缺少对部门资产存量的考虑，尤其是固定资产存量，对于预算部门现有的资产存量及使用状况没有与预算编制相结合，一些部门一边闲置大量固定资产，另一边却在预算编制时继续报增，申请新购固定资产。这种现象在行政事业单位普遍存在，不考虑存量的预算编制方法就会让这些部门钻了空子，过度配置资产，造成公共资源的过度占用和浪费，同时削减了公共财政资金在其他公用事业方面的预算分配额度。二是预算编制没有彻底实行零基预算法编制预算，依旧采用传统的基数加增量方法编制预算，这种做法不科学，不能如实反映资金需求量，造成分配苦乐不均，以前预算分配多的地方，会越来越多，少的地方相对越来越少，脱离实际需要编制预算。

2. 预算编制不严谨、精细化程度不够

预算编制精细化是我国预算编制制度发展的方向，是实现预算科学化管理的基础。在实践操作中，预算部门常用模糊化方式处理预算编制，方案笼统、不够详尽，不精心筹划、论证、测算所需支出，抱着多占多得的指导思

---

[1] 财政部预算司：《中央部门预算编制指南（2013 年）》，中国经济出版社 2012 年版，第 6 页。

想,脱离实际,多报、虚报预算。预算编制达不到精细化管理,给预算编制部门创造了操作空间;预算方案增减变动随意,尤其是年中、经常性追加预算,不能严格执行预算编制制度,预算编制成了要钱的手段,批复后的预算方案则成为摆设的"档案"。

我国公共财政预算支出、决算支出总额对比表　　(单位:亿元)[1]

年份 名称	2008 年	2009 年	2010 年	2011 年	2012 年
预算支出	60 786.00	76 235.00	84 530.00	100 220.00	124 300.00
决算支出	62 592.66	76 299.93	89 874.16	109 247.79	125 712.00
赤字数额	1 806.66	64.93	5 344.16	9 027.79	1 412.00

数据来源:根据中华人民共和国财政部数据整理

表中从 2008 年至 2012 年连续五年数据可以明显看出:年终决算支出数与年初预算支出数不一致,并且决算支出数大于年初预算支出数;预算编制不能实现预算支出科学化管理的目标。这与预算编制测算依据、测算方案不科学、不严谨、精细化程度不够有直接关系,预算编制精细化是预算支出科学化管理的基础。

(二) 公共财政预算支出执行不力

预算编制完毕,经过相关部门审议、审批后,接下来是重要的预算支出执行过程,这过程是预算支出管理的重要核心环节,是预算支出的实施环节,也是运用预算资金开展工作的过程。目前财政预算支出在执行过程中存在执行进度不合理,效率低下,甚至超预算、无预算执行的问题。

1. 公共财政预算支出执行效率低

目前公共财政预算支出存在执行效率低的问题,长时间无效率、无效益

---

〔1〕 杨洪足:《对当下我国公共预算支出执行进度的探究》,载《青年与社会》2013年第 8 期,第 113 - 114 页。

占用资金,对于已批复的预算支出资金额度长时占用,却不执行支出,不能有效发挥资金的时间效益。财政预算支出执行集中在年底花钱现象明显,尤其是每年11、12月份突击花钱,甚至是为了执行预算而花钱,不论条件是否成熟,手续是否完备,为了完成预算任务把钱花出去,这种做法有很大风险;预算支出执行效率低,全年对财政预算资金额度的占用,损失了资金的时间效益,降低了资金的利用率,间接给国家和公众造成利益损失;同时也反映了预算部门组织的领导能力、行政能力差,工作效率低;对预算执行管理缺乏有力的法规、制度约束,没有针对政府部门不作为或作为不力进行监督和问责,再加上预、决算不透明,预算执行效率的管理是一段无法落实职责的空白。预算执行管理不力,除了影响资金使用效率,给预算支出过程管理带来阻力,还直接影响预算支出的效益和资金运营安全。

2. 存在超预算执行和浪费现象

公共财政支出存在严重浪费现象,国家公共财政支出远远不能满足社会公共产品、公共服务(教育、保障、医疗等方面)的需求,但是在某些方面,却还存在着严重浪费现象,尤其在行政事业单位,在预算支出执行过程中资产设备重复购置,高标准配置,大量闲置,基本建设项目更是预算等于没算,普遍存在超预算现象,城市建设中,道路、管道各种基础设施,常常是在短期内重复挖和铺,铺好没多久又开膛破肚,造成资源的极大浪费,公共资源的占用产出效益低下,说明政府工作缺乏前瞻性、统筹计划性,严重浪费公共财政资源。另外,政府部门浪费严重,超标准配备办公设施,政府形象工程建设耗资大。国家机关事务管理局2014年1月公布的数据显示,中央国家机关86个部门和单位过去一年中清理腾退的办公用房面积达365万平方米[1];又如"世界第一县衙"浙江省长兴县政府办公楼耗资20亿元;"白宫建筑群"湖南娄底市政府办公楼占地247亩,超5亿元;"省部级镇政府楼"河南省信阳市明港镇政府办公楼,投资达3 000多万元,人均建筑面积超过国家规定的省部级党政机关标准,其中,书记、镇长办公室面积近200平方

---

〔1〕 新浪网新闻中心 www. news. proc. sina. cn. 2014. 1. 15。

米[1]。大批耗资巨大的奢华政府性建筑不断被曝光，一些领导干部超标配置豪华办公室的问题时有披露。这些数据触目惊心，如此奢靡，浪费纳税人的钱，浪费国家公共财政资金，人民群众看在眼里，诚信、为民政府形象如何树立？这些暴露出我国在发展过程中公共财政预算支出执行的随意性和无原则性，也暴露了公共财政预算支出管理存在的问题。

二、建议与对策

（一）完善预算编制制度

1. 预算编制方法调整

预算编制改变传统的"基数加增长"方法，彻底实行"零基预算"，根据实际支出需要编制预算；充分考虑单位的资产存量及使用状况，不能只注重增量发展不考虑存量基础，部门资产存量状况与支出预算同期同时编报，盘活存量，资产增加申请预算要扣除部门已有可使用的资产存量，减少国有资产的过度配置，减少浪费和占用国家公用资源，尽可能增加预算在民生工程和急需发展的公用事业等方面的资金预算分配。

2. 财政预算编制时间延长

延长每年的预算时间，可以从每年第一季度末开始下一年度预算编制，给予预算编制更多的论证、评估、测算、准备时间，保证预算编制的科学、合理和精准性。

3. 建立预算项目库

建立短期、长期五年内的项目库，提前酝酿、筹划、论证、准备以后年度的预算支出工作。按照项目的轻重缓急、论证的充分性、可行性对项目进行排序，项目实施条件成熟了，再进行预算申请，当年没申请的项目，下年度优

---

[1] 中国网 www. china. com. cn. 2008. 12. 24。

先考虑预算申请,避免为了要钱,计划、准备不充分的情况下,临时凑项目,致使考虑不周、测算不科学、不精细,工作开展走弯路,浪费财政资金,导致预算编制工作无法有序开展。

(二) 加强公共财政预算支出执行进度管理

有了科学的预算方案,依据合理、合法、高效的原则管理预算方案的执行过程。首先,预算部门每年编制预算时,按照预算方案和工作计划精心编制预算支出执行时间进度计划表,提前筹划、精细计划、合理编制预算支出执行进度计划表,预算申报时同时报送预算执行年度计划,包括每月要执行的内容和额度,财政部按照执行进度计划表划拨财政资金额度。其次,在执行中,对于当月不能按计划执行的财政拨款额度,要求预算部门向上一级部门说明原因,额度超过三个月不执行的,财政在以后月份的额度中相应核减当月的拨款额度,在未按时执行的额度重新申报详细执行计划后,按新的计划申请划拨额度,要求相关主管部门按月监管所分管预算部门的预算支出执行进度。再次,财政部门可以根据计划安排资金的使用,提高资金的使用效率,避免预算部门长时间无效益占用财政资金。最后,设立监管组织机构,由独立的预算监管机构建立电子信息管理平台适时监控相关部门的预算支出执行进度。

(三) 完善预算立法

1995 年 1 月 1 日,我国颁布和实施第一部《预算法》,随后国务院又颁布了《预算法实施条例》[1]。应发展的需要,需进一步完善《预算法》,保证预算的权威性和法律约束力。对预算的编制、执行、决算、考核条例内容进行完善,增强其可操作性、完整性和刚性约束力。使预算管理有明确的法律条款作为开展的依据,改变预算运行中的随意性,减少对财政预算资金的无效占用,以及防止超预算执行、无预算执行行为发生,提高资金的使用效率;

---

〔1〕 贾康、赵全厚:《财政支出改革》,《经济研究参考》2009 年第 2 期,第 25 页。

经审批通过的预算方案不得随意调整、追加,原则上不调整、不追加预算,确需调整、追加要有更加严格的审批手续,预算法中应明确规定调整范围、公示和审批程序,杜绝一些钻政策空子的行为;对于临时性突发事件需用经费,国家成立应急专用基金,这部分基金每年预算保持存有固定额度,当年支出部分,下一年预算补足,当年不够,报国务院核批追加,这部分基金由财政部直管,经由国家国务院领导批准方可动用。整体提升预算法在财政预算活动中的法律地位,使预算工作依法进行,促进我国预算实现科学化、精细化、法制化管理。

参考文献

[1] 谢旭人:《中国财政管理》,中国财政经济出版社,2011 年版。

[2] 陈共:《财政学》,中国人民大学出版社,2012 年版。

[3] 财政部预算司:《中央部门预算编制指南(2013 年)》中国经济出版社,2012 年版。

[4] 徐珂:《政府执行力》,新华出版社,2007 年版。

[5] 郭小聪等:《政府预算的民主性:历史与现实》,《东南学术》,2005 年第 1 期。

[6] 蔡泳:《优化我国财政支出结构的思考》,《中国证券期货》,2010 年第 9 期。

[7] 赵鹏:《公共财政预算不足及改革措施》,《合作经济与科技》,2012 年第 3 期。

[8] 张志超:《现代财政学原理》,南开大学出版社,2011 年版。

[9] 周茜:《浅析我国政府预算制度》,《电子财会》,2009 年第 2 期。

(原载《无线互联科技》2015 年第 1 期)

图书在版编目(CIP)数据

拾珠集：中国第二历史档案馆档案工作研究文集／
马振犊编. — 南京：南京大学出版社，2018.12（2019.4 重印）
ISBN 978 - 7 - 305 - 21383 - 0

Ⅰ．①拾… Ⅱ．①马… Ⅲ．①档案工作－中国－文集
Ⅳ．①G279.2－53

中国版本图书馆 CIP 数据核字(2018)第 291475 号

出版发行　南京大学出版社
社　　址　南京市汉口路 22 号　　　　邮　编　210093
出 版 人　金鑫荣

书　　名　拾珠集——中国第二历史档案馆档案工作研究文集
主　　编　马振犊
责任编辑　潘琳宁　　　　　　　　编辑热线　025 - 83592401

照　　排　南京南琳图文制作有限公司
印　　刷　江苏凤凰数码印务有限公司
开　　本　718×1000　1/16　印张 21.25　字数 322 千
版　　次　2018 年 12 月第 1 版　2019 年 4 月第 2 次印刷
ISBN 978 - 7 - 305 - 21383 - 0
定　　价　68.00 元

网址：http://www.njupco.com
官方微博：http://weibo.com/njupco
官方微信号：njupress
销售咨询热线：(025) 83594756